정확하고 풍부한
어휘력 향상을 위한

알고 쓰는 한자어

알·쓰·한

박원길
박정서

2권

박영사

머리말

진정한 의미의 국어 실력이란, 언제 어디서 무슨 말을 듣거나 어떤 글을 읽어도, 정확하게 해석할 수 있고, 속뜻까지 이해할 수 있으며, 어떤 상황이라도 실감 나게 표현해낼 수 있는 능력.

진정한 의미의 국어 실력을 기르기 위해서는, 좋은 자재가 많아야 튼튼하고 좋은 집을 짓듯이, 정확하고 풍부한 단어 실력이 있어야 하지요.

정확하고 풍부한 단어 실력을 기르기 위해서는, 공부할 때뿐만 아니라 생활하면서 만나는 모르는 단어를, 그냥 감으로 넘어가지 말고, 반드시 사전을 찾아 확실하게 익혀두는 습관이 중요합니다. 그 말이 영어면 영어사전까지, 국어면 국어사전까지. 요즘에는 각종 매체에서 사전을 쉽게 찾아볼 수 있어서 다행입니다.

그런데 사전을 찾아도, 단어 따로 뜻 따로 아무 연관 없이 외우는 경우가 많죠?

그 말이 한자어라면 그 단어를 구성하는 한자만 알면 단어의 뜻은 저절로 나오고, 확실히 기억되어 잊히지도 않으며, 그 한자를 이용하여 상황에 맞는 적절한 말도 얼마든지 만들어 쓸 수 있는데 말이죠.

알고 쓰는 한자어 **알·쓰·한**

우리말 대부분을 차지하고 있는 한자어, 한자의 필요성은 모두 인정하지만, 한자가 획수도 많고 복잡하여 익히기 어려운 것이 문제.

이 책은 〈한자암기박사 시리즈〉에 적용하여 한중일 한자학습법의 정도가 된, '한자 3박자 연상학습법'으로 풀면서, 한자와 단어는 물론, 학습법까지 저절로 몸에 익혀지도록 하였습니다.

소설처럼 재미있게 읽다 보면 한자 3박자 연상학습법이 저절로 몸에 익혀져, 어떤 한자나 단어를 보아도 자신 있게 분석해보고 뜻을 생각해 보게 되며, 이해가 바탕이 된 분명한 한자 실력으로 정확하고 풍부하게 단어 실력이 향상되어, 자신 있는 언어생활은 물론, 한자의 어원에 담긴 진리와 번뜩이는 아이디어도 깨쳐, 일이나 생활에 100배, 1,000배 활용할 수 있게 됩니다.

정확하고 풍부한 단어 실력을 바탕으로 당당하고 멋진 인생을 기대합니다.

저자 박원길 · 박정서

이 책의 구성

1. 제목

공통부분으로 된 한자, 연결고리로 된 한자, 비슷하여 혼동되는 한자 등 서로 관련된 한자들을 모아 묶은 한자 그룹입니다.

먼저 기준이 되는 한자를 놓고, 그 기준자의 ① 왼쪽에, ② 오른쪽에, ③ 위에, ④ 아래 순으로 어떤 부수나 한자를 붙였을 때 만들어지는 한자를 배치하여 쉽게 연상하면서 익히도록 하였습니다.

2. 한자에 대한 부드러운 접근

한자를 익히기 전에 좀 더 친숙하게 접근하도록, 각 제목 한자들에 대한 간단한 이야기도 넣었습니다.

3. 한자 어원 풀이

오디오북 제공

어원을 철저히 분석하여 원래의 어원에 충실하면서도, 가장 쉽게 이해되도록 간단명료하게 풀었습니다. 이 어원을 그대로만 외지 마시고, 더 나은 어원도 생각하면서 익히다 보면, 분명하게 익혀지고 오래 잊히지 않습니다.

4. 구조로 암기

앞에서 한자마다 어원으로 설명하였지만, 구조로도 더 확실히 익히기 위하여, 이 제목의 한자들은 어떤 구조와 관계가 있는지도 생각하면서 정리하도록 했습니다.

---

1 PART 01(001~007)

001 과과 보(果課 保)

果	課	保
과실 과, 결과 과	매길 과, 부과할 과, 공부할 과, 과정 과	지킬 보, 보호할 보

2 保 = 亻(사람 인 변) + 口(입 구, 말할 구, 구멍 구) + 木(나무 목)
지킬 보, 보호할 보(保)의 어원도 마음을 울리네요.
그래요. 나쁜 말로 죄를 지을 수도 있고, 나쁜 음식을 먹어 건강이 나빠질 수도 있으니까 입을 잘 지켜야 하겠네요.

3

果 과실(田)이 나무(木) 위에 열린 모양을 본떠서 과실 과
또 과실은 그 나무를 알 수 있는 결과니 결과 과
⊕ 田('밭 전'이지만 여기서는 과실로 봄), 木(나무 목)

課 말(言)을 들은 결과(果)로 세금을 매기고 부과하니
매길 과, 부과할 과
또 말(言)로 연구한 결과(果)를 보며 공부하는 과정이니
공부할 과, 과정 과

保 (말로 화를 입거나 입히는 경우가 많아) 사람(亻)은 입(口)을 말 없는 나무(木)처럼 지키고 보호하니 지킬 보, 보호할 보

4 [한자 구조] **과과 보**(果課 保) - 果로 된 글자와 保
밭 전(田) 아래에 나무 목(木)이면 **과실 과, 결과 과**(果), 과실 과, 결과 과(果) 앞에 말씀 언(言)이면 **매길 과, 부과할 과, 공부할 과, 과정 과**(課), 사람 인 변(亻) 뒤에 입 구, 말할 구, 구멍 구(口)와 나무 목(木)이면 **지킬 보, 보호할 보**(保)

 한자의 기초 오디오북 제공

果
6급 총8획
부수 木
fruit, result

- 나무 열매는 果實(과실). '다섯 가지 곡식과 많은 과실'로, 온갖 곡식과 과실을 이르는 말은 五穀百果(오곡백과). ① 과실을 맺음. ② 어떤 원인으로 결말이 생김, 또는 그런 결말의 상태는 結果(결과). '악한 원인에서 악한 결과가 생김'으로, 악(惡)한 일을 하면 반드시 앙갚음이 되돌아온다는 말은 惡因惡果(악인악과), 반대말은 善因善果(선인선과)지요.

한자+ 實(열매 실, 실제 실), 穀(곡식 곡), 百(일백 백, 많을 백), 五穀(오곡) - ① 다섯 가지 중요한 곡식으로, 쌀·보리·콩·조·기장. ② 온갖 곡식을 통틀어 이르는 말. 結(맺을 결), 惡(악할 악, 미워할 오), 因(말미암을 인, 의지할 인), 善(착할 선, 좋을 선, 잘할 선)

5

課
5급 총15획
부수 言
levy, larn, process

- 세금을 정하여 내도록 매김은 課稅(과세). 세금이나 부담금 따위를 매기어 부담하게 함은 賦課(부과). 정해진 학과과정, 또는 근무시간 밖의 課外(과외). 관공서나 회사 따위에서, 한 과(課)의 업무나 직원을 감독하는 직위, 또는 그 직위에 있는 사람은 課長(과장). 일정 기간에 교육하거나 학습하여야 할 과목의 내용과 분량은 課程(과정). 처리하거나 해결해야 할 문제는 課題(과제).

6

한자+ 稅(세금 세), 賦(세금 거둘 부, 줄 부, 문체 이름 부), 外(밖 외), 長(길 장, 어른 장), 程(법정, 정도 정, 길 정), 題(제목 제, 문제 제)

7

保
4급Ⅱ 총9획
부수 人(亻)
keep, guard

- 건강을 지킴은 保健(보건). 위험이나 곤란 따위가 미치지 아니하도록 잘 보살펴 돌봄은 保護(보호). 몸을 보호함은 保身(보신)으로, 보약 따위를 먹어 몸의 영양을 보충한다는 補身(보신)과 동음이의어(同音異

8

9

---

5. 참고 사항
참고로 한자능력시험 급수, 총획 수, 부수, 훈(뜻)에 해당하는 영어도 실었습니다.

6. 표제자가 쓰인 단어
표제자가 쓰인 단어를 ① 한자의 훈에 따라, ② 실생활에 많이 쓰이는 단어 위주로, ③ 성질이 비슷한 단어끼리 묶고, ④ 뜻을 먼저 보면서 단어를 생각해보는 방식으로 익히기 쉽게 실었습니다.

7. 본문에 쓰인 한자의 주
이 책만으로 혼자서 쉽게 익힐 수 있도록 모든 한자에 주를 달았고, 반복 학습 효과 높이기 위하여 한자의 훈과 음을 1, 2권 전체에 통일되게 하였습니다.

8. 학습법 소개
한자와 단어를 익히면서, 정확하고 풍부한 단어실력을 키우는 방법까지 익히도록, '한자 3박자 연상학습법'에 대한 설명도 자세히 넣었습니다.

9. 필사노트
PDF 제공
눈으로 한자를 보고 익히고, 어원을 들으며 이해하고, 마지막으로 손으로 필사하며 완전히 체득해보세요. 필사노트는 출력하거나 휴대용 학습기에서 활용할 수 있도록 PDF로 제공됩니다.

필사노트 제공

한자 3박자 연상학습법

한자 3박자 연상학습법(LAM : Learning for Associative Memories)은 어렵고 복잡한 한자를 무조건 통째로 익히지 않고, 부수나 독립된 한자로 나누어 ① 머리에 쏙쏙 들어오는 간단명료한 어원으로, ② 동시에 관련된 한자들도 익히면서, ③ 그 한자가 쓰인 단어들까지 생각해 보는 방법입니다.

이런 학습법으로 된 내용을 좀 더 체계적으로 익히기 위해서는 ① 제목을 중심 삼아 외고, ② 제목을 보면서 각 한자는 어떤 공통점과 차이점으로 이루어진 한자들인지 어원과 구조로 떠올려 보고, ③ 각 한자가 쓰인 단어들은 무엇인지 생각해 보는 방법으로 익혀보세요.

 그래서 어떤 한자를 보면, 그 한자와 관련된 한자들로 이루어진 제목이 떠오르고, 그 제목에서 각 한자의 어원과 쓰인 단어들까지 떠올릴 수 있다면, 이미 그 한자는 완전히 익히신 것입니다.

그럼 한자 3박자 연상학습법의 바탕이 된 일곱 가지를 소개합니다.

(1) 어원(語源)으로 풀어보기

한자에는 비교적 분명한 어원이 있는데, 어원을 모른 채 한자와 뜻만을 억지로 익히다 보니, 잘 익혀지지 않고 어렵기만 하지요.

한자의 어원을 생각하는 방법은 아주 간단합니다. 한자를 딱 보아서 부수나 독립되어 쓰이는 한자로 나눠지지 않으면 그 한자만으로 왜 이런 모양에 이런 뜻의 한자가 나왔는지 생각해 보고, 부수나 독립되어 쓰이는 한자로 나눠지면 나눠서 나눠진 한자들의 뜻을 합쳐 보면 되거든요. 그래도 어원이 생각나지 않을 때는, 상상력을 동원하여 나눠진 한자의 앞뒤나 가운데에 말을 넣어 보면 되고요.

> (예) 4고(古姑枯苦) - 오랠 고, 옛 고(古)로 된 한자
>
> - 많은(十) 사람의 입(口)에 오르내린 이야기는 이미 오래된 옛날이야기니
>   오랠 고, 옛 고(古)
> - 여자(女)가 오래(古)되면 시어미나 할머니니 시어미 고, 할머니 고(姑)
> - 나무(木)가 오래(古)되면 마르고 죽으니 마를 고, 죽을 고(枯)
> - 풀(艹) 같은 나물도 오래(古) 자라면 쇠어서 쓰니 쓸 고(苦)
>   또 맛이 쓰면 먹기에 괴로우니 괴로울 고(苦)

> 한자+ 十(열 십, 많을 십), 口(입 구, 말할 구, 구멍 구), 女(여자 녀), 木(나무 목), 艹[풀 초(草)가 부수로 쓰일 때의 모양으로 '초 두'라 부름]

(2) 공통부분으로 익히기

한자에는 여러 글자가 합쳐져 만들어진 글자도 많고, 부수 말고도 많은 한자에 공통부분도 있으니, 이 공통부분에 여러 부수를 붙여보는 방식으로 익힘도 유익합니다.

> (예) 5망맹(亡忘忙妄芒盲) - 망할 망(亡)으로 된 글자
>
> - 머리(亠)를 감추어야(乚) 할 정도로 망하여 달아나니 망할 망, 달아날 망(亡)
>   또 망하여 죽으니 죽을 망(亡)
> - 망한(亡) 마음(心)처럼 잊으니 잊을 망(忘)
> - 마음(忄)이 망할(亡) 정도로 바쁘니 바쁠 망(忙)
> - 정신이 망한(亡) 여자(女)처럼 망령드니 망령들 망(妄)
> - 풀(艹)이 망가진(亡) 티끌이니 티끌 망(芒)
> - 망한(亡) 눈(目)이면 시각장애인이니 시각장애인 맹(盲)

> 한자+ 亠(머리 부분 두), 乚(감출 혜, 덮을 혜, = ⼕), 心(마음 심, 중심 심), 忄[마음 심(心)이 한자의 왼쪽에 붙는 부수인, 변으로 쓰일 때의 모양으로 '마음 심 변'], 女(여자 녀), 艹(초두), 目(눈 목, 볼 목, 항목 목)

이 한자들을 옥편에서 찾으려면 잊을 망(忘)과 바쁠 망(忙)은 마음 심(心)부에서, 망령들 망(妄)은 여자 녀(女)부에서, 티끌 망(芒)은 초 두(艹)부에서, 시각장애인 맹(盲)은 눈 목(目)부에서 찾아야 하고, 서로 연관 없이 따로따로 익혀야 하니 어렵고 비효율적이지요.

그러나 부수가 아니더라도 여러 한자들의 공통부분인 망할 망(亡)을 고정해놓고, 망한 마음(心)처럼 잊으니 잊을 망(忘), 마음(忄)이 망할 정도로 바쁘니 바쁠 망(忙), 정신이 망한 여자(女)처럼 망령드니 망령들 망(妄), 풀(艹)이 망가진 티끌이니 티끌 망(芒), 망한 눈(目)이면 시각장애인이니 시각장애인 맹(盲)의 방식으로 익히면, 한 번에 여러 한자를 쉽고도 재미있게 익힐 수 있지요.

(3) 연결고리로 익히기

한자에는 앞 한자에 조금씩만 붙이면 새로운 뜻의 한자가 계속 만들어져, 여러 한자를 하나의 연결고리로 꿸 수 있는 경우도 많습니다.

예 도인인인(刀刃忍認) - 刀에서 연결고리로 된 글자

· 옛날 칼 모양을 본떠서 칼 도(刀)
· 칼 도(刀)의 날(丿) 부분에 점(丶)을 찍어서 칼날 인(刃)
· 칼날(刃)로 심장(心)을 위협하는 것 같은 상황도 참으니 참을 인(忍)
　또 칼날(刃)로 심장(心)을 위협하듯 잔인하니 잔인할 인(忍)
· 하고 싶은 말(言)이 있어도 참고(忍) 인정하니 인정할 인(認)
　+ 丿('삐침 별'이지만 여기서는 칼날로 봄), 丶(점 주, 불똥 주), 言(말씀 언)
　+ 心 - 마음이 가슴에 있다고 생각하여 심장을 본떠서 '마음 심',
　　　또 심장이 있는 몸의 중심이니 '중심 심'

칼 모양을 본떠서 칼 도(刀), 칼 도(刀)에 점 주, 불똥 주(丶)면 칼날 인(刃), 칼날 인(刃)에 마음 심, 중심 심(心)이면 참을 인(忍), 참을 인(忍)에 말씀 언(言)이면 알 인, 인정할 인(認)이 되지요.

---

(4) 비슷한 한자 어원으로 구별하기

한자에는 비슷한 한자도 많아 혼동될 때가 많은데, 이 경우도 어원으로 구분하면 쉽고도 분명하게 구분되고, 오래도록 잊히지 않습니다.

예1 분분(粉紛) - 粉과 비슷한 한자

- 쌀(米) 같은 곡식을 나눈(分) 가루니 가루 분(粉)
- 실(糸)을 나누면(分) 헝클어져 어지러우니 어지러울 분(紛)

한자✛ 米(쌀 미), 分(나눌 분), 糸(실 사, 실 사 변)

예2 여노 서노(如奴 恕怒) - 如, 恕와 비슷한 한자

- 여자(女)의 말(口)은 대부분 부모나 남편의 말과 같으니 같을 여(如)
- 여자(女)의 손(又)처럼 힘들게 일하는 종이니 종 노(奴)
- 예전과 같은(如) 마음(心)으로 용서하니 용서할 서(恕)
- 일이 힘든 종(奴)의 마음(心)처럼 성내니 성낼 노(怒)

한자✛ 女(여자 녀), 口(입 구, 말할 구, 구멍 구), 又(오른손 우, 또 우), 心(마음 심, 중심 심)

(5) 그림으로 생각해 보기

한자가 부수나 독립되어 쓰이는 한자로 나눠지지 않을 경우, 이 한자는 무엇을 본떠서 만들었는지 생각해서 본뜬 물건이 나오면 상형(象形)으로 만들어진 한자고, 본뜬 물건이 나오지 않으면 보이지 않는 무슨 일을 추상하여 만든 지사(指事)로 된 한자입니다.

+ 상형(象形), 지사(指事)에 대한 자세한 설명은 4쪽 (QR코드) 한자의 기초에 있습니다.

한자✛ 象(코끼리 상, 모양 상, 본뜰 상), 形(모양 형), 指(가리킬 지), 事(일 사, 섬길 사)

> **예1** 상형(象形)으로 된 한자
>
> - 가지 달린 나무를 본떠서 나무 목(木)
> - 높고 낮은 산봉우리를 본떠서 산 산(山)
>
> **예2** 지사(指事)로 된 한자
>
> - 기준선(一) 위로 오르는 모양을 생각하여 위 상, 오를 상(上)
> - 기준선(一) 아래로 내리는 모양을 생각하여 아래 하, 내릴 하(下)

(6) 한 글자에 여러 뜻이 있으면, 그 이유를 생각해서 익히기

한자도 처음 만들어질 때는 한 글자에 하나의 뜻이었지만, 생각이 커지고 문화가 발달할수록 더 많은 글자가 필요하게 되었어요. 그럴 때마다 새로운 글자를 만든다면 너무 복잡해지니, 이미 있던 글자에 다른 뜻을 붙여 쓰게 되었지요.

그러나 아무렇게 붙여 쓰는 것이 아니고, 그런 뜻이 붙게 된 이유가 분명히 있으니, 무조건 외는 시간에 "이 한자는 어찌 이런 뜻으로도 쓰일까?"를 생각하여 "아하! 그래서 이 한자에 이런 뜻이 붙었구나!"를 스스로 터득하면서 익히면 훨씬 효과적이지요.

> 예를 들어 '둥글고 가운데 흑점이 있는 해를 본떠서 만든 해 일(日)'에 어찌 '날 일'의 뜻도 있을까? 아하! 해가 뜨고 짐으로 구분하는 날이니 '날 일'이라는 뜻이 붙었구나! 앞 (1)에 나왔던 쓸 고, 괴로울 고(苦)의 경우도 '쓸 고'면 쓸 고지 어찌 '괴로울 고'의 뜻도 있을까? 조금만 생각해도 맛이 쓰면 먹기에 괴로우니 괴로울 고(苦)도 되었음을 금방 알게 되지요.

(7) 한자마다 반드시 예(例)까지 알아두기

한자를 익히면 반드시 그 한자가 쓰인 예(例)까지, 자주 쓰이는 낱말이나 고사성어 중에서 적절한 예(例)를 골라 익히는 습관을 들이세요. 그러면 "어? 이 한자가 이런 말에도 쓰이네!" 하면서 그 한자를 더 분명히 알 수 있을뿐더러, 그 한자가 쓰인 단어들까지 정확히 알 수 있으니, 정확하고 풍부한 단어 실력을 기를 수 있는 지름길이 되지요.

한자❖ 例(법식 례, 보기 례)

단어 풀이도 의역 위주로 된 사전식으로 단어 따로 뜻 따로 억지로 외지 마시고, 먼저 아는 한자를 이용하여 직역(直譯)해보고, 다음에 의역(意譯)해보는 습관을 들이세요. 그래야 단어의 뜻도 분명히 알 수 있으면서, 한자 실력도 쑥쑥 늘어납니다.

> 한자+ 直(곧을 직, 바를 직), 譯(번역할 역), 意(뜻 의), 직역(直譯) – '곧게 번역함'으로, 한자대로 충실히 번역함. 의역(意譯) – '뜻으로 번역함'으로, 개개의 한자나 단어, 구절에 너무 구애되지 않고 전체의 뜻을 살리는 번역.

기대되는 효과

이상 일곱 가지 방법을 종합하여 '한자 3박자 연상학습법'을 만들었습니다.

한자 3박자 연상학습법으로 한자를 익히면, 복잡하고 어려운 한자에 대하여 자신감을 넘어 큰 재미를 느끼고, 한자에 담긴 만고불변의 진리도 배우게 되며, 한자 3박자 연상학습법도 저절로 익혀져, 한자 몇 자 익히는 데 그치지 않고, 어떤 한자를 보아도 자신 있게 분석해 보고 뜻을 생각해 볼 수 있는 안목도 생깁니다.

또 일상생활에서 만나는 어려운 단어의 뜻도 막연히 껍데기로만 알지 않고 분명하게 아는 습관이 생겨, 정확하고 풍부한 단어 실력이 길러지고, 정확하고 풍부한 단어 실력을 바탕으로 자신(自信) 있는 언어생활(言語生活), 나아가 자신(自信) 있는 사회생활(社會生活)을 하게 되며, 중국어나 일본어도 70% 이상 한 셈이 됩니다.

이 책의 차례

PART 01   20

001 과과 보(果課 保) - 果로 된 글자와 保
002 동동진(東凍陳) - 東으로 된 글자
003 거[차]진고(車陣庫) - 車로 된 글자
004 주주주(朱株珠) - 朱로 된 글자
005 자자[척]책(束刺策) - 束으로 된 글자
006 씨지혼(氏紙昏) - 氏로 된 글자
007 두과료(斗科料) - 斗로 된 글자

PART 02   36

008 초입공 화(艹卄廾 華) - 艹, 卄, 廾과 華
009 석석차(昔惜借) - 昔으로 된 글자
010 공홍공(共洪恭) - 共으로 된 글자
011 로로로효(耂老孝) - 耂로 된 글자
012 원[엔] 청소(円 靑素) - 円과 主의 변형(龶)으로 된 글자
013 청청정(淸請情) - 靑으로 된 글자
014 책채적(責債積) - 責으로 된 글자

PART 03   52

015 시사사(示社祀) - 示로 된 글자
016 제제찰(祭際察) - 祭로 된 글자
017 금함념(今含念) - 今으로 된 글자
018 합급답(合給答) - 合으로 된 글자
019 포 포포(勹 包抱) - 勹와 包로 된 글자
020 작약적(勺約的) - 勺으로 된 글자
021 구구구(句拘苟) - 句로 된 글자

PART 04   66

022 경경경(敬警驚) - 敬으로 된 글자

023 물물이[역](勿物易) - 勿로 된 글자

024 양양장(易陽場) - 昜으로 된 글자

025 모 매민(母 每敏) - 母와 每로 된 글자

026 매해회(梅海悔) - 每로 된 글자

027 료자여[예](了子予) - 了와 비슷한 글자

028 모유무(矛柔務) - 矛로 된 글자

PART 05   82

029 절 액위[巳(卩) 厄危] - 巳(卩)과 厄으로 된 글자

030 동종(童鐘) - 童으로 된 글자

031 친신(親新) - 亲으로 된 글자

032 경경경(竟境鏡) - 竟으로 된 글자

033 신변변(辛辯辨) - 辛으로 된 글자

034 행 환집(幸 丸執) - 幸과 丸으로 된 글자

035 건 대체(巾 帶滯) - 巾과 帶로 된 글자

PART 06   96

036 시자폐(市姉肺) - 市로 된 글자

037 포[보] 희희(布 希稀) - 布와 希로 된 글자

038 두단두(豆短頭) - 豆로 된 글자

039 두 야액(亠 夜液) - 亠와 夜로 된 글자

040 망망맹(亡忘盲) - 亡으로 된 글자

041 고고호(高稿豪) - 高로 된 글자

042 향형정(享亨亭) - 高의 획 줄임(⻗, 㐯)으로 된 글자

이 책의 차례

PART 07   110

043 경 경영(京 景影) - 京과 景으로 된 글자
044 요소첨(夭笑添) - 夭로 된 글자
045 교교교(喬橋矯) - 喬로 된 글자
046 의의표(衣依表) - 衣로 된 글자
047 재재재(才材財) - 才로 된 글자
048 촌촌토(寸村討) - 寸으로 된 글자
049 부부부(付附符) - 付로 된 글자

PART 08   124

050 사시시(寺詩時) - 寺로 된 글자 1
051 지대특(持待特) - 寺로 된 글자 2
052 신 사사(身 射謝) - 身과 射로 된 글자
053 봉[풍] 해할(丰 害割) - 丰과 害로 된 글자
054 봉봉봉(夆峰逢) - 夆으로 된 글자
055 행[항]충위(行衝衛) - 行으로 된 글자
056 유우좌(有右左) - 十의 변형(ナ)으로 된 글자

PART 09   138

057 석척[탁]파(石拓破) - 石으로 된 글자
058 계[우] 율률(彐 聿律) - 彐와 聿로 된 글자
059 인착 건건(廴辶 建健) - 廴, 辶과 建으로 된 글자
060 조 쟁정(爪 爭淨) - 爪와 爭으로 된 글자
061 사 이사(厶 以似) - 厶와 以로 된 글자
062 태[이·대]시치(台治始) - 台로 된 글자
063 지공분[푼](只公分) - 八로 된 글자

PART 10   152

064 송송송(松訟頌) - 公으로 된 글자

065 거법각(去法却) - 去로 된 글자

066 지치실(至致室) - 至로 된 글자

067 흑점묵(黑點默) - 黑으로 된 글자

068 족촉착(足促捉) - 足으로 된 글자

069 경 량[냥]만(冂 兩滿) - 冂과 兩으로 된 글자

070 동동동[통](同銅洞) - 同으로 된 글자

PART 11   166

071 내병 육(內丙 肉) - 內로 된 글자와 肉

072 향상재(向尙再) - 冂으로 된 글자

073 당당상(堂當賞) - 尙으로 된 글자

074 아 요요(襾 要腰) - 襾와 要로 된 글자

075 표표표(票標漂) - 票로 된 글자

076 궤 범풍(几 凡風) - 几와 凡으로 된 글자

077 수 반반(殳 般盤) - 殳와 般으로 된 글자

PART 12   180

078 설역투(設役投) - 殳로 된 글자

079 유주의(酉酒醫) - 酉로 된 글자

080 추유존(酋猶尊) - 酋로 된 글자

081 호소계(戶所啓) - 戶로 된 글자

082 시 척국(尸 尺局) - 尸와 尺으로 된 글자

083 운운음(云雲陰) - 云으로 된 글자

084 거신호(巨臣互) - 巨와 비슷한 글자

이 책의 차례

PART 13   194

085 거거 와(拒距 臥) - 𠯑로 된 글자와 臥

086 근석기(斤析祈) - 斤으로 된 글자

087 구악병(丘岳兵) - 丘로 된 글자

088 익대 과벌(弋代 戈伐) - 弋, 戈로 된 글자

089 혹혹국(或惑國) - 或으로 된 글자

090 재재재(𢦏栽載) - 𢦏로 된 글자

091 이치섭(耳恥攝) - 耳로 된 글자

PART 14   208

092 취취최(取趣最) - 取로 된 글자

093 정정타(丁訂打) - 丁으로 된 글자

094 가하가(可河歌) - 可로 된 글자

095 기기기(奇騎寄) - 奇로 된 글자

096 무무술(戊茂戌) - 戊로 된 글자

097 성성성(成城誠) - 成으로 된 글자

098 함감감(咸減感) - 咸으로 된 글자

PART 15   222

099 궁 제제(弓 弟第) - 弓과 弟로 된 글자

100 불불비(弗佛費) - 弗로 된 글자

101 시실지(矢失知) - 矢로 된 글자

102 편 장장(片 爿將) - 片과 爿으로 된 글자

103 녁병질(疒病疾) - 疒으로 된 글자

104 방방방(方訪防) - 方으로 된 글자

105 비 지지(匕 旨指) - 匕와 旨로 된 글자

PART 16   236

106 화화화(化花貨) - 化로 된 글자
107 능파태(能罷態) - 能으로 된 글자
108 충충소(虫蟲騷) - 虫으로 된 글자
109 간근한(艮根限) - 艮으로 된 글자
110 량랑랑(良浪朗) - 良으로 된 글자
111 식음반(食飮飯) - 食으로 된 글자
112 비비개(比批皆) - 比로 된 글자

PART 17   250

113 배[북]배 차(北背 此) - 北으로 된 글자와 此
114 조도도(兆挑逃) - 兆로 된 글자
115 비죄비(非罪悲) - 非로 된 글자
116 망벌서(罒罰署) - 罒으로 된 글자
117 매 매독[두](買 賣讀) - 買와 賣로 된 글자
118 회 증증(會 曾增) - 會와 曾으로 된 글자
119 증승층(贈僧層) - 曾으로 된 글자

PART 18   264

120 명혈익(皿血益) - 皿으로 된 글자
121 패구즉[칙](貝具則) - 貝로 된 글자
122 원손원(員損圓) - 員으로 된 글자
123 관관실(貫慣實) - 貫으로 된 글자
124 혈항파(頁項頗) - 頁로 된 글자 1
125 순수번(順須煩) - 頁로 된 글자 2
126 경경 류(頃傾 類) - 頃으로 된 글자와 類

이 책의 차례

PART 19　　　　　　　　　　　　　　　　　278

127 령랭명(令冷命) - 令으로 된 글자

128 쇠[치]하동(夂夏冬) - 夂로 된 글자

129 복고패[夂(攴)故敗] - 攵으로 된 글자

130 정형형(井形刑) - 井과 井의 변형(开)으로 된 글자

131 시가대(豕家隊) - 豕로 된 글자

132 아사아(牙邪芽) - 牙로 된 글자

133 호 호호(虍 虎號) - 虍와 虎로 된 글자

PART 20　　　　　　　　　　　　　　　　　292

134 추추진(隹推進) - 隹로 된 글자 1

135 집척쌍(集隻雙) - 隹로 된 글자 2

136 호확획(護穫獲) - 隻로 된 글자

137 관권관(雚權觀) - 雚으로 된 글자

138 우습요(羽習曜) - 羽로 된 글자

139 우 만려(禺 萬勵) - 禺와 萬으로 된 글자

140 어어선소(魚漁鮮蘇) - 魚로 된 글자

색인　　　　　　　　　　　　　　　　　308

한자의 기초

오디오북 제공

필사노트 제공

알고 쓰는 한자어 **알·쓰·한**

001 과과 보(果課 保)

果	課	保
과실 **과**, 결과 **과**	매길 **과**, 부과할 **과**, 공부할 **과**, 과정 **과**	지킬 **보**, 보호할 **보**

保 = 亻(사람 인 변) + 口(입 구, 말할 구, 구멍 구) + 木(나무 목)
지킬 보, 보호할 보(保)의 어원도 마음을 울리네요.
그래요. 나쁜 말로 죄를 지을 수도 있고, 나쁜 음식을 먹어 건강이 나빠질 수도
있으니 입을 잘 지켜야 하겠네요.

果
과실(田)이 나무(木) 위에 열린 모양을 본떠서 **과실 과**
또 과실은 그 나무를 알 수 있는 결과니 **결과 과**
⊕ 田('밭 전'이지만 여기서는 과실로 봄), 木(나무 목)

課
말(言)을 들은 결과(果)로 세금을 매기고 부과하니
매길 과, 부과할 과
또 말(言)로 연구한 결과(果)를 보며 공부하는 과정이니
공부할 과, 과정 과

保
(말로 화를 입거나 입히는 경우가 많아) 사람(亻)은 입(口)을 말
없는 나무(木)처럼 지키고 보호하니 **지킬 보, 보호할 보**

> 한자
> 구조 **과과 보(果課 保)** - 果로 된 글자와 保
> 밭 전(田) 아래에 나무 목(木)이면 **과실 과, 결과 과**(果), 과실 과, 결과 과(果) 앞에 말씀 언
> (言)이면 **매길 과, 부과할 과, 공부할 과, 과정 과**(課), 사람 인 변(亻) 뒤에 입 구, 말할 구, 구
> 멍 구(口)와 나무 목(木)이면 **지킬 보, 보호할 보**(保)

果

6급 총8획
부수 木
fruit, result

- 나무 열매는 果實(과실). '다섯 가지 곡식과 많은 과실'로, 온갖 곡식과 과실을 이르는 말은 五穀百果(오곡백과). ① 과실을 맺음. ② 어떤 원인으로 결말이 생김, 또는 그런 결말의 상태는 結果(결과). '악한 원인에서 악한 결과가 생김'으로, 악(惡)한 일을 하면 반드시 앙갚음이 되돌아온다는 말은 惡因惡果(악인악과), 반대말은 善因善果(선인선과)지요.

> 한자➕ 實(열매 실, 실제 실), 穀(곡식 곡), 百(일백 백, 많을 백), 오곡(五穀) - ① 다섯 가지 중요한 곡식으로, 쌀·보리·콩·조·기장. ② 온갖 곡식을 통틀어 이르는 말. 結(맺을 결), 惡(악할 악, 미워할 오), 因(말미암을 인, 의지할 인), 善(착할 선, 좋을 선, 잘할 선)

課

5급 총15획
부수 言
levy, larn, process

- 세금을 정하여 내도록 매김은 課稅(과세). 세금이나 부담금 따위를 매기어 부담하게 함은 賦課(부과). 정해진 학과과정, 또는 근무시간 밖은 課外(과외). 관공서나 회사 따위에서, 한 과(課)의 업무나 직원을 감독하는 직위, 또는 그 직위에 있는 사람은 課長(과장). 일정 기간에 교육하거나 학습하여야 할 과목의 내용과 분량은 課程(과정). 처리하거나 해결해야 할 문제는 課題(과제).

> 한자➕ 稅(세금 세), 賦(세금 거둘 부, 줄 부, 문체 이름 부), 外(밖 외), 長(길 장, 어른 장), 程(법 정, 정도 정, 길 정), 題(제목 제, 문제 제)

保

4급Ⅱ 총9획
부수 人(亻)
keep, guard

- 건강을 지킴은 保健(보건). 위험이나 곤란 따위가 미치지 아니하도록 잘 보살펴 돌봄은 保護(보호). 몸을 보호함은 保身(보신)으로, 보약 따위를 먹어 몸의 영양을 보충한다는 보신(補身)과 동음이의어(同音異義語). '막음을 보호함'으로, 어떤 일이 어려움 없이 이루어지도록 보증하거나 보호함은 保障(보장).
- 확실히 보증하거나 가지고 있음은 確保(확보). 총명하고 사리에 밝아 자기 몸을 잘 보호함은 明哲保身(명철보신)이네요.

> 한자➕ 健(건강할 건), 護(보호할 호), 身(몸 신), 補(기울 보, 보충할 보), 同(한 가지 동, 같을 동), 音(소리 음), 異(다를 이), 義(옳을 의, 의로울 의, 뜻 의), 語(말씀 어), 동음이의어(同音異義語) - 소리는 같으나 뜻이 다른 단어. 障(막을 장), 確(확실할 확), 明(밝을 명), 哲(밝을 철)

東	凍	陳
동쪽 동, 주인 동	얼 동	늘어놓을 진, 묵을 진

나무(木) 사이에 해(日)가 떠오르는 모양이 동쪽 동(東)이면, 어찌 해가 넘어갈 때의
서쪽은 되지 않을까? 아하! 밝다가 어두워지는 저녁때보다,
어둡다가 밝아오는 아침이 나무 사이로 해가 더 선명히 보이네요.
옛날에는 신분에 따라 앉는 방향이 달라서 임금은 북쪽, 신하는 남쪽, 주인은
동쪽, 손님은 서쪽에 자리하고 앉았던 데서 동쪽 동(東)이 '주인 동'도 되지요.

東

나무(木) 사이로 해(日)가 떠오르는 동쪽이니 **동쪽 동**

또 옛날에 동쪽에 앉았던 주인이니 **주인 동**

⊕ 木(나무 목), 日(해 일, 날 일)

凍

얼음(冫)은 동쪽(東)에 더 많이 어니 **얼 동**

⊕ 冫(이 수 변), 아침 햇살만 잠깐 비치는 동쪽으로 향한 언덕이,
서쪽보다 얼음이 더 많이 언다는 데서 만들어진 글자네요.

陳

언덕(阝)의 동쪽(東)에 햇살이 퍼지듯 늘어놓고 묵으니

늘어놓을 진, 묵을 진

⊕ 阝(언덕 부 변), 묵다 – 일정한 곳에서 나그네로 머무르다.

> 한자구조 **동동진**(東凍陳) - 東으로 된 글자
>
> 나무 목(木) 중간에 해 일, 날 일(日)이면 **동쪽 동, 주인 동**(東), 동쪽 동, 주인 동(東) 앞에 이
> 수 변(冫)이면 **얼 동**(東), 언덕 부 변(阝)이면 **늘어놓을 진, 묵을 진**(陳)

東

8급 총8획
부수 木
east, owner

- 네 방위의 하나인 동쪽은 東方(동방), ① 동쪽에 있는 나라. ② 우리나라를 스스로 이르는 말은 東邦(동방). '동쪽 큰 바다'로, 중국과 인도의 문화권에 속하는 대부분의 아시아 지역은 東洋(동양). '동쪽을 물으니 서쪽을 답함'으로, 물음과는 전혀 맞지 않는 엉뚱한 대답을 함은 東問西答(동문서답).
- '말귀에 동풍'으로, 남의 의견을 귀담아듣지 아니하고 흘려버림은 馬耳東風(마이동풍), 속담 '소귀(쇠귀)에 경 읽기'를 뜻하는 우이독경(牛耳讀經)과 같네요.

> 한자+ 方(모 방, 방향 방, 방법 방), 邦(나라 방), 洋(큰 바다 양, 서양 양), 問(물을 문), 西(서쪽 서), 答(대답할 답, 갚을 답), 馬(말 마), 耳(귀 이), 風(바람 풍, 풍속·경치·모습·기질·병 이름 풍), 牛(소 우), 讀(읽을 독, 구절 두), 經(날 경, 지낼 경, 경서 경, 다스릴 경)

凍

3급Ⅱ 총10획
부수 氷(冫)
freeze

- ① 추위나 냉각으로 얼어붙음. ② 사업·계획·활동 따위가 중단됨, 또는 그렇게 함은 凍結(동결). 얼어서 살갗이 상함은 凍傷(동상). 얼었던 것이 녹아서 풀림은 解凍(해동). '언 발에 오줌 누기'로, 언 발에 오줌을 누면 한때는 따뜻하나 곧 더 나빠진다는 데서, 완전한 항구 대책이 아닌 임시대책을 이르는 말은 凍足放尿(동족방뇨).

> 한자+ 結(맺을 결), 傷(상할 상), 解(해부할 해, 풀 해), 足(발 족, 넉넉할 족), 放(놓을 방), 尿(오줌 뇨)

陳

3급Ⅱ 총11획
부수 阜(阝)
spread, stale

- 여러 사람에게 보이기 위하여 죽 벌여놓음은 陳列(진열). 일이나 상황에 대하여 자세하게 이야기함은 陳述(진술). 실정이나 사정을 진술함은 陳情(진정).
- '묵어서 썩음'으로, 케케묵고 낡음은 陳腐(진부). 새롭고 산뜻함은 참신(斬新).
- '새것이 묵은 것을 대신하여 바뀜'으로, 생명을 유지하기 위하여 생물체가 필요한 것은 섭취하고 불필요한 것은 배설하는 현상은 新陳代謝(신진대사).

> 한자+ 列(벌일 렬, 줄 렬), 述(말할 술, 책 쓸 술), 情(뜻 정, 정 정), 腐(썩을 부), 斬(벨 참, 죽일 참), 新(새로울 신), 代(대신할 대, 세대 대, 대금 대), 謝(사례할 사, 사절할 사, 빌 사)

⓪⓪③ 거[차]진고(車陣庫)

車	陣	庫
수레 **거**, 차 **차**	진 칠 **진**, 줄 **진**	곳집 **고**, 창고 **고**

수레 거, 차 차(車)의 독음(讀音)은 수레와 차로 구분하지 않고, 정거장(停車場), 정차(停車)처럼 단어에 따라 발음이 달라지네요.

陣은 바로 앞에 나왔던 陳(벌여 놓을 진, 묵을 진)과 비슷하니, 혼동하지 마세요.

+ 讀(읽을 독, 구절 두), 音(소리 음)

車
수레나 차를 본떠서 **수레 거, 차 차**
⊕ 曰은 수레의 몸통, ㅣ은 바퀴의 축, 一과 一은 양쪽 바퀴

陣
언덕(阝) 옆에 수레(車)들이 진 치는 줄이니 **진 칠 진, 줄 진**
⊕ 阝(언덕 부 변), 진(陣) 치다 - 자리를 차지하다.

庫
집(广)에 차(車) 같은 물건을 넣어두는 곳집(창고)이니 **곳집 고, 창고 고**
⊕ 广(집 엄), 곳집 - '창고로 쓰는 집'이란 말을, '고(庫)집' 구조로 만들어 쓰는 것

> **한자 구조** 거[차]진고(車陣庫) - 車로 된 글자
> 수레나 차를 본떠서 **수레 거, 차 차(車)**, 수레 거, 차 차(車) 앞에 언덕 부 변(阝)이면 **진 칠 진, 줄 진(陣)**, 집 엄(广)이면 **곳집 고, 창고 고(庫)**

車

7급 총7획
부수 車
cart, car

- 차만 다니게 한 길은 車道(차도), 사람만 다니게 한 길은 인도(人道).
- 사람의 힘으로 끄는 수레는 人力車(인력거). 차를 탐은 乘車(승차).
- 도로교통법에서 자동차가 5분을 초과하지 않고 멈추어 있는 상태는 停車(정차), 5분을 초과하여 머무르고 있으면 駐車(주차). 버스나 열차가 일정하게 머무르도록 정해진 장소는 停車場(정거장).
- '앞 수레는 (뒤 수레에) 가히 본보기가 됨'으로, (앞 수레가 엎어진 것을 보고 뒤 수레가 경계하여 넘어지지 않도록 한다는 데서) 앞사람의 실패를 보고 뒷사람은 이를 경계로 삼는다는 말 前車可鑑(전거가감)은 前車覆 後車戒(전거복 후거계)에서 온 말이지요.

> 한자+ 道(길 도, 도리 도, 말할 도, 행정구역의 도), 力(힘 력), 乘(탈 승), 停(머무를 정), 駐(머무를 주), 場(마당 장, 상황 장), 前(앞 전), 可(옳을 가, 가히 가, 허락할 가), 鑑(거울 감, 볼 감), 覆(덮을 부, 다시 복, 뒤집힐 복), 後(뒤 후), 戒(경계할 계, 깨우칠 계)

陣

4급 총10획
부수 阜(阝)
row, encamp

- '길게 뱀처럼 늘어선 줄'로, 줄지어 길게 늘어서 있는 모양은 長蛇陣(장사진). (전투부대의 공격이나 방어를 위한 준비로) 구축해 놓은 지역은 陣地(진지). ① 물을 등지고 적과 싸울 진을 치는 진법(陣法). ② 물러설 곳이 없으니 목숨 걸고 싸울 수밖에 없는 지경을 이르는 말은 背水陣(배수진).
- 여러 진 가운데 앞에 친 진은 前陣(전진), 뒤의 진은 後陣(후진).
- ① 군대의 진지를 뒤로 물림. ② 진용을 갖춘 구성원 전체나 그 책임자가 물러남은 退陣(퇴진)이네요.

> 한자+ 長(길 장, 어른 장), 蛇(뱀 사), 地(땅 지, 처지 지), 法(법 법), 背(등 배, 등질 배), 水(물 수), 前(앞 전), 後(뒤 후), 退(물러날 퇴)

庫

4급 총10획
부수 广
storehouse

- 물건을 간직하여 두는 곳은 庫間(고간 → 곳간). 나라의 재산인 곡식이나 돈 따위를 넣어 보관하는 곳간은 國庫(국고). 보물처럼 귀중한 것이 저장된 창고는 寶庫(보고). 차를 넣어 두는 곳간은 車庫(차고).

> 한자+ 間(사이 간), 國(나라 국), 寶(보배 보)

朱	株	珠
붉을 주	그루터기 주, 그루 주, 주식 주	구슬 주, 진주 주

한자의 어원은 고정불변의 하나가 아니니, 각자 나름대로 어원을 생각해 보며 익히는 방법이
더 잘 익혀지고 잊히지도 않으며, 두뇌 발달에도 좋아요.
붉을 주(朱)는 丿('삐침 별'의 변형) + 十(열 십, 많을 십) + 木(나무 목)의 구조로 보아,
'떨어지는(丿) 시(十)월의 나뭇(木)잎은 대부분 붉으니 붉을 주(朱)'로 풀어도 좋지만,
다음처럼 나누어 풀어 보았어요.

朱

작아(丿) 아직 자라지 않은(未) 어린싹은 붉으니 **붉을 주**

⊕ 나무나 풀의 어린싹은 대부분 붉지요.

⊕ 丿('삐침 별'의 변형으로 여기서는 작은 모양), 未(아닐 미, 아직
~ 않을 미, 여덟째 지지 미)

株

나무(木)의 붉은(朱) 뿌리 부분인 그루터기니 **그루터기 주**

또 그루터기 같은 뿌리로 나무를 세는 그루니 **그루 주**

또 나무를 세듯이 자본을 세는 주식이니 **주식 주**

⊕ 그루터기 – 풀이나 나무 따위의 아랫동아리, 또는 윗부분을 베
고 남은 아랫동아리

珠

구슬(王) 중 붉은(朱) 구슬이나 진주니 **구슬 주, 진주 주**

⊕ 王(임금 왕, 으뜸 왕, 구슬 옥 변)

> **한자 구조** **주주주(朱株珠) - 朱로 된 글자**
>
> 삐침 별(丿)에 아닐 미, 아직 ~ 않을 미, 여덟째 지지 미(未)면 **붉을 주(朱)**, 붉을 주(朱) 앞에
> 나무 목(木)이면 **그루터기 주, 그루 주, 주식 주(株)**, 임금 왕, 으뜸 왕, 구슬 옥 변(王)이면
> **구슬 주, 진주 주(珠)**

朱

4급 총6획
부수 木
red

- 붉은빛과 누런빛의 중간으로, 붉은 쪽에 가까운 색은 朱紅(주홍). 빨강과 노랑의 중간색은 朱黃(주황).
- '붉은 입술에 하얀 이'로, 예쁜 여인을 이르는 말은 朱脣白齒(주순백치)나 단순호치(丹脣皓齒).
- 도장 찍는 데 쓰는 붉은빛의 재료는 印朱(인주).

> 한자＋ 紅(붉을 홍), 黃(누를 황), 脣(입술 순), 白(흰 백, 밝을 백, 깨끗할 백, 아뢸 백), 齒(이 치, 나이 치), 丹(붉을 단, 모란 란), 皓(흴 호), 印(찍을 인, 도장 인)

株

3급Ⅱ 총10획
부수 木
stump, stock

- '그루터기를 지키며 토끼를 기다림'으로, 융통성 없는 사람을 비웃어 이르는 말은 守株待兔(수주대토), 나뭇등걸에 부딪혀 죽은 토끼를 보고 다시 토끼가 걸리기를 마냥 기다렸다는 고사에서 유래된 말이지요.
- 주식의 값은 株價(주가). 주식을 가지고 직접 또는 간접으로 회사 경영에 참여하고 있는 개인이나 법인은 株主(주주).

> 한자＋ 守(지킬 수), 待(대접할 대, 기다릴 대), 兔(토끼 토), 價(값 가, 가치 가), 主(주인 주)

珠

3급Ⅱ 총10획
부수 玉(王)
jewel, pearl

- 구슬과 옥은 珠玉(주옥). 조개의 체내에서 형성되는 구슬 모양의 분비물 덩어리는 眞珠·珍珠(진주).
- '귀중한 구슬로 새를 쏨'으로, 작은 것을 얻으려다 큰 것을 손해 보게 됨은 以珠彈雀(이주탄작), 속담 '쥐 잡으려다 장독 깬다'와 비슷하네요.

> 한자＋ 玉(구슬 옥), 眞(참 진), 珍(보배 진), 以(써 이, 까닭 이), 彈(탄알 탄, 튕길 탄), 雀(참새 작)

⓪⓪⑤ 자자[척]책(束刺策)

束	刺	策
가시 **자**	찌를 **자**, 찌를 **척**	채찍 **책**, 꾀 **책**

채찍 책, 꾀 책(策) = ﹗ [대 죽(竹)이 부수로 쓰일 때의 모양] + 가시 자(束)
'대(﹗)로 만든 가시(束)처럼 아픈 채찍이니 채찍 책'은 알겠는데,
'꾀 책'은 어떻게 붙은 뜻일까?
아하! '채찍질할 때 다치지 않게 신경 써야 하는 꾀니 꾀 책'이네요.
함부로 치면 다치니 꾀를 부려서 쳐야 한다는 말이군요.

束 나무(木)에 덮인(冖) 듯 붙어있는 가시니 **가시 자**

⊕ 木(나무 목), 冖(덮을 멱)

刺 가시(束)나 칼(刂)로 찌르니 **찌를 자, 찌를 척**

⊕ 刂(칼 도 방)

策 대(﹗)로 만든 가시(束)처럼 아픈 채찍이니 **채찍 책**

또 채찍질할 때 다치지 않게 신경 써야 하는 꾀니 **꾀 책**

> **[한자구조]** **자자[척]책**(束刺策) - 束로 된 글자
>
> 나무 목(木)에 덮을 멱(冖)이면 **가시 자**(束), 가시 자(束) 뒤에 칼 도 방(刂)이면 **찌를 자, 찌를 척**(刺), 위에 대 죽(﹗)이면 **채찍 책, 꾀 책**(策)

束

급외자 총6획
부수 木
thorn

한자➕ 급외자 – 급수 시험에는 포함되지 않지만 다른 한자 어원풀이를 위해 인용한 한자

刺

3급Ⅱ 총8획
부수 刀(刂)
pierce, poke

- (몰래) 칼로 찔러 죽이는 일을 전문으로 하는 사람은 刺客(자객). ① 남의 결점을 다른 것에 빗대어 비웃으면서 폭로하고 공격함. ② 문학작품 따위에서, 현실의 부정적 현상이나 모순 따위를 빗대어 비웃으면서 씀은 諷刺(풍자).
- (칼 따위로) 찔러 죽임은 刺殺(척살).

한자➕ 客(손님 객), 諷(빗대어 말할 풍, 외울 풍), 殺(죽일 살, 빠를 쇄, 감할 쇄)

策

3급Ⅱ 총12획
부수 竹(𥫗)
whip, trick,
artifice

- 채찍질하며 힘쓰게 함은 策勵(책려). 어떤 일에 대처할 꾀(계획이나 수단)는 對策(대책). 묘한 꾀는 妙策(묘책). 정치적 목적을 실현하기 위한 방책은 政策(정책). 어떠한 일이나 문제 따위를 해결하기 위한 방책은 解決策(해결책).
- '궁한 나머지 생각해 낸 꾀'로, 막다른 처지에서 생각다 못하여 낸 꾀는 窮餘之策(궁여지책)이나 窮餘一策(궁여일책)이지요.

한자➕ 勵(힘쓸 려), 對(상대할 대, 대답할 대), 妙(묘할 묘), 政(다스릴 정), 解(해부할 해, 풀 해), 決(터질 결, 정할 결), 窮(곤궁할 궁, 다할 궁), 餘(남을 여), 之(갈 지, ~의 지, 이 지)

⓪⓪⑥ 씨지혼(氏紙昏)

氏	紙	昏
성 씨, 뿌리 씨, 사람을 부를 때 붙이는 씨	종이 지	저물 혼

남의 성씨를 말할 때는 김씨(金氏), 이씨(李氏)처럼 씨(氏)를 붙여 말하고,
자기 성을 말할 때는 김가(金哥), 이가(李哥)처럼 성씨 가(哥)를 붙여
겸손하게 말하지요.
성씨 가(哥)는 성씨 성, 백성 성(姓) 뒤에 붙어 그 姓임을 나타내거나, 그 성을
가진 사람을 낮보아 일컫는 말로 쓰이네요.

氏
(사람의 씨족도 나무뿌리 뻗어가듯 번지니)
나무뿌리가 지상으로 나온 모양을 본떠서 **성 씨, 뿌리 씨**
또 **사람을 부를 때 붙이는 씨**

紙
(나무의 섬유질) 실(糸)이 나무뿌리(氏)처럼 엉겨서 만들어지
는 종이니 **종이 지**
⊕ 수작업으로 만든 한지를 밝은 곳에 비춰 보면 섬유질 실이 나무
뿌리처럼 얽혀있는 것을 볼 수 있지요.

昏
나무뿌리(氏) 아래로 해(日)가 지며 저무니 **저물 혼**

> 한자
> 구조 **씨지혼**(氏紙昏) - 氏로 된 글자
>
> (사람의 씨족도 나무뿌리가 뻗어가듯 번지니) 나무뿌리가 지상으로 나온 모양을 본떠서 **성
> 씨, 뿌리 씨, 사람을 부를 때 붙이는 씨**(氏), 성 씨, 뿌리 씨, 사람을 부를 때 붙이는 씨(氏)
> 앞에 실 사, 실 사 변(糸)이면 **종이 지**(紙), 아래에 해 일, 날 일(日)이면 **저물 혼**(昏)

氏

4급 총4획
부수 氏
family name,
a root

- '성(姓)'을 높여 부르는 말은 姓氏(성씨).
- 공동의 조상을 가진 혈족 단체는 氏族(씨족). 氏族 제도를 바탕으로 하여 성립된 원시사회는 氏族社會(씨족사회).

한자＋ 姓(성씨 성, 백성 성), 族(겨레 족), 社(토지 신 사, 모일 사), 會(모일 회)

紙

7급 총10획
부수 糸
paper

- 종이에 인쇄하여 만든 화폐는 紙幣(지폐). 거짓으로 만든(위조한) 종이돈은 僞造紙幣(위조지폐). 소식을 알리기 위해 쓴 글은 便紙 · 片紙(편지).
- '종이 상자'로, 돈이나 증명서 따위를 넣을 수 있도록 만든 자그마한 물건은 紙匣(지갑).

한자＋ 幣(돈 폐, 폐백 폐), 僞(거짓 위), 造(지을 조), 便(편할 편, 소식 편, 똥 오줌 변), 片(조각 편), 匣(갑 갑, 상자 갑)

昏

3급 총8획
부수 日
grow dark

- 어둡고 어지러움은 昏亂(혼란)으로, 뒤죽박죽이 되어 어지럽고 질서가 없다는 혼란(混亂)과 동음이의어(同音異義語). ① 의식이 흐림, 또는 그런 상태. ② 하는 짓이나 됨됨이가 어리석고 미련하며 사리에 어두움. ③ 정세 따위가 분명하지 아니하고 불안정함, 또는 그런 상태는 昏迷(혼미). 누렇게 저녁노을이 끼고 어두워지는 때는 黃昏(황혼).
- '저녁에는 부모님의 잠자리를 보아 드리고, 이른 아침에는 부모님의 밤새 안부를 살핌'으로, 부모를 잘 섬기고 효성을 다함을 이르는 말은 昏定晨省(혼정신성)이네요.

한자＋ 亂(어지러울 란), 混(섞을 혼), 迷(미혹할 미), 黃(누를 황), 定(정할 정), 晨(새벽 신), 省(살필 성, 줄일 생)

⓪⓪⑦ 두과료(斗科料)

斗	科	料
국자 **두**, 말 **두**	조목 **과**, 과목 **과**	헤아릴 **료**, 재료 **료**, 값 **료**

요즘은 물건의 양을 무게로 환산하여 그램(g)이나 킬로그램(kg)으로 표시하지만, 얼마 전까지만 해도 되(升: 되 승)나 말(斗)에 곡식을 담아 헤아렸지요. 열 되가 한 말이고, 한 말은 8kg, 한 가마는 80kg입니다.

斗
자루 달린 국자를 본떠서 **국자 두**
또 국자처럼 곡식을 퍼 올려 되는 말이니 **말 두**

科
벼(禾) 같은 곡식의 양을 품질에 따라 말(斗)로 나누듯 나눈 조목이니 **조목 과**
또 지식을 조목조목 나누어 설명한 과목이니 **과목 과**
⊕ 禾(벼 화)

料
쌀(米)의 양을 말(斗)로 헤아려, 무엇을 만드는 재료로 쓰거나, 값을 지불하니 **헤아릴 료, 재료 료, 값 료**
⊕ 米(쌀 미), 옛날부터 벼와 쌀은 곡식의 대표로, 물물 거래의 기준이었습니다.

> **한자구조** **두과료**(斗科料) - 斗로 된 글자
> 자루 달린 국자를 본떠서 **국자 두**(斗), 또 국자처럼 곡식을 퍼 올려 되는 말이니 **말 두**(斗), 국자 두, 말 두(斗) 앞에 벼 화(禾)면 **조목 과, 과목 과**(科), 쌀 미(米)면 **헤아릴 료, 재료 료, 값 료**(料)

斗

4급 II 총4획
부수 斗
scoop, a unit
of measure

- 태산(泰山)과 북두칠성을 아울러 이르는 말로, 세상 사람들로부터 존경 받는 사람을 비유적으로 이르는 말은 泰山北斗 (태산북두).
- '말술도 사양하지 않음'으로, 주량이 매우 큰 斗酒不辭 (두주불사).

> 한자+ 泰(클 태, 편안할 태), 山(산 산), 北(등질 배, 달아날 배, 북쪽 북), 酒(술 주), 不(아닐 불 · 부), 辭(말씀 사, 글 사, 물러날 사, 사양할 사)

科

6급 총9획
부수 禾
article, subject

- (가르치거나 배워야 할 지식을 세분하여) 분류한 조목, 즉 교과목은 科目 (과목). 보편적인 진리나 법칙의 발견을 목적으로 한 과목은 科學 (과학). 지식의 모든 분야의 말들을 모아 설명한 사전은 百科辭典 (백과사전).
- 대학이나 병원 따위에서 한 과(科)의 운영을 책임지는 직책은 科長 (과장), 관공서나 회사 따위에서 한 과(課)의 업무나 직원을 감독하는 직위는 과장(課長)이지요.

> 한자+ 조목(條目) - 하나의 일을 구성하고 있는 낱낱의 부분이나 갈래. 條(가지 조, 조목 조), 目(눈 목, 볼 목, 항목 목), 學(배울 학), 百(일백 백, 많을 백), 典(본보기 전, 책 전), 長(길 장, 어른 장), 課(매길 과, 부과할 과, 공부할 과, 과정 과)

料

5급 총10획
부수 斗
estimate,
stuff, price

- 생각하여 헤아림은 思料 (사료), 역사 연구에 필요한 자료는 史料 (사료), 가축에게 주는 먹을거리는 飼料 (사료). 물건을 만드는 원료는 材料 (재료). 어떤 물건을 만드는 데 들어가는 재료는 原料 (원료). '살찌우는 재료'로, 경작지에 뿌리는 영양물질은 肥料 (비료).
- 남의 힘을 빌리거나 사물을 사용 · 소비 · 관람한 대가로 치르는 값(돈)은 料金 (요금). 값이나 요금이 없음은 無料 (무료), 있음은 有料 (유료)네요.

> 한자+ 思(생각할 사), 史(역사 사), 飼(먹일 사), 材(재목 재, 재료 재), 原(언덕 원, 근원 원), 肥(살찔 비, 거름 비), 金(쇠 금, 금 금, 돈 금, 성씨 김), 無(없을 무), 有(가질 유, 있을 유)

한자의 어원을 생각하는 것은 아주 쉬워요!

한자를 딱 보아서 부수나 독립되어 쓰이는 글자로 쪼개지지 않으면 그 글자만으로 왜 이런 모양에 이런 뜻의 글자가 나왔는지 생각해 보고, 부수나 독립되어 쓰이는 글자로 쪼개지면 쪼개서 쪼개진 글자들의 뜻을 합쳐 보면 되거든요.

그래도 어원이 생각나지 않을 때는, 상상력을 동원하여 나눠진 글자의 앞뒤나 가운데에 말을 넣어 생각해 보면 되고요.

한자에서 가장 많은, 부수나 독립되어 쓰이는 글자로 쪼개지는 글자들은 x + y = z 형식이 기본이고, x, y, z의 뜻은 이미 알고 있으니, 어째서 이런 구조로 z라는 글자와 뜻을 나타냈는가만 생각하면 어원이 됩니다.

앞에 나왔던 종이 지(紙)를 예로 들어보면,

종이 지(紙) = 糸(실 사, 실 사 변) + 氏(성 씨, 뿌리 씨)로 나눠지고,

각 글자의 훈과 음은 이미 알고 있으니, 어째서 이런 구조로 종이 지(紙)를 만들었는가만 생각하면 바로 어원이 되지요.

어원이 좀 이상하다고 생각되면?

한자는 오랜 세월에 걸쳐 만들어졌기 때문에 어원이 여러 가지인 글자도 있고, 또 시대가 바뀌어 현대에 이해하기 어려운 어원도 많지요. 이런 상황에서 저는 가급적 그 글자가 만들어진 원래의 어원에 충실하되, 현대에 이해하기 어려운 어원은 제 나름대로 쉽게 재구성하여 책에 실었습니다.

이 책에 나온 어원을 읽으면서 좀 이상하다고 생각되면 한자가 만들어지던 시절을 생각하면서 나름대로 어원을 추정해보세요. 어원을 책에 있는 대로만 외우지 말고 나름대로 어원을 생각해 보면서 한자를 익히는 방법이 좋습니다.

어원을 생각하며 한자를 익히면 기쁨도 큽니다.

수천 년 전에 어떻게 이런 진리를 담아 글자를 만들었는지, 또 나타내고자 하는 대상이나 뜻을 어쩌면 이렇게 간단명료하게 표현했는지, 정말 신비스럽고 무릎을 칠 정도로 기쁘며, 생활에도 큰 도움이 되지요.

예를 들어

- (무엇이나) 하나(一)에 그쳐(止) 열중해야 바르니 바를 정(正)
- 하나(丿)에만 매달리는 마음(心)으로 반드시 이루니 반드시 필(必)

[한자+] 止 (그칠 지), 丿 ('삐침 별'이지만 여기서는 '하나'로 봄), 心 (마음 심, 중심 심)

한자의 어원에서 이런 진리를 깨칠 때마다 저는 그 감동으로 잠을 이루지 못할 때도 많답니다. 글자의 어원에서 감동하지 못하면 그 글자의 어원을 아직 제대로 깨치지 못한 것으로 여기고, 계속 생각하지요.

현재 중국에서 쓰는 간체자도, 그냥 간단히만 한 것이 아니라 원래 한자가 만들어진 진리를 살려 만들어졌기 때문에 진리가 담긴 어원으로 기가 막히게 풀어집니다.

그러니 한자의 어원을 생각하는 것은 단순히 글자나 익히는 차원이 아니라, 한자에 담긴 세상의 진리와 번뜩이는 아이디어를 깨쳐 우리의 생각을 키우고, 일이나 생활에 100배, 1,000배 활용할 수 있는 매우 의미 있는 일을 하는 셈이지요.

⓪⓪⑧ 초입공 화(⁺⁺卝廾 華)

⁺⁺	卝	廾	華
초 두	스물 입	받쳐 들 공	화려할 화, 빛날 화

화려할 화, 빛날 화(華) = ⁺⁺(초 두) + 一(한 일) + ⁺⁺ + 一 + 十(열 십, 많을 십)
복잡한 글자지만 이렇게 나누어서 풀어 보니 어원이 바로 나오네요.
나무 대부분은 꽃보다 단풍이 더 곱다고 하지요.

⁺⁺
풀 초(草)가 부수로 쓰일 때의 모양으로, 주로 글자의 머리
부분에 붙으니, 머리 두(頭)를 붙여서 <u>초 두</u>
⊕ 약자일 때는 3획인 ⁺⁺ 형태입니다.
⊕ '두'는 글자의 머리 부분에 붙는 부수 이름이기에, 제목을 ⁺⁺의
원래 글자인 草의 독음 '초'로 했습니다.

卝
열 십, 많을 십(十) 둘을 합쳐서 <u>스물 입</u>(= 卝)
⊕ 아랫부분을 막아 써도 같은 뜻의 글자입니다.

廾
양손으로 물건을 받쳐 든 모양을 본떠서 <u>받쳐 들 공</u>

華
풀(⁺⁺) 하나(一) 풀(⁺⁺) 하나(一)마다, 시월(十)의 바람에 단풍
들어 화려하게 빛나니 <u>화려할 화, 빛날 화</u>

한자구조 초입공 화(⁺⁺卝廾 華) - ⁺⁺, 卝, 廾과 華

풀 초(草)가 부수로 쓰일 때의 모양으로, 주로 글자의 머리 부분에 붙으니 머리 두(頭)를 붙
여서 **초 두**(⁺⁺), 열 십, 많을 십(十) 둘을 합쳐서 **스물 입**(卝, = 卝), 양손으로 물건을 받쳐
든 모양을 본떠서 **받쳐 들 공**(廾), 초 두(⁺⁺)와 한 일(一), 초 두(⁺⁺)와 한 일(一)에 열 십, 많
을 십(十)이면 **화려할 화, 빛날 화**(華)

총4획

부수자

grass

특급Ⅱ 총3획

부수 十

twenty

총3획

부수자

hold

華

4급 총11획

부수 草(艹)

brilliant, shine

- 빛나고 아름다움은 華麗(화려). '빛나는 결혼'으로, 남의 결혼을 아름답게 이르는 말은 華婚(화혼). 사치스럽고 화려함은 豪華(호화).

- 권력과 부귀를 마음껏 누림은 榮華(영화). 재산이 많고 지위가 높아서 온갖 영화를 누림은 富貴榮華(부귀영화).

- '빛나는 곳으로 오름'으로, 어떤 현상이 더 높은 상태로 발전하는 일은 昇華(승화). 인간의 고통을 예술로 이겨냄은 인간고(人間苦)의 예술적 昇華, 종교로 이겨냄은 人間苦의 종교적 昇華라 하지요.

- 겉은 화려하나 속은 빈곤함, 즉 겉치레는 화려하나 실속이 없음은 外華內貧(외화내빈)인데, 글자 순서를 바꾸어 外貧內華(외빈내화)이면 반대말이 되네요.

한자＋ 麗(고울 려), 婚(결혼할 혼), 豪(굳셀 호, 호걸 호, 성할 호), 榮(영화 영), 富(부자 부, 넉넉할 부), 貴(귀할 귀), 昇(오를 승), 間(사이 간), 苦(쓸 고, 괴로울 고), 外(밖 외), 內(안 내), 貧(가난할 빈)

昔	惜	借
옛 석	아낄 석, 가엾을 석	빌릴 차

옛 석(昔) = 스물 입(卄) + 一(한 일) + 日(해 일, 날 일)
부수나 독립되어 사용될 수 있는 글자로 나눠놓고 보아도 어원이 선명하지 않고,
다른 각도로 생각해 보아도 명쾌한 어원이 생각나지 않으면 일단 그것으로 어원을
정하고 계속 생각해 보세요. 그러다가 더 선명한 어원이 생각나면 수정하고요.
저는 책이 나올 때까지의 최선의 어원을 책에 실었지만, 책이 나온 뒤에도
계속 생각하여 모아두었다가 판을 거듭하면서 더 나은 어원으로
수정 보완하고 있지요.

昔 이십(卄) 일(一) 일(日)이나 지난 옛날이니 **옛 석**

惜 마음(忄)에 어렵던 옛날(昔)을 생각하며 아끼고 가엾게 여기니
아낄 석, 가엾을 석
⊕忄(마음 심 변), 가엾다 – 마음이 아플 만큼, 안 되고 처연하다.

借 사람(亻)을 오래(昔) 사귀면 돈도 빌려주고 빌리니 **빌릴 차**
⊕亻(사람 인 변)

> **한자구조** **석석차**(昔惜借) – 昔으로 된 글자
>
> 스물 입(卄)과 한 일(一) 아래에 해 일, 날 일(日)이면 **옛 석**(昔), 옛 석(昔) 앞에 마음 심 변
> (忄)이면 **아낄 석, 가엾을 석**(惜), 사람 인 변(亻)이면 **빌릴 차**(借)

昔

3급 총8획
부수 日
ancient

- 옛날은 昔日(석일). 지금과 옛날은 今昔(금석).
- '지금과 옛날의 느낌'으로, 지금과 옛날의 차이(변화)가 너무 큰 데서 일어나는 느낌은 今昔之感(금석지감).

한자➕ 日(해 일, 날 일), 今(이제 금, 오늘 금), 之(갈 지, ~의 지, 이 지), 感(느낄 감)

惜

3급Ⅱ 총11획
부수 心(忄)
cherish, pity, spare

- 시간 아끼기를 금같이 함은 惜時如金(석시여금).
- 가여운(아쉬운) 이별은 惜別(석별). 슬프고 가엾음은 哀惜(애석). (경기나 경쟁에서 약간의 점수 차이로) 아깝게 짐은 惜敗(석패), (이길 수 있었던 것을) 분하게 짐은 분패(憤敗).

한자➕ 時(때 시), 如(같을 여), 金(쇠 금, 금 금, 돈 금, 성씨 김), 別(나눌 별, 다를 별), 哀(슬플 애), 敗(패할 패), 憤(분할 분)

借

3급Ⅱ 총10획
부수 人(亻)
borrow

- (남의) 이름을 빌림은 借名(차명). (돈이나 물건을) 빌려 씀은 借用(차용). 한 나라의 정부나 기업, 은행 따위가 외국 정부나 공적 기관으로부터 자금을 빌려 옴, 또는 그 자금은 借款(차관).
- '마루를 빌리다가 나중에는 안방까지 빌려 달라함'으로, 처음에는 남에게 의지하다가 점차 그의 권리까지 침범함은 借廳借閨(차청차규), 속담 '사랑채 빌리면 나중에 안방까지 달라고 한다'와 같네요.

한자➕ 名(이름 명, 이름날 명), 用(쓸 용), 款(정성 관, 조목 관, 기록 관), 廳(관청 청, 마루 청), 閨(안방 규)

0 1 0 공홍공(共洪恭)

共	洪	恭
함께 **공**	넓을 **홍**, 홍수 **홍**	삼갈 **공**, 공손할 **공**

共(함께 공) = 廾(스물 입) + 一(한 일) + 八(여덟 팔, 나눌 팔)
스물한 번을 나눈다?
어찌 이런 구조로 '함께'라는 뜻의 글자를 만들었을까?
스물 입(廾)을 '많은'으로, 한 일(一)을 '마당'으로 보고 해석하니 바로 풀어지네요.

共 많은(廾) 사람들이 마당(一)에서 일을 나누어(八) 함께하니
함께 공

洪 물(氵)이 넘쳐 여러 가지와 함께(共) 넓게 흐르는 홍수니
넓을 홍, 홍수 홍
⊕ 氵(삼 수 변)

恭 여럿이 함께(共) 사는 마음(小)처럼 삼가고 공손하니 **삼갈 공,**
공손할 공
⊕ 小 – 마음 심, 중심 심(心)이 글자의 아래에 붙는 부수인, 발로
쓰일 때의 모양으로 '마음 심 발'

한자
구조 **공홍공**(共洪恭) - 共으로 된 글자
스물 입(廾)과 한 일(一) 아래에 여덟 팔, 나눌 팔(八)이면 **함께 공**(共), 함께 공(共) 앞에 삼
수 변(氵)이면 **넓을 홍, 홍수 홍**(洪), 아래에 마음 심 발(小)이면 **삼갈 공, 공손할 공**(恭)

共

6급 총6획
부수 八
together

- 국가나 사회의 구성원에게 두루 관계되는 것은 公共(공공). (둘 이상의 사람이) 일을 같이하거나 같은 자격으로 참여함은 共同(공동). 여러 사람이 함께 도와주거나 서로 도와줌은 共助(공조). 둘 또는 그 이상의 사이에 두루 통하고 관계됨은 共通(공통).
- 자기나 남이 함께(모두) 인정함은 自他共認(자타공인). '하늘과 사람이 함께 노함'으로, 누구나 분노할 만큼 증오스러움은 天人共怒(천인공노).

> 한자＋ 公(공평할 공, 대중 공, 귀공자 공), 同(한 가지 동, 같을 동), 助(도울 조), 通(통할 통), 自(자기 자, 스스로 자, 부터 자), 他(다를 타, 남 타), 認(알 인, 인정할 인), 天(하늘 천), 怒(성낼 노)

洪

3급II 총9획
부수 水(氵)
flood, broad

- 넓고 큰 책략은 洪規(홍규). ① 큰물. ② 넘쳐흐를 정도로 많은 사물을 비유하는 말은 洪水(홍수). 넓게 생긴 바닷물고기는 洪魚(홍어). ① 나라를 세우는 큰 사업. ② 나라와 관련되는 큰 사업은 洪業(홍업).

> 한자＋ 規(법 규, 책략 규), 水(물 수), 魚(물고기 어), 業(업 업, 일 업)

恭

3급II 총10획
부수 心(忄)
respectful

- 공손히 공경함은 恭敬(공경). 공경하고 겸손함은 恭遜(공손). 새해의 복을 비는 인사말로, 삼가 새해를 축하드린다는 말은 恭賀新年(공하신년), 근하신년(謹賀新年)과 같이 쓰이지요.
- '지나친 공손은 예의가 아님'으로, 지나칠 정도로 공손한 것은 도리어 예의가 아니라는 말은 過恭非禮(과공비례).

> 한자＋ 敬(공경할 경), 遜(겸손할 손, 뒤떨어질 손), 賀(축하할 하), 新(새로울 신), 年(해 년, 나이 년) 謹(삼갈 근), 過(지날 과, 지나칠 과, 허물 과), 非(어긋날 비, 아닐 비, 나무랄 비), 禮(예도 례)

耂	老	孝
늙을 로 엄	늙을 로	효도 효

늙을 로 엄(耂)이나 늙을 로(老)는 늙으면 허리를 똑바로 펴지 못하고
힘도 없으니, 지팡이를 짚고 다녀야 함을 생각하고 만든 글자네요.

耂
늙을 로(老)가 부수로 쓰일 때의 모양으로, 흙(土)에
지팡이(丿)를 짚으며 걸어야 할 정도로 늙으니 **늙을 로 엄**
⊕ 土(흙 토), 丿('삐침 별'이지만 여기서는 지팡이로 봄)
⊕ '늙을 로 엄'에서 '엄'은 글자의 위와 왼쪽에 붙는 부수 이름이
기에 원래 한자 독음으로 제목을 달았습니다.

老
흙(土)에 지팡이(丿)를 비수(匕)처럼 꽂으며 걸어야 할 정도로
늙으니 **늙을 로**
⊕ 匕(비수 비, 숟가락 비) - 2권 제목번호 [105] 참고

孝
늙은(耂) 부모를 아들(子)이 받드는 효도니 **효도 효**

[한자 구조] **로로효**(耂老孝) - 耂로 된 글자
흙 토(土)에 삐침 별(丿)이면 **늙을 로 엄**(耂), 늙을 로 엄(耂) 아래에 비수 비, 숟가락 비(匕)
면 **늙을 로**(老), 아들 자, 첫째 지지 자, 자네 자, 접미사 자(子)면 **효도 효**(孝)

총4획
부수자
old

老

7급 총6획
부수 老
old, aged

- 노인을 공경함은 敬老(경로). 한 가지 일에 오래 종사하여 경험과 공로가 많은 사람은 元老(원로). 많은 경험으로 익숙하고 능란함은 老鍊(노련).

- '남자와 여자, 늙은이와 젊은이'로, 모든 사람을 일컫는 말은 男女老少(남녀노소). '백 년(일평생)을 함께 늙음'으로, 일평생 부부가 되어 금실 좋게 함께 늙음은 百年偕老(백년해로), 백년해락(百年偕樂), 백년동락(百年同樂), 해로동혈(偕老同穴)이네요.

> 한자＋ 敬(공경할 경), 元(원래 원, 으뜸 원), 鍊(단련할 련), 男(사내 남), 女(여자 녀), 少(적을 소, 젊을 소), 百(일백 백, 많을 백), 年(해 년, 나이 년), 偕(함께 해), 樂(풍류 악, 즐거울 락, 좋아할 요), 同(한 가지 동, 같을 동), 穴(구멍 혈, 굴 혈)

孝

7급 총7획
부수 子
filial piety

- 효도하는 아들은 孝子(효자). 효도하는 딸은 孝女(효녀). 시부모를 잘 섬기는 며느리는 孝婦(효부). 마음을 다해 부모를 섬기는 정성은 孝誠(효성).

- 어버이를 효도로써 섬김은 事親以孝(사친이효).

> 한자＋ 婦(아내 부, 며느리 부), 誠(정성 성), 事(일 사, 섬길 사), 親(어버이 친, 친할 친), 以(써 이, 까닭 이)

⓪①② 원[엔] 청소(円 靑素)

円	靑	素
둥글 원, 둘레 원, 화폐 단위 엔	푸를 청, 젊을 청	흴 소, 바탕 소, 요소 소, 소박할 소

푸를 청, 젊을 청(靑) = 龶 [주인 주(主)의 변형] + 円(둥글 원, 둘레 원, 화폐 단위 엔)
푸를 청(靑)에 어찌 '젊을 청'의 뜻도 있을까?
아하! 잘될 가능성이 없을 때 '싹수가 노랗다'라 하고, 늙거나 죽어 가는 나무는 노랗
게 마르면서 시들지만, 푸르면 싱싱하고 젊다는 데서 '젊을 청'이 붙게 된 것이네요.
푸를 청(靑)이 들어간 글자는 '푸르고 맑고 희망이 있고 젊다'라는 뜻이지요.

円 성(冂)은 세로(|)로 가로(一)로 보아도 둥근 둘레니 **둥글 원,
둘레 원**, 또 일본 화폐 단위로도 쓰여 **화폐 단위 엔**

⊕ 冂(멀 경, 성 경), | ('뚫을 곤'이지만 여기서는 세로로 봄), 一('한 일'
이지만 여기서는 가로로 봄)

靑 (하늘이나 바다나 땅이나) 주된(龶) 둘레(円)의 색은 푸르니
푸를 청, 또 푸르면 젊으니 **젊을 청**

⑩ 靑 - 주(龶)된 몸(月)의 마음은 언제나 푸르고 젊으니 '푸를 청, 젊을 청'
⊕ 靑이 들어간 글자를 약자로 쓸 때는 円 부분을 月(달 월, 육 달 월)로 씁니다.

素 주된(龶) 실(糸)의 색은 희니 **흴 소**, 또 흰색은 모든 색의 바탕
이 되고, 요소가 되며, 소박하니 **바탕 소, 요소 소, 소박할 소**

⊕ 糸(실 사, 실 사 변), 처음 뽑아낼 때의 실은 대부분 흰색이지요.

> **한자구조** **원[엔] 청소**(円 靑素) - 円과 主의 변형(龶)으로 된 글자
>
> 멀 경, 성 경(冂)에 뚫을 곤(|)과 한 일(一)이면 **둥글 원, 둘레 원, 화폐 단위 엔**(円), 주인
> 주(主)의 변형(龶) 아래에 둥글 원, 둘레 원, 화폐 단위 엔(円)이면 **푸를 청, 젊을 청**(靑), 실
> 사, 실 사 변(糸)이면 **흴 소, 바탕 소, 요소 소, 소박할 소**(素)

円

특급II 총4획
부수 冂

round, circumference, monetary unit

靑

8급 총8획
부수 靑

blue, young

- 푸른 산은 靑山(청산). '새싹이 파랗게 돋아나는 봄철'로, 십 대 후반에서 이십 대에 걸치는 인생의 젊은 나이, 또는 그런 시절을 이르는 말은 靑春(청춘). 16세 무렵의 꽃다운 청춘, 또는 혈기 왕성한 젊은 시절을 이르는 말은 二八靑春(이팔청춘).
- '비 내린 뒤의 푸른 산'으로, 비 온 뒤의 산이 한층 맑고 푸르러 보임은 雨後靑山(우후청산), 우리의 몸도 마음도 항상 雨後靑山의 모습이었으면 좋겠어요.

> 한자＋ 春(봄 춘), 雨(비 우), 後(뒤 후)

素

4급II 총10획
부수 糸

white, nature,
element,
artless

- 하얗게 차려입은 한복은 素服(소복). '하얀 옷으로 단장함'으로, 아래위를 하얗게 입고 곱게 꾸민 차림은 素服丹粧(소복단장).
- 예술작품의 바탕이 되는 재료는 素材(소재). 본디부터 가지고 있는 성질, 또는 타고난 능력이나 기질은 素質(소질).
- (사물의 성립, 효력 등에) 꼭 필요한 성분, 즉 근본 조건은 要素(요소).
- 꾸밈이나 거짓 없이 수수한 그대로임은 素朴(소박)이지요.

> 한자＋ 服(옷 복, 먹을 복, 복종할 복), 丹(붉을 단, 모란 란), 粧(단장할 장), 단장(丹粧) - ① 얼굴을 곱게 하고 머리나 옷맵시를 매만져 꾸밈. ② 건물, 거리 따위를 손질하여 꾸밈. 材(재목 재, 재료 재), 質(바탕 질), 要(중요할 요, 필요할 요), 朴(소박할 박, 성씨 박)

⓪①③ 청청정(淸請情)

清	請	情
맑을 청	청할 청	뜻 정, 정 정

맑을 청(淸) = 氵(삼 수 변) + 靑(푸를 청, 젊을 청)
물이 아주 맑으면 푸른빛이 남을 생각하고 만들어진 글자네요.
청할 청(請) = 言(말씀 언) + 靑
말을 푸르게? 말을 젊게?
푸를 청(靑)이 들어간 글자는 '푸르고 맑고 희망이 있고 젊다'라는 뜻이니,
靑을 희망으로 보면 쉽게 풀어지네요.

清 물(氵)이 푸른(靑)빛이 나도록 맑으니 **맑을 청**

....

請 말(言)로 푸르게(靑), 즉 희망 있게 청하니 **청할 청**

....

情 마음(忄)을 푸르게(靑), 즉 희망 있게 베푸는 뜻이며 정이니
뜻 정, 정 정
⊕ 忄(마음 심 변), 뜻 - ① 무엇을 하겠다고 속으로 먹는 마음.
② 말이나 글, 또는 어떠한 행동 따위로 나타내는 속내.
③ 어떠한 일이나 행동이 지니는 가치나 중요성

> 한자
> 구조 **청청정(淸請情)** - 靑으로 된 글자
>
> 푸를 청, 젊을 청(靑) 앞에 삼 수 변(氵)이면 **맑을 청(淸)**, 말씀 언(言)이면 **청할 청(請)**, 마음
> 심 변(忄)이면 **뜻 정, 정 정(情)**

清

6급 총11획

부수 水(氵)

clear

- 맑고 깨끗함은 清潔(청결). 성품과 행실이 높고 맑으며 탐욕이 없음은 清廉(청렴). 서로 간에 채무·채권 관계를 셈하여 깨끗이 해결함, 또는 과거의 부정적 요소를 깨끗이 씻어버림은 清算(청산). 깨끗이 쓺(치움)은 清掃(청소). ① 맑음과 흐림. ② 옳고 그름, 또는 착함과 악함. ③ 청주와 탁주를 아울러 이르는 말은 清濁(청탁).

- 청렴결백하고 가난하게 살며 도를 즐긴다는 清貧樂道(청빈낙도)로, 가난한 생활을 하면서도 편안한 마음으로 도를 즐겨 지킨다는 안빈낙도(安貧樂道)와 비슷하네요.

> 한자+ 潔(깨끗할 결), 廉(청렴할 렴, 값쌀 렴), 算(셈할 산), 掃(쓸 소), 濁(흐릴 탁), 貧(가난할 빈), 樂(풍류 악, 즐길 락, 좋아할 요), 道(길 도, 도리 도, 말할 도, 행정구역의 도), 安(편안할 안)

請

4급 II 총15획

부수 言

request

- 남에게 돈이나 물건 따위를 달라고 요구함은 請求(청구). 결혼하기를 청함은 請婚(청혼). (권력 있는 사람에게) 청하여 부탁함은 請託(청탁). 단체나 기관에 어떠한 일이나 물건을 알려 청구함은 申請(신청). 필요한 어떤 일이나 행동을 청함, 또는 그런 청은 要請(요청). 사람을 청하여 부름은 招請(초청).

> 한자+ 求(구할 구), 婚(결혼할 혼), 託(부탁할 탁, 맡길 탁), 申(아뢸 신, 펼 신, 원숭이 신, 아홉째 지지 신), 要(중요할 요, 필요할 요), 招(부를 초)

情

5급 총11획

부수 心(忄)

kindness, affection

- 관찰이나 측정을 통하여 수집한 자료를 실제 문제에 도움이 될 수 있도록 정리한 지식은 情報(정보). (마음속에서 우러나는) 다정한 이야기는 情談(정담). '정도 많고 느낌도 많음'으로, 생각과 느낌이 섬세하고 풍부함은 多情多感(다정다감)이나 多感多情(다감다정).

- 정이 없음은 無情(무정), 따뜻한 정이나 인간미가 없음은 非情(비정), 인정이 전혀 없다는 沒人情(몰인정)한 사람보다, 사람의 정에 깃들여있는 따뜻한 맛인 人情味(인정미) 넘치는 多情多感한 사람이 좋지요.

- 따뜻한 사랑이나 인정은 溫情(온정). 정다운 맛이 없고 차가움은 冷情(냉정)으로, 생각이나 행동이 감정에 좌우되지 않고 침착하다는 냉정(冷靜)과 동음이의어.

> 한자+ 報(알릴 보, 갚을 보), 談(말씀 담), 多(많을 다), 感(느낄 감, 감동할 감), 無(없을 무), 非(어긋날 비, 아닐 비, 나무랄 비), 沒(빠질 몰, 다할 몰, 없을 몰), 味(맛 미), 溫(따뜻할 온, 익힐 온), 冷(찰 랭), 靜(고요할 정)

⓪①④ 책채적(責債積)

責	債	積
꾸짖을 **책**, 책임 **책**	빚 **채**	쌓을 **적**

꾸짖을 책, 책임 책(責) = 龶 [주인 주(主)의 변형] + 貝 (조개 패, 재물 패, 돈 패)
순서대로 해석하면 '주인의 조개, 주인의 재물' 정도인데, 어찌 '꾸짖을 책, 책임 책'일까요?
원래 글자와 그 글자가 나타내는 뜻 사이에는 가장 자연스럽고 긴밀한 이유(어원)가
있었을 텐데 많은 세월이 흐르고 잊혀서, 아무리 생각해도 그 어원이 생각나지 않
을 때는 상상력을 동원하여 그 관계를 재구성해보기도 해야 하지요.

責   주인(龶)이 꾸어간 돈(貝)을 갚으라고 꾸짖으며 묻는 책임이니
꾸짖을 책, 책임 책

債   사람(亻)이 책임지고(責) 갚아야 할 빚이니 **빚 채**
⊕ 亻(사람 인 변)

積   벼(禾)를 책임지고(責) 묶어 쌓으니 **쌓을 적**
⊕ 禾(벼 화), 벼를 요즘에는 콤바인으로 한 번에 수확하지만, 옛
날에는 일일이 손으로 수확했어요. 익은 벼는 제때 베어서 말려 묶
어 쌓아 놓고 타작에 대비해야 했으니, 이 과정에서 잘못하여 비를
맞히면 안 되지요.

> **한자구조** **책채적**(責債積) - 責으로 된 글자
>
> 주인 주(主)의 변형(龶) 아래에 조개 패, 재물 패, 돈 패(貝)면 **꾸짖을 책, 책임 책**(責), 꾸짖
> 을 책, 책임 책(責) 앞에 사람 인 변(亻)이면 **빚 채**(債), 벼 화(禾)면 **쌓을 적**(積)

責

5급 총11획
부수 貝
blame, duty

- '꾸짖으며 바람'으로, 잘못을 고치도록 꾸짖음은 責望(책망). 꾸짖어 나무람은 叱責(질책). '친구는 꾸짖어 착하게 해야 함'으로, 참다운 친구라면 나쁜 짓을 못 하게 하고, 좋은 길로 이끌어야 한다는 朋友責善(붕우책선)도 있네요.
- 맡아 해야 할 임무는 責任(책임), 責任을 중히 여기는 마음은 責任感(책임감). 責任이나 責望을 면함은 免責(면책). 責任을 물음은 問責(문책).

> 한자 ✛ 望(바랄 망, 보름 망), 叱(꾸짖을 질), 朋(벗 붕), 友(벗 우), 善(착할 선, 좋을 선, 잘할 선), 任(맡을 임), 感(느낄 감, 감동할 감), 免(면할 면), 問(물을 문)

債

3급Ⅱ 총13획
부수 人(亻)
debt

- (돈을 빌려준 사람이) 빚을 받을 권리인 債權(채권)과 (돈을 빌린 사람이) 빚을 갚아야 할 의무인 債務(채무)는 서로 반대말이네요.
- (남에게) 빚을 짐, 또는 그 빚은 負債(부채). 負債가 산더미같이 많음은 負債如山(부채여산).

> 한자 ✛ 權(권세 권), 務(일 무, 힘쓸 무), 負(짐 질 부, 패할 부, 빚질 부), 如(같을 여)

積

4급 총16획
부수 禾
heap up

- 대상에 대하여 긍정적이고 능동적으로 활동함은 積極(적극). '돈을 쌓음'으로, 일정 기간 일정 금액을 낸 다음에 찾는 저금은 積金(적금). 포개어 여러 번 쌓음, 또는 포개져 여러 번 쌓임은 累積(누적). (물건이나 일이) 산더미같이 쌓임은 山積(산적). 모아서 쌓음, 또는 모아서 쌓은 것은 蓄積(축적).
- '공든 탑이 무너지랴?'라는 속담을 한역하면 積功之塔不墮(적공지탑불타)네요.

> 한자 ✛ 極(끝 극, 다할 극), 金(쇠 금, 금 금, 돈 금, 성씨 김), 累(여러 루, 쌓일 루, 폐 끼칠 루), 蓄(쌓을 축), 功(공 공, 공로 공), 之(갈 지, ~의 지, 이 지), 塔(탑 탑), 不(아닐 불 · 부), 墮(떨어질 타)

이 책에 나오는 어원은
무조건 외지 말고 이해하도록 하세요.

한자는 글자마다 뜻을 담고 있는 뜻글자니, 글자와 그 글자가 나타내는 뜻 사이에는 가장 자연스럽고 긴밀한 이유(어원)가 있었을 것입니다. 하지만 그이유가 현재 전하지 않으니, 우리는 그 어원을 가장 자연스럽고 가장 긴밀한 말로 찾아내야 하지요.

그러기 위하여 어찌 이런 모양이나 이런 구조로 이런 뜻의 글자를 만들었을까, 또 이런 뜻을 나타내려면 어떤 구조가 가장 효과적일까를 생각해야 합니다.

글자가 부수나 독립되어 쓰이는 글자로 나눠지지 않으면 그 글자가 무슨 뜻을 나타내는지 생각해 보고, 부수나 독립되어 쓰이는 글자로 나눠지면 나뉜 글자대로 해석해 보고, 이상한 어원이 나오면 다른 각도로도 생각해 보아야 하고요.

저는 그 글자가 만들어진 원래의 어원에 충실하되, 현대에 이해하기 어려운 어원은 제 나름대로 쉽게 재구성해서 책에 실었습니다. 그러니 책에 나온 어원을 무조건 그대로 외지 말고, 나름대로 더 명쾌한 어원도 생각하면서 이해하도록 하세요. 이해가 바탕이 되면 저절로 익혀지고 오래도록 잊히지 않습니다.

한자는 무슨 말이나 만들어 쓸 수 있고, 뜻도 바로 알 수 있습니다.

'나만 옳고 남은 그르다는 식'의 '아시타비격(我是他非格)'이란 말도 있고, 이런 말도 있네요.

"이기(利己: 자기만 이롭게 함)만도 괜찮다. 비타(非他: 그는 그르다), 불타(不他: 그는 아니다), 반타(反他: 그를 반대한다)는 곤란하지 않을까요? 유타(有他: 남도 있다) 정도도 괜찮다. 거기다 지렴(知廉: 염치를 앎)의 바람은 언감생심(焉敢生心: 어찌 감히 그런 마음을 먹을 수 있으랴)일까요?"

이렇듯 한자는 하고 싶은 말을 단 몇 글자만으로 쉽게 만들어 쓸 수 있고, 또 듣거나 읽으면 바로 뜻을 알 수 있어서 좋습니다. 한자만 알면 정확하고 풍부한 단어 실력은 저절로 향상되지요.

> 한자 ✦ 我(나 아), 是(옳을 시, 이 시, ~이다 시), 他(다를 타, 남 타), 非(어긋날 비, 아닐 비, 나무랄 비), 格(격식 격, 헤아릴 격), 利(이로울 리, 날카로울 리), 己(몸 기, 자기 기), 反(거꾸로 반, 뒤집을 반), 有(가질 유, 있을 유), 知(알 지), 廉(청렴할 렴, 값쌀 렴, 염치 렴), 焉(어찌 언), 敢(감히 감, 용감할 감), 生(날 생, 살 생, 사람을 부를 때 쓰는 접사 생), 心(마음심, 중심 심)

0 1 5 시사사(示社祀)

示	社	祀
보일 **시**, 신 **시**	토지 신 **사**, 모일 **사**	제사 **사**

보일 시, 신 시(示) = 二 (둘 이) + 小 (작을 소)
둘 이(二)를 하늘과 땅으로 보고 아래처럼 풀었어요.
보일 시, 신 시(示)가 글자의 왼쪽에 붙는 부수인 변으로 쓰일 때는 '보일 시,
신 시 변(示)'으로, 옷 의(衣)가 부수로 쓰일 때의 '옷 의 변(衤)'과 비슷하니
혼동하지 마세요.

示

하늘 땅(二)에 작은(小) 기미가 보이니 **보일 시**

또 이렇게 기미를 보이는 신이니 **신 시**

⊕ 기미(機微) – 어떤 일을 알아차릴 수 있는 눈치, 또는 일이 되어
가는 야릇한 분위기

⊕ 機(베틀 기, 기계 기, 기회 기), 微(작을 미, 숨을 미)

社

신(示) 중에 토지(土)를 주관하는 토지신이니 **토지신 사**

또 토지신께 제사 지낼 때처럼 모이니 **모일 사**

⊕ 土(흙 토)

祀

신(示)께 뱀(巳)처럼 엎드려 올리는 제사니 **제사 사**

⊕ 巳(뱀 사, 여섯째 지지 사) - 1권 제목번호 [073] 참고

> **한자 구조** **시사사**(示社祀) - 示로 된 글자
>
> 둘 이(二) 아래에 작을 소(小)면 **보일 시, 신 시**(示), 보일 시, 신 시(示) 뒤에 흙 토(土)면 **토 지 신 사, 모일 사**(社), 뱀 사, 여섯째 지지 사(巳)면 **제사 사**(祀)

示

5급 총5획
부수 示
see, exhibit,
god

- 모범을 보임은 示範(시범). 어떤 것을 미리 간접적으로 표현해 줌은 示唆(시사). 위력이나 기세를 떨쳐 보임은 示威(시위). 분명하게 나타내 보임은 明示(명시). 넌지시 알림, 또는 그 내용은 暗示(암시). ① 가리켜 보임. ② 일러서 시킴, 또는 그 내용은 指示(지시).

한자＋ 範(법 범, 본보기 범), 唆(부추길 사), 威(위엄 위), 明(밝을 명), 暗(어두울 암, 몰래 암), 指(손가락 지, 가리킬 지)

社

6급 총8획
부수 示
get together

- (옛날의 나라는 대부분 농업 국가였으니, 나라를 세우면 반드시 제단을 쌓고 토지신과 곡식신께 제사 지냈다는 데서 유래되어) ① 토신(土神)과 곡신(穀神). ② 나라나 조정을 일컫는 말은 社稷(사직), (옛날 왕조 시절) 왕실과 나라를 아울러 이르는 말은 宗廟社稷(종묘사직).
- 여러 사람이 모여 서로 사귐은 社交(사교). 같은 무리끼리 모여 이루는 집단은 社會(사회). 영리 행위를 목적으로 하는 사단법인으로 주식회사, 유한회사, 합자회사, 합명회사의 네 가지가 있는 것은 會社(회사). 회사의 건물은 社屋(사옥).

한자＋ 神(귀신 신, 신비할 신), 穀(곡식 곡), 稷(기장 직, 곡식 신 직), 宗(종가 종, 으뜸 종), 廟(사당 묘), 종묘(宗廟) - 조선시대에, 역대 임금과 왕비의 위패를 모시던 왕실의 사당. 交(사귈 교, 오고 갈 교), 會(모일 회), 屋(집 옥), 주식회사(株式會社) - 주식의 발행을 통하여 여러 사람으로부터 자본을 조달받는 회사. 7인 이상의 주주가 유한 책임 사원이 되어 설립되는 회사로, 자본과 경영이 분리되는 회사의 대표적인 형태. 유한회사(有限會社) - 사원들은 자본에 대한 출자 의무를 부담하며 회사 채무에 대하여서는 출자액의 한도 내에서만 책임짐. 합명회사(合名會社) - 사원 모두가 회사의 채무에 대하여 직접 연대하여 무한 책임을 지는 회사로, 소규모 기업에서 흔히 볼 수 있는 기업 형태

祀

3급 II 총8획
부수 示
memorial
service

- 신령, 또는 죽은 사람의 넋에게 음식을 바치면서 추모하는 일은 祭祀(제사).
- 둘 이상의 혼령을 한곳에 모아 제사 지냄은 合祀(합사)네요.

한자＋ 祭(제사 제, 축제 제), 合(합할 합, 맞을 합)

祭	際	察
제사 **제**, 축제 **제**	때 **제**, 사귈 **제**	살필 **찰**

제사 제(祭) = 夕[달 월, 육 달 월(月)의 변형] + 又 [오른손 우, 또 우(又)의 변형]
+ 示(보일 시, 신 시)
나는 글자를 순서대로 풀어 보니 제사 제(祭)가 됨은 알겠는데, '축제 제'는 어찌 될까?
아하! 제사는 많은 사람이 모여 축제처럼 지내니, 제사가 아닌 큰 행사에도 祭를
붙이네요.

祭
고기(夕)를 손(又)으로 신(示)께 올리는 제사니 **제사 제**
또 제사처럼 많은 사람이 모여 즐기는 축제니 **축제 제**

際
언덕(阝)에서 제사(祭) 지낼 때니 **때 제**
또 좋을 때는 모두 모여 즐겁게 사귀니 **사귈 제**
⊕ 시제(時祭) – 음력 10월에, 5대 이상의 조상 무덤에 가족들이
모여 지내는 제사
⊕ 阝(언덕 부 변), 時(때 시)

察
집(宀)에서 제사(祭)를 살피니 **살필 찰**
⊕ 宀(집 면)

> **한자구조** **제제찰**(祭際察) - 祭로 된 글자
> 달 월, 육 달 월(月)의 변형(夕)과 오른손 우, 또 우(又)의 변형(又) 아래에 보일 시, 신 시(示)
> 면 **제사 제, 축제 제**(祭), 제사 제, 축제 제(祭) 앞에 언덕 부 변(阝)이면 **때 제, 사귈 제**(際),
> 위에 집 면(宀)이면 **살필 찰**(察)

祭

4급 II 총11획
부수 示
ancestral rites, festival

- 제사에 쓰는 그릇은 祭器(제기). 제사에 쓰는 음식, 또는 '희생물'의 비유는 祭物(제물). 관례(冠禮)·혼례(婚禮)·상례(喪禮)·제례(祭禮)의 네 가지를 함께 일컬어 冠婚喪祭(관혼상제).
- 어떤 일을 축하하여 벌이는 즐거운 행사는 祝祭(축제). ① 제사의 의식. ② 문화·예술·체육 따위와 관련하여 성대히 열리는 사회적인 행사는 祭典(제전)이지요.

> 한자➕ 器(그릇 기, 기구 기), 物(물건 물), 冠(갓 관), 禮(예도 례), 婚(결혼할 혼), 喪(초상날 상, 잃을 상), 祝(빌 축, 축하할 축), 典(본보기 전, 책 전), 관례(冠禮) – 예전에, 남자가 성년에 이르면 어른이 된다는 의미로 상투를 틀고 갓을 쓰게 하던 의례. 혼례(婚禮) – 결혼식. 상례(喪禮) – 사람이 죽은 사고에 관한 의례. 제례(祭禮) – 제사를 지내는 의례

際

4급 II 총14획
부수 阜(阝)
time, associate

- 이때, 이즈음은 此際(차제). 사실의 경우나 형편은 實際(실제).
- 만나서 서로 사귐은 交際(교제), 交際를 끊음은 단교(斷交)나 절교(絶交).

> 한자➕ 此(이 차), 實(열매 실, 실제 실), 交(사귈 교, 오고 갈 교), 斷(끊을 단, 결단할 단), 絶(끊을 절, 죽을 절, 가장 절)

察

4급 II 총14획
부수 宀
watch

- ① 검사하여 살핌. ② 죄를 수사하고 그 증거를 모으는 일, 또는 이 직무를 수행하는 사람은 檢察(검찰). 경계하며 살핌, 또는 '경찰관'의 준말은 警察(경찰). 사물이나 현상을 주의하여 자세히 살펴봄은 觀察(관찰).
- 의사가 여러 방법으로 환자의 병이나 증상을 살핌은 診察(진찰).

> 한자➕ 檢(검사할 검), 警(경계할 경, 깨우칠 경), 觀(볼 관), 診(진찰할 진)

금함념(今含念)

今	含	念
이제 금, 오늘 금	머금을 함	생각 념

今(이제 금, 오늘 금) = 人(사람 인) + 一(한 일) + ㄱ ['이를 급, 미칠 급(及)'의 변형]
사람(人)이 한(一) 곳으로 이른다(ㄱ)는 뜻인데, 어찌 '이제 금, 오늘 금'일까?
상상의 날개를 펴보니 아래 어원처럼 되네요.
생각 념(念) = 今 + 心(마음 심)
생각이란 '지금 마음에 있는 것', '지금 머리로 궁리하는 것'이지요.

 사람(人)이 하나(一) 같이 모여드는(ㄱ) 때가 바로 이제 오늘이니 **이제 금, 오늘 금**

 지금(今) 입(口)에 머금으니 **머금을 함**

 지금(今) 마음(心)에 있는 생각이니 **생각 념**

> [한자구조] **금함념**(今含念) - 今으로 된 글자
> 사람 인(人) 아래에 한 일(一)과 이를 급, 미칠 급(及)의 변형(ㄱ)이면 **이제 금, 오늘 금**(今),
> 이제 금, 오늘 금(今) 아래에 입 구, 말할 구, 구멍 구(口)면 **머금을 함**(含), 마음 심, 중심 심
> (心)이면 **생각 념**(念)

今

6급 총4획

부수 人

now, today

- 방금, 즉 말하고 있는 시점보다 바로 조금 전은 今方(금방). 이제 처음으로 들음은 今時初聞(금시초문).
- 말하는 바로 이때는 只今(지금), 예로부터 오늘에 이르기까지는 至今 (지금).
- 오늘은 今日(금일). 이번 주는 今週(금주). 올해는 今年(금년).
- 어제와 오늘을 아울러 이르는 말, 또는 요즈음, 즉 바로 얼마 전부터 이제까지의 무렵은 昨今(작금).

> 한자+ 方(모 방, 방향 방, 방법 방), 時(때 시), 初(처음 초), 聞(들을 문), 只(다만 지), 至(이를 지, 지극할 지), 週(주일 주, 돌 주), 年(해 년, 나이 년), 昨(어제 작)

含

3급Ⅱ 총7획

부수 口

include

- '머금은 양'으로, 포함된 성분의 양은 含量(함량). 물질이 어떤 성분을 포함하고 있음은 含有(함유). ① 겉으로 드러내지 아니하고 속에 간직함. ② 말이나 글이 많은 뜻을 담고 있음은 含蓄(함축). '싸서 머금음'으로, 속에 들어 있거나 함께 넣음은 包含(포함).
- 분을 머금고 원망을 쌓음은 含憤蓄怨(함분축원)이네요.

> 한자+ 量(헤아릴 량, 용량 량), 有(가질 유, 있을 유), 蓄(쌓을 축), 包(쌀 포), 憤(분할 분), 怨(원망할 원)

念

5급 총8획

부수 心

think

- (마음을 놓지 못하고 늘) 생각함은 念慮(염려). (마음속으로) 생각하고 원함은 念願(염원). 어떤 뜻깊은 일이나 훌륭한 인물 등을 오래도록 잊지 아니하고, 마음에 간직함은 記念·紀念(기념). 이상적인 것으로 여겨지는 생각이나 견해는 理念(이념).
- 사사로이(몰래) 생각하는(품는) 망령된 생각은 私思妄念(사사망념)으로, 사사망념(邪思妄念)이라고도 하지요.

> 한자+ 慮(생각할 려), 願(원할 원), 記(기록할 기, 기억할 기), 紀(벼리 기, 질서 기, 해 기, 기록할 기), 理(이치 리, 다스릴 리), 私(사사로울 사), 思(생각할 사), 妄(망령들 망), 邪(간사할 사)

018 합급답(合給答)

合	給	答
합할 **합**, 맞을 **합**	줄 **급**	대답할 **답**, 갚을 **답**

答(대답할 답, 갚을 답) = ⺮ [대 죽(竹)이 부수로 쓰일 때의 모양] + 合
종이가 없던 옛날에는 대쪽에 글을 써 주고받아서, 편지 간(簡), 책 편(篇), 문서 적(籍) 등 글이나 책과 관련된 한자에는 대 죽(竹, ⺮)이 들어가지요.

合 사람(人)이 하나(一) 같이 말할(口) 정도로 뜻이 합하여 맞으니 **합할 합, 맞을 합**

給 실(糸)을 합치듯(合) 이어 주니 **줄 급**

答 대(⺮)쪽에 글을 써 뜻에 맞게(合) 대답하고 갚으니 **대답할 답, 갚을 답**

한자 구조 **합급답**(合給答) - 合으로 된 글자

사람 인(人) 아래에 한 일(一)과 입 구, 말할 구, 구멍 구(口)면 **합할 합, 맞을 합**(合), 합할 합, 맞을 합(合) 앞에 실 사, 실 사 변(糸)이면 **줄 급**(給), 위에 대 죽(⺮)이면 **대답할 답, 갚을 답**(答)

合

6급 총6획
부수 口
unite, fit

- 합하여 같이 함은 合同(합동). 여러 가지를 한데 모아서 합함은 綜合 (종합). 사람들을 한곳으로 모으거나 모임은 集合(집합). 둘 이상의 조직이나 기구 따위를 하나로 합침은 統合(통합).
- '뜻이 맞음'으로, 서로 의견이 일치함, 또는 그 의견은 合意(합의). 어떤 조건이나 격식에 맞음은 合格(합격).

> 한자➕ 同(한 가지 동, 같을 동), 綜(모을 종), 集(모일 집, 모을 집, 책 집), 統 (거느릴 통), 意(뜻 의), 格(격식 격, 헤아릴 격)

給

5급 총12획
부수 糸
give

- (학교나 공장 등에서 아동이나 종업원에게) 밥을 제공함은 給食(급식). 돈이나 물품 따위를 줌, 또는 그 돈이나 물품은 給與(급여). 요구나 필요에 따라 물품 따위를 제공함은 供給(공급). 수요와 공급을 아울러 이르는 말은 需給(수급). 일한 삯을 달마다 받는 돈은 月給(월급).
- '스스로 주고 스스로 만족함'으로, 필요한 물자를 스스로 생산하여 충당함은 自給自足(자급자족). 돈이나 물품 따위를 정해진 몫만큼 내줌은 支給(지급)이지요.

> 한자➕ 食(밥 식, 먹을 식), 與(줄 여, 더불 여, 참여할 여), 供(줄 공, 이바지할 공), 需(구할 수, 쓸 수), 月(달 월, 육 달 월), 自(자기 자, 스스로 자, 부터 자), 足(발 족, 넉넉할 족, 만족할 족), 支(다룰 지, 가를 지, 지출할 지)

答

7급 총12획
부수 竹(⺮)
answer, repay

- 부르는 말에 응하여 어떤 말을 함, 또는 그 말은 對答(대답)이나 應答 (응답). 물음과 대답, 또는 서로 묻고 대답함은 問答(문답). 물음에 대하여 밝혀 대답함, 또는 그런 대답은 答辯(답변). 입을 다문 채 아무 대답도 아니 함은 黙黙不答(묵묵부답).
- 다른 사람의 방문에 대한 답례로 방문함, 또는 그런 방문은 答訪 (답방). (은혜를) 갚음은 報答(보답).

> 한자➕ 對(상대할 대, 대답할 대), 應(응할 응), 問(물을 문), 辯(말 잘할 변, 따질 변), 黙(말 없을 묵, 고요할 묵), 訪(찾을 방, 방문할 방), 報(알릴 보, 갚을 보)

포 포포(勹 包抱)

勹	包	抱
쌀 포	쌀 포	안을 포

쌀 포(包) = 勹 + 巳(뱀 사, 여섯째 지지 사)
뱀(巳)을 이용하여 쌀 포(包)를 만들었네요.
옛날에는 주변에 뱀이 많았고, 뱀은 몸이 길어서 긴 실 같기도 했겠지요.

勹
사람(人)이 몸을 구부려 싸니 **쌀 포**
⊕ 사람을 나타내는 사람 인(人)의 한쪽을 구부려 쌀 포(勹)를 만들었네요.

包
싸고(勹) 또 뱀(巳) 같은 긴 실로 묶어 싸니 **쌀 포**
⊕ 巳(뱀 사, 여섯째 지지 사) - 1권 제목번호[073] 참고

抱
손(扌)으로 싸(包) 안으니 **안을 포**
⊕ 扌(손 수 변)

> 한자
> 구조 **포 포포(勹 包抱)** - 勹와 包로 된 글자
> 사람(人)이 몸을 구부려 싸니 **쌀 포(勹)**, 쌀 포(勹) 안에 뱀 사, 여섯째 지지 사(巳)면 **쌀 포**
> **(包)**, 쌀 포(包) 앞에 손 수 변(扌)이면 **안을 포(抱)**

勹

총2획
부수자
wrap

包

4급 II 총5획
부수 勹
wrap,
surround

- 일정한 대상이나 현상 따위를, 어떤 범위나 한계 안에 모두 끌어넣음은 包括(포괄). 종이 · 피륙 · 가죽 따위로 만든 큰 자루는 包袋(포대)나 부대(負袋). 남을 너그럽게 감싸 주거나 받아들임은 包容(포용).
- 물건을 싸서 꾸림은 包裝(포장). 작게 싼 우편물의 한 종류는 小包(소포).
- 어떤 사물이나 현상 가운데 함께 들어 있거나 함께 넣음은 包含(포함). 어떤 성질이나 뜻 따위를 속에 품음은 內包(내포).

> [한자+] 括(묶을 괄), 袋(자루 대), 負(짐질 부, 패할 부, 빚질 부), 容(얼굴 용, 받아들일 용, 용서할 용), 裝(꾸밀 장), 小(작을 소), 含(머금을 함), 內 (안 내)

抱

3급 총8획
부수 手(扌)
embrace

- 마음속에 지닌, 미래에 대한 계획이나 희망은 抱負(포부). 품에 껴안음, 또는 얼싸안음은 抱擁(포옹). 마음속에 품은 생각은 懷抱(회포).
- '배를 안고 끊어지고 넘어짐'으로, 몸을 가누지 못할 정도로 웃는 모습을 이르는 말은 抱腹絕倒(포복절도).

> [한자+] 擁(껴안을 옹), 懷(품을 회), 腹(배 복), 絕(끊을 절, 죽을 절, 가장 절), 倒(넘어질 도)

주에 없는 글자 풀이는 앞부분을 보세요.

- 사전 없이도 이 책만으로 혼자서 쉽고 재미있게 읽을 수 있도록 모든 글자에 주를 달았지만, 바로 앞에 나온 글자나 보통 수준이라면 다 알 수 있는 쉬운 한자는 주를 생략한 예도 있습니다.
- 내용을 읽으시다가 주에 없는 글자는 앞부분을 보세요.

⓪②⓪ 작약적(勺約的)

勺	約	的
구기 **작**, 작은 그릇 **작**	맺을 **약**, 약속할 **약**	과녁 **적**, 맞힐 **적**, 밝을 **적**, 접미사 **적**

的(과녁 적, 맞힐 적, 밝을 적) = 白(흰 백, 밝을 백, 깨끗할 백, 아뢸 백) + 勺(구기 작, 작은 그릇 작)처럼 나누면 바라는 어원이 나오지 않으니, 勺을 勹(쌀 포)와 丶(점 주, 불똥 주)로 더 나누어 풀어야 하겠네요.

勺

싸(勹) 한 점(丶)의 물이나 담을 수 있는, 구기 같은 작은 그릇이니
구기 작, 작은 그릇 작 (= 勺)

⊕ 勺 - 싸(勹) 한(一) 점의 물이나 담을 수 있는 구기 같은 작은 그릇이니 '구기 작, 작은 그릇 작'
⊕ 쌀 포(勹) 안에 점 주, 불똥 주(丶)를 넣기도 하고, 한 일(一)을 넣기도 합니다.
⊕ 구기(口器) - 곤충 따위의 입 주위에 있는 먹이를 섭취하는 기관
⊕ 器(그릇 기, 기구 기), 작(勺) - 용량 단위의 하나로, 한 홉의 10분의 1

約

실(糸)로 작은(勺) 매듭을 맺듯이 맺고 약속하니 **맺을 약, 약속할 약**
⊕ 糸(실 사, 실 사 변)

的

하얗게(白) 싼(勹) 판에 점(丶) 찍어 만든 과녁을 맞히니 **과녁 적, 맞힐 적**
또 과녁처럼 잘 보이도록 만들어 밝으니 **밝을 적**
또 '그 성격을 띠는, 그에 관계된, 그 상태로 된'의 뜻을 갖는 접미사니
접미사 적

> **한자구조** **작약적**(勺約的) - 勺으로 된 글자
> 쌀 포(勹) 안에 점 주, 불똥 주(丶)면 **구기 작, 작은 그릇 작**(勺), 구기 작, 작은 그릇 작(勺) 앞에 실 사, 실 사 변(糸)이면 **맺을 약, 약속할 약**(約), 흰 백, 밝을 백, 깨끗할 백, 아뢸 백(白)이면 **과녁 적, 맞힐 적, 밝을 적, 접미사 적**(的)

62 PART 03 (015~021)

勹

1급 총3획
부수 勹
a small ladle

約

5급 총9획
부수 糸
bind, promise

- (말이나 글에서) 중요한 것만 맺음(묶음)은 要約(요약).
- 다른 사람과 앞으로의 일을 어떻게 할 것인가를 미리 정하여 둠, 또는 그렇게 정한 내용은 約束(약속). 결혼하기로 약속함은 約婚(약혼).
- 맹세하고 약속함은 誓約(서약). 말로 약속함, 또는 그런 약속은 言約(언약). 조목을 세워 맺은 약속은 條約(조약). '백 년의 아름다운 약속'으로, 결혼하여 평생을 같이 지내자는 약속은 百年佳約(백년가약).

> 한자╋ 要(중요할 요, 필요할 요), 束(묶을 속), 婚(결혼할 혼), 誓(맹세할 서), 言(말씀 언), 條(가지 조, 조목 조), 百(일백 백, 많을 백), 年(해 년, 나이 년), 佳(아름다울 가)

的

5급 총8획
부수 白
target, hit,
bright

- 목표가 되는 물건은 標的(표적). (화살이) 과녁에 맞음은 的中(적중).
- 밝고 확실함. 틀림없음은 的確(적확)으로, 바르고 확실하다는 정확(正確)과 비슷한 뜻.
- '높은 곳을 밟은 것 같음의'로, 속세에 초연하며 현실과 동떨어진 것을 고상하게 여기는, 또는 그런 것은 高踏的(고답적), 세상의 일반적인 풍속을 따르는, 또는 그런 것은 世俗的(세속적)이지요.

> 한자╋ 標(표시할 표, 표 표), 中(가운데 중, 맞힐 중), 確(굳을 확, 확실할 확), 正(바를 정), 高(높을 고), 踏(밟을 답), 世(세대 세, 세상 세), 俗(저속할 속, 속세 속, 풍속 속)

구구구(句拘苟)

句	拘	苟
글귀 구, 굽을 구	잡을 구	구차할 구, 진실로 구

글귀 구, 굽을 구(句) = 勹(쌀 포) + 口(입 구, 말할 구, 구멍 구)

'글귀'는 글의 구나 절을 합하여 이르는 말로, 옛날에는 句를 '귀'로도 발음하였던 데서 생긴 말이지요.

구와 절은 두 개 이상의 단어가 모여 이루어진 문장 일부분으로, 주어와 서술어의 관계를 갖추지 못하면 구(句), 갖추면 절(節)이고, 주어와 서술어의 관계를 갖추고 독립되어 쓰이면 '문장'이라 부르지요.

句
몇 단어씩 싸서(勹) 입(口)으로 읽기 좋게 나눠놓은 글귀니 **글귀 구**, 또 몸 구부리고(勹) 구멍(口)으로 들어가는 모양처럼 굽으니 **굽을 구**

拘
손(扌)을 구부려(句) 잡으니 **잡을 구**
⊕扌(손 수 변)

苟
풀(艹)처럼 굽어(句) 사는 모양이 구차하니 **구차할 구**
또 구차하도록 간절하게 진실로 구하니 **진실로 구**
⊕艹(초 두)

> 한자구조 **구구구**(句拘苟) - 句로 된 글자
>
> 쌀 포(勹) 안에 입 구, 말할 구, 구멍 구(口)면 **글귀 구, 굽을 구**(句), 글귀 구, 굽을 구(句) 앞에 손 수 변(扌)이면 **잡을 구**(拘), 위에 초 두(艹)면 **구차할 구, 진실로 구**(苟)

句

4급Ⅱ 총5획
부수 口
phrase, bent

- '구와 절'로, 한 도막의 말이나 글은 句節(구절). '구마다 절마다'로, 글의 모든 구절은 句句節節(구구절절). '아름다운 말과 고운 글귀'로, 아름다운 문장이나 아름다운 말로 꾸민 듣기 좋은 글귀는 美辭麗句(미사여구).

> 한자 + 節(마디 절, 절개 절, 계절 절), 美(아름다울 미), 辭(말씀 사, 글 사, 물러날 사), 麗(고울 려)

拘

3급Ⅱ 총8획
부수 手(扌)
restrain

- 죄인을 1일 이상 30일 미만의 기간, 교도소나 경찰서 유치장에 가두어 자유를 속박하는 일, 또는 그런 형벌은 拘留(구류). '잡아 묶음'으로, 행동이나 의사의 자유를 제한함은 拘束(구속). 잡아끌고 감은 拘引(구인).
- 주로 '불구하고'로 쓰이어, '무엇에 얽매이거나 거리끼지 아니하고'의 뜻을 가진 말은 不拘(불구)로, '추운 날씨임에도 不拘하고 땀이 난다'처럼 쓰이네요.

> 한자 + 留(머무를 류), 束(묶을 속), 引(끌 인), 不(아닐 불 · 부)

苟

3급 총9획
부수 草(艹)
poor, verity

- 군색스럽고 구구함, 또는 가난함은 苟且(구차). 구차스럽게 목숨을 부지하여 살아나기를 꾀함은 苟命圖生(구명도생).

> 한자 + 且(또 차, 구차할 차), 命(명령할 명, 목숨 명, 운명 명), 圖(그림 도, 꾀할 도), 生(날 생, 살 생, 사람을 부를 때 쓰는 접사 생)

0 2 2 경경경(敬警驚)

敬	警	驚
공경할 경	경계할 경, 깨우칠 경	놀랄 경

공경할 경(敬) = 苟(구차할 구, 진실로 구) + 攵(칠 복)
구차하게(苟) 치니(攵) 공경할 경?, 진실하게(苟) 치면(攵) 공경하니 공경할 경?
아하! 그래요! 진실한 마음으로 그러는 줄 알면, 사랑의 회초리를 들어야 할
경우도 원망하지 않고 오히려 공경한다는 글자네요.

敬 진실한(苟) 마음인 줄 알면 채찍질(攵)해도 공경하니 **공경할 경**

- -

警 진실한(苟) 마음으로 채찍질(攵)하며 말(言)로 경계하고 깨우
치니 **경계할 경, 깨우칠 경**
⊕ 言 (말씀 언)

- -

驚 진실한(苟) 마음으로 채찍질(攵)해도 말(馬)은 놀라니 **놀랄 경**
⊕ 馬 (말 마)

[한자구조] 경경경(敬警驚) - 敬으로 된 글자

구차할 구, 진실로 구(苟) 뒤에 칠 복(攵)이면 **공경할 경**(敬), 공경할 경(敬) 아래에 말씀 언
(言)이면 **경계할 경, 깨우칠 경**(警), 말 마(馬)면 **놀랄 경**(驚)

敬

5급 총13획

부수 攵

respect

- 공손히 받들어 모심은 恭敬(공경). 공경하며 삼가고 엄숙함은 敬虔 (경건). 공경의 뜻으로 인사하는 일은 敬禮(경례). 존경하는 뜻은 敬 意(경의). 높여 공경함은 尊敬(존경).
- 노인을 공경하고 부모에게 효도함은 敬老孝親(경로효친).

한자+ 恭(삼갈 공, 공손할 공), 虔(정성 건, 공경할 건), 禮(예도 례), 意(뜻 의), 尊(높일 존), 老(늙을 로), 孝(효도 효), 親(어버이 친, 친할 친)

警

4급II 총20획

부수 言

warn, remind

- 잘못이 없도록 주의시킴은 警戒(경계). '경계하여 알림'으로, 조심하거 나 삼가도록 미리 주의하라고 함, 또는 그 주의는 警告(경고). 사고 나 지 않도록 미리 살피고 지키는 일, 또는 경비의 임무를 맡은 경비원을 줄여서 警備(경비).
- 깨우쳐주기 위하여 치는 종은 警鐘(경종). '하나로써 백을 경계함'으로, 한 명을 벌하여 많은 사람을 경계함은 以一警百(이일경백), 일벌백계 (一罰百戒)와 같은 뜻이네요.

한자+ 戒(경계할 계, 깨우칠 계), 告(알릴 고, 뵙고 청할 곡), 備(갖출 비), 鐘 (쇠북 종, 종 치는 시계 종), 以(써 이, 까닭 이), 百(일백 백, 많을 백), 罰(벌할 벌)

驚

4급 총23획

부수 馬

frighten, surprise

- 소스라치게 깜짝 놀람은 驚愕(경악). 놀랍도록 이상함은 驚異(경이). 이십사절기의 하나로 양력 3월 5일경, 겨울잠 자던 벌레나 개구리 따위 가 깨어 꿈틀거리기 시작한다는 절기는 驚蟄(경칩).
- '하늘을 놀라게 하고 땅을 뒤흔듦'으로, 세상을 몹시 놀라게 함은 驚天 動地(경천동지). 변화에 처해도(어떤 어려운 환경에 닥쳐도) 두려워하 거나 놀라지 않음은 處變不驚(처변불경)으로, 변화에 처해도 변하지 않는다는 처변불변(處變不變)과 비슷하네요.

한자+ 愕(놀랄 악), 異(다를 이), 蟄(숨을 칩, 겨울잠 잘 칩), 動(움직일 동), 處 (곳 처, 살 처, 처리할 처), 變(변할 변)

勿	物	易
없을 물, 말 물	물건 물	쉬울 이, 바꿀 역

물건 물(物) = 牛(소 우 변) + 勿(없을 물, 말 물)
물건을 말하는 글자에 어찌 소 우 변(牛)이 들어갈까?
한자가 만들어지던 옛날에는 집마다 소를 키웠고, 소가 재산 목록 1호였으니
큰일이 있으면 소를 팔아서 필요한 경비로 썼겠네요.

勿

싸(勹) 놓은 것을 털어버리면(丿丿) 없으니 **없을 물**
또 이처럼 털어 버리지 말라는 데서 **말 물**

⊕ 勹(쌀 포), 丿('삐침 별'이지만 여기서는 터는 모양으로 봄)

物

소(牛)를 팔아 없앤(勿) 돈으로 사는 물건이니 **물건 물**

易

해(日)가 구름에 가려 없어(勿)졌다 나타났다 하듯 쉽게 바꾸니
쉬울 이, 바꿀 역

한자
구조 **물물이[역]**(勿物易) - 勿로 된 글자

쌀 포(勹) 안에 삐침 별(丿) 둘이면 **없을 물, 말 물**(勿), 없을 물, 말 물(勿) 앞에 소 우 변(牛)
이면 **물건 물**(物), 위에 해 일, 날 일(日)이면 **쉬울 이, 바꿀 역**(易)

勿

3급 II 총4획
부수 勹
not, stop,
don't

- '논할 것도 없이'로, 말할 것도 없이 당연함은 勿論(물론).
- '놀라지 마라, 놀랍게도'로, 엄청난 것을 말할 때 미리 내세우는 말은 勿驚(물경), '그 자그마한 꽃병 하나의 값이 勿驚 천만 원이나 된다고 한다'처럼 쓰이지요.
- '가는 사람 쫓지 마라'로, 이미 마음이 멀어진 사람은 되돌릴 수가 없다는 말은 去者勿追(거자물추)나 거자막추(去者莫追)네요.

> [한자+] 論(논할 론, 평할 론), 驚(놀랄 경), 去(갈 거, 제거할 거), 者(놈 자, 것 자), 追(쫓을 추, 따를 추), 莫(말 막, 없을 막, 가장 막)

物

7급 총8획
부수 牛(牜)
thing, matter

- 일정한 형체를 갖춘 모든 물질적 대상은 物件(물건). 물체의 본바탕, 또는 '재물'을 달리 이르는 말은 物質(물질). 큰 인물이나 물건은 巨物(거물). 살아있는 물건은 生物(생물). 生物이 아닌 물건, 즉 세포로 이루어지지 않은 돌, 물, 흙 따위를 이르는 말은 無生物(무생물). 쓸모없는 물건이나 사람은 無用之物(무용지물).

> [한자+] 件(물건 건, 사건 건), 質(바탕 질), 巨(클 거), 生(날 생, 살 생, 사람을 부를 때 쓰는 접사 생), 無(없을 무), 用(쓸 용)

易

4급 총8획
부수 日
easy,
exchange

- 간단하고 편리함은 簡易(간이). 어려움과 쉬운 정도는 難易度(난이도). 편안하고 쉽게 여기는 태도나 경향이 있음은 安易(안이). 어렵지 아니하고 매우 쉬움은 容易(용이). (주로 나라들 사이에서 물건을 사고 팔고 하며) 서로 바꿈은 交易(교역)이나 貿易(무역). '처지를 바꾸어 생각함'으로, 상대방의 처지에서 생각해봄은 易地思之(역지사지). '처지를 바꾸면 다 그러함'으로, (사람은 처지에 따라 행동이 달라지니) 처지를 바꾸면 누구나 다 똑같아진다는 말은 易地皆然(역지개연). 처지를(입장이나 역할을) 바꾸어서 한다는 말은 易地爲之(역지위지). 자기 자식은 직접 가르치기 어려우니 바꾸어 가르친다는 말 易子而教(역자이교)도 있네요.

> [한자+] 簡(편지 간, 간단할 간), 難(어려울 난, 비난할 난), 度(법도 도, 정도 도, 헤아릴 탁), 安(편안할 안), 容(얼굴 용, 받아들일 용, 용서할 용), 交(사귈 교, 오고 갈 교), 貿(무역할 무, 바꿀 무), 地(땅 지, 처지 지), 思(생각할 사), 皆(다 개), 然(그러할 연), 爲(할 위, 위할 위), 而(말 이을 이), 教(가르칠 교)

昜	陽	場
볕 **양**, 햇살 **양**	볕 **양**, 드러날 **양**	마당 **장**, 상황 **장**

쉬울 이, 바꿀 역(易) = 日 + 勿(말 물, 없을 물)
별 양, 햇살 양(昜) = 旦(아침 단) + 勿
쉬울 이, 바꿀 역(易)과 별 양, 햇살 양(昜)처럼 비슷하여 혼동하기 쉬운 글자
도 어원으로 생각하면 분명하게 구분되지요.

昜

아침(旦)마다 없던(勿) 해가 떠서 비치는 별과 햇살이니
볕 양, 햇살 양

⊕ 旦 – 해(日)가 지평선(一) 위로 떠오르는 아침이니 '아침 단'

陽

언덕(阝) 위를 비추는 볕(昜)이니 **볕 양**
또 볕이 비추면 드러나니 **드러날 양**

⊕阝(언덕 부 변)

場

흙(土)이 햇살(昜)처럼 넓게 퍼진 마당이니 **마당 장**
또 마당에서 벌어지는 상황이니 **상황 장**

⊕土(흙 토)

> 한자구조 **양양장**(昜陽場) - 昜으로 된 글자
> 아침 단(旦) 아래에 없을 물, 말 물(勿)이면 **볕 양, 햇살 양**(昜), 볕 양, 햇살 양(昜) 앞에 언덕
> 부 변(阝)이면 **볕 양, 드러날 양**(陽), 흙 토(土)면 **마당 장, 상황 장**(場)

易

특급 총9획
부수 日
bright, sunshine

陽

6급 총12획
부수 阜(阝)
sunshine, exposed

- ① 볕이 바로 드는 땅. ② 혜택을 받는 처지를 비유적으로 이르는 말은 陽地(양지), 반대말은 음지(陰地). (글자나 그림 따위를) 도드라지게 새김, 즉 돋을새김은 陽刻(양각), 들어가게 새김, 즉 오목새김은 음각(陰刻). ① 남녀의 성(性)에 관한 이치. ② 전기나 자기의 음극과 양극을 아울러 이르는 말은 陰陽(음양).

- ① 태양계의 중심이 되는 항성. ② 매우 소중하거나 희망을 주는 존재를 비유적으로 이르는 말은 太陽(태양). 따뜻하고 좋은 봄철은 陽春佳節(양춘가절).

- '보이지 않게 덕을 베풀면 드러나게 갚음을 받음'으로, 사람이 보지 않는 곳에서 좋은 일을 베풀면 반드시 그 일이 드러나서 갚음을 받는다는 말은 陰德陽報(음덕양보).

> 한자+ 地(땅 지, 처지 지), 陰(그늘 음), 刻(새길 각, 시각 각), 性(성품 성, 바탕 성, 성별 성), 太(클 태), 春(봄 춘), 佳(아름다울 가, 좋을 가), 節(마디 절, 절개 절, 계절 절), 양춘(陽春) - 따뜻한 봄. 德(덕 덕, 클 덕), 報(알릴 보, 갚을 보)

場

7급 총12획
부수 土
yard, situation

- 어떤 일을 하거나 할 수 있는 공간은 場所(장소). ① 무대나 연단 따위에 나옴. ② 새로운 제품이나 현상, 인물 등이 세상에 처음으로 나옴은 登場(등장). 여러 가지 상품을 사고파는 일정한 장소는 市場(시장).

- 장내(場內)로 들어가는 것은 入場(입장), 나가는 것은 退場(퇴장). '서 있는 상황'으로, 당면하고 있는 상황은 立場(입장).

- '마당 가득(전체가) 하나를 이룸'으로, 회의장에 모인 모든 사람의 의견이 완전히 같다는 滿場一致(만장일치)는, 전원일치(全員一致)와 같은 뜻이네요.

> 한자+ 所(장소 소, 바 소), 登(오를 등, 기재할 등), 市(시장 시, 시내 시), 退(물러날 퇴), 立(설 립), 滿(찰 만), 致(이룰 치, 이를 치), 全(온전할 전), 員(사람 원, 인원 원)

⓪②⑤ 모 매민(母 每敏)

母	每	敏
어머니 **모**	매양 **매**, 항상 **매**	민첩할 **민**

매양 매, 항상 매(每) = 𠂉 [사람 인(人)의 변형] + 母
자식은 어머니의 은혜를 잊지 못하고 항상 생각하지요. "저울의 한쪽에 지구를 올려놓고 다른 한쪽에 어머니를 실어 놓는다면 지구 쪽이 훨씬 가벼울 것이다."라는 말처럼 어머니의 은혜는 끝이 없지요.

母
여자(𣥂) 중 젖(ㅗ)을 드러낸 어머니니 **어머니 모**
⊕ 𣥂 [여자 녀(女)의 변형], ㅗ (젖의 모양)

每
사람(𠂉)이 매양 어머니(母)를 생각하듯 매양(항상)이니 **매양 매, 항상 매**
⊕ 매양 – 번번이. 때마다. 항상

敏
항상(每) 치며(攵) 지도하면 행동이 민첩하니 **민첩할 민**
⊕ 攵(칠 복, = 攴)

한자구조 **모 매민**(母 每敏) - 母와 每로 된 글자

여자 녀(女)의 변형(𣥂) 가운데에 점 주, 불똥 주(丶) 둘과 한 일(一)이면 **어머니 모**(母), 어머니 모(母) 위에 사람 인(人)의 변형(𠂉)이면 **매양 매, 항상 매**(每), 매양 매, 항상 매(每) 뒤에 칠 복(攵)이면 **민첩할 민**(敏)

8급 총5획
부수 母
mother

- (자식에 대한) 어머니의 정은 母情(모정). 아버지와 어머니를 아울러 이르는 말은 父母(부모). 아들과 어머니는 子母(자모). 할머니는 祖母(조모). '학생의 부모'로, 학생의 보호자는 學父母(학부모).
- (자식에게는) 어진 어머니이면서 (남편에게는) 착한 아내는 賢母良妻(현모양처).

한자+ 情(뜻 정, 정 정), 父(아버지 부), 子(아들 자, 첫째 지지 자, 자네 자, 접미사 자), 祖(할아버지 조, 조상 조), 學(배울 학), 賢(어질 현), 良(어질 량, 좋을 량), 妻(아내 처)

7급 총7획
부수 母
every

- 한 시간마다는 每時間(매시간), 날마다는 每日(매일), 주마다는 每週(매주). 다달이(달마다)는 每月(매월), 매해(해마다)는 每年(매년).
- 매사를 급히(서두르지) 마라. 빨리(속히) 도모하면 뉘우침이 있다는 말은 每事勿急(매사물급) 速圖有悔(속도유회)네요.

한자+ 時(때 시), 間(사이 간), 週(주일 주, 돌 주), 月(달 월, 육 달 월), 年(해 년, 나이 년), 事(일 사, 섬길 사), 勿(없을 물, 말 물), 急(급할 급), 速(빠를 속), 圖(그림 도, 꾀할 도), 有(가질 유, 있을 유), 悔(후회할 회)

3급 총11획
부수 攵
quick, alert

- 재빠르고 날쌤은 敏捷(민첩). 자극에 빠르게 반응을 보이거나 쉽게 영향을 받음은 敏感(민감). 눈치가 빠르고 동작이 날쌤은 機敏(기민). (감각 등이) 예리하고 민감함은 銳敏(예민).
- '말은 더듬어도 행동은 민첩함'으로, 말은 둔해도 행동은 민첩해야 함을 이르는 말은 訥言敏行(눌언민행), 「논어(論語)」 "민어사이신어언(敏於事而愼於言 – 일에는 민첩하나 말에는 삼감)"을 줄여 쓰는 말이지요.

한자+ 捷(이길 첩, 빠를 첩), 感(느낄 감, 감동할 감), 機(베틀 기, 기계 기, 기회 기), 銳(날카로울 예), 訥(말 더듬을 눌), 言(말씀 언), 行(다닐 행, 행할 행, 항렬 항), 於(어조사 어, 탄식할 오), 事(일 사, 섬길 사), 而(말 이을 이), 愼(삼갈 신)

0 2 6 매해회(梅海悔)

梅	海	悔
매화나무 매	바다 해	뉘우칠 회

매화나무 매(梅) = 木(나무 목) + 每(매양 매, 항상 매)
'나무를 항상'이 어찌 매화나무일까?
매화는 추위 속에서 피어나는 절개 있는 꽃으로, 사군자(四君子)의 으뜸이고, 열매는 여러 용
도로 쓰여서 많이 심어 가꾸며, 그림으로도 그려 항상 가까이했다는 데서 만들어진 글자네요.
+ 四君子(사군자) - 동양화에서, 매란국죽(梅蘭菊竹 - 매화 · 난초 · 국화 · 대)을 그린 그림,
또는 그 소재
+ 군자(君子) - 유교에서 말하는 이상적인 인간형 ᄈ 소인(小人)
+ 君(임금 군, 남편 군, 그대 군), 子(아들 자, 첫째 지지 자, 자네 자, 접미사 자)

梅   나무(木) 중 항상(每) 가까이하는 매화나무니 **매화나무 매**

海   물(氵)이 항상(每) 있는 바다니 **바다 해**
      ⊕ 큰 바다 양, 서양 양(洋) - 1권 제목번호[105] 참고

悔   지내 놓고 마음(忄)으로는 항상(每) 뉘우치니 **뉘우칠 회**
      ⊕ 忄(마음 심 변)

> 한자구조 **매해회**(梅海悔) - 每로 된 글자
>
> 매양 매, 항상 매(每) 앞에 나무 목(木)이면 **매화나무 매**(梅), 삼 수 변(氵)이면 **바다 해**(海),
> 마음 심 변(忄)이면 **뉘우칠 회**(悔)

梅

3급Ⅱ 총11획
부수 木
apricot

- 매화나무꽃은 梅花(매화). 매화나무 열매는 梅實(매실).
- '(매실은 시어서 생각만 해도 침이 돌아 목마름이 해소된다는 데서) 매실을 바라며(생각하며) 갈증을 푼다'로, 상상으로 잠깐의 평안과 위안을 얻는다는 말은 望梅解渴(망매해갈), 중국 삼국시대 위(魏)나라 조조(曹操)가 후퇴 중에 갈증을 호소하는 병졸(兵卒)들에게 매실 이야기를 해 주었더니, 금세 입안에 침이 괴어 갈증을 풀었다는 일에서 유래되었다지요.

> 한자+ 花(꽃 화), 實(열매 실, 실제 실), 望(바랄 망, 보름 망), 解(해부할 해, 풀 해), 渴(마를 갈), 兵(군사 병), 卒(졸병 졸, 갑자기 졸, 마칠 졸)

海

7급 총10획
부수 水(氵)
sea

- 바다에서 만나는 재난은 海難(해난). 바닷물의 흐름은 海流(해류). 넓고 큰 바다는 海洋(해양). '산과 바다의 진귀한 맛'으로, 온갖 귀한 재료로 만든 맛 좋은 음식은 山海珍味(산해진미).

> 한자+ 難(어려울 난, 비난할 난), 流(흐를 류, 번져나갈 류), 洋(큰 바다 양, 서양 양), 珍(보배 진), 味(맛 미)

悔

3급Ⅱ 총10획
부수 心(忄)
regret

- (잘못을) 뉘우치고 고침은 悔改(회개). 뉘우치고 한탄함은 悔恨(회한). 이전의 잘못을 깨치고 뉘우침은 後悔(후회).
- 허물을 뉘우치며 자신을 꾸짖음은 悔過自責(회과자책). 허물을 뉘우쳐 착한 데로 옮김은 悔過遷善(회과천선)으로, 개과천선(改過遷善)과 비슷한 뜻이네요.

> 한자+ 改(고칠 개), 恨(한할 한, 뉘우칠 한), 後(뒤 후), 過(지날 과, 지나칠 과, 허물 과), 自(자기 자, 스스로 자, 부터 자), 責(꾸짖을 책, 책임 책), 遷(옮길 천), 善(착할 선, 좋을 선, 잘할 선)

동음이의어(同音異義語)도 한자로 뜻을 생각해 보면 쉽게 구분됩니다.

- 悔心: 후회하는 마음
- 回心: 돌이키는 마음
- 灰心: (욕심도 없고 유혹도 받지 않는) 재처럼 사그라진 고요한 마음
- 懷心: 무엇을 품고 있는 마음

> 한자+ 同(같을 동), 音(소리 음), 異(다를 이), 義(옳을 의, 의로울 의, 뜻 의), 語(말씀 어), 心(마음 심, 중심 심), 回(돌 회, 돌아올 회, 횟수 회), 灰(재 회), 懷(품을 회)

마칠 료	아들 자, 첫째 지지 자, 자네 자, 접미사 자	줄 여, 나 여, 미리 예(豫)의 약자 예

아들 자(子)에는 여러 뜻이 있네요.
그중 물건의 뒤에 붙이는 '접미사 자'는 어떤 연유로 붙여졌을까요?
아하! 모자, 의자, 탁자 등 낳은 아들처럼 만들어져 나오는 물건이라는 데서
붙여졌군요.

了 아들(子)이 양팔 붙이고 모체에서 나온 모양으로,
나왔으니 고통을 마쳤다는 데서 **마칠 료**

子 아들이 두 팔 벌린 모양을 본떠서 **아들 자**
또 옛날에는 아들을 첫째로 여겼으니 **첫째 지지 자**
또 아들처럼 편하게 부르는 2인칭 대명사 자네니 **자네 자**
또 낳은 아들처럼 만들어져 나오는 물건의 뒤에 붙이는 접미사니
접미사 자

予 서로 주고받는 모양을 본떠서 **줄 여**
또 주는 나를 뜻하여 **나 여**
또 **미리 예(豫)의 약자 예**

> **료자여[예](了子予) - 了와 비슷한 글자**
>
> 아들(子)이 양팔 붙이고 모체에서 나온 모양으로, 나왔으니 고통을 마쳤다는 데서 **마칠 료**
> (了), 마칠 료(了)에 한 일(一)이면 아들 자, 첫째 지지 자, 자네 자, 접미사 자(子), 서로 주고
> 받는 모양을 본떠서 **줄 여(予)**, 또 주는 나를 뜻하여 **나 여(予)**, 미리 예(豫)의 약자 예(予)

3급 총2획
부수 亅
finish

- 기한이 다 차서 끝남은 滿了(만료). 일정한 학과를 다 배워 끝냄은 修了(수료). (어떤 일을) 완전히 마침은 完了(완료). (일을) 끝마침은 終了(종료).

> 한자➕ 滿(찰 만), 修(닦을 수, 다스릴 수), 完(완전할 완), 終(다할 종, 마칠 종)

7급 총3획
부수 子
son, you

- 아들과 손자는 子孫(자손).
- 높게 만든 책상이나 식탁 따위는 卓子(탁자).
- '여러 자(子)와 많은 가(家)'로, 중국 춘추전국시대(春秋戰國時代)의 여러 학파를 이르는 말은 諸子百家(제자백가).
- 어떤 사람에 대한 평가가 만고(萬古: 많은 세월 동안) 료일(了一: 하나로 마침)한 사람에게 子를 붙이고, 어느 분야에 일가(一家)를 이룬 사람에게는 家를 붙이고, 도덕이 관천(貫天: 하늘을 꿰뚫음)한 사람에게는 夫를 붙여 일컬었답니다.
- 지금까지 子와 夫를 동시에 붙일 수 있는 분은 공자(孔子) 한 분, 그래서 공자(孔子)를 孔夫子라 부르기도 하지요.

> 한자➕ 孫(손자 손), 卓(높을 탁, 뛰어날 탁, 탁자 탁), 家(집 가, 전문가 가), 諸(모든 제, 여러 제), 百(일백 백, 많을 백), 萬(많을 만, 일만 만), 古(오랠 고, 옛 고), 了(마칠 료), 貫(꿸 관, 무게 단위 관), 天(하늘 천), 일가(一家) - ① 한집안. ② 성과 본이 같은 겨레붙이. ③ 학문·기술·예술 등의 분야에서 독자적인 경지나 체계를 이룬 상태. 여기서는 ③의 뜻

- 주는 일과 빼앗는 일은 予奪(여탈). (세상에 공짜는 없으니) 가지기(얻기)를 바라면 먼저 주라는 말은 欲取先予(욕취선여).

> 한자➕ 奪(빼앗을 탈), 欲(바랄 욕), 取(취할 취, 가질 취), 先(먼저 선)

3급 총4획
부수 亅
give, I,
beforehand

⓪②⑧ 모유무(矛柔務)

矛	柔	務
창 모	부드러울 유	힘쓸 무, 일 무

한자의 어원은 한자가 만들어지던 시절을 상상하면서 풀어야 쉽게 풀어지고 잘 이해되니, 1권 뒷부분에 나오는 <한자에 많이 쓰인 소재들>도 참고하세요.
그 시절에는 부족이나 나라 사이에 전쟁이 잦아서, 당시의 무기를 이용하여 만들어진 한자도 많아요. 창도 그 당시 무기의 하나였으니 창을 나타내는 글자도 있고, 이 글자를 이용하여 만들어진 글자도 있네요.

矛 손잡이 있는 창을 본떠서 **창 모**

柔 창(矛)에 쓰이는 나무(木)처럼 탄력 있고 부드러우니 <u>부드러울 유</u>
⊕ 木(나무 목)

務 창(矛)으로 적을 치듯이(攵) 힘(力)을 다하여 힘쓰는 일이니
<u>힘쓸 무, 일 무</u>
⊕ 攵(칠 복, = 攴), 力(힘 력)

한자
구조 **모유무(矛柔務) - 矛로 된 글자**

손잡이 있는 창을 본떠서 **창 모(矛)**, 창 모(矛) 아래에 나무 목(木)이면 **부드러울 유(柔)**, 뒤에 칠 복(攵)과 힘 력(力)이면 **힘쓸 무, 일 무(務)**

矛

2급 총5획
부수 矛
spear

- '창과 방패'로, 어떤 사실의 앞뒤, 또는 두 사실이 이치상 어긋나서 서로 맞지 않음을 이르는 말은 矛盾(모순), 초(楚)나라 때 창과 방패를 같이 파는 장수가 "이 창으로는 어떤 물건도 뚫을 수 있다." 하고서, 금방 "이 방패는 어떤 창으로도 뚫을 수 없다."라고 하니, 그 말을 듣던 어떤 사람이 "그럼 그 창으로 그 방패를 찌르면 어찌 되겠는가?"라고 묻자, 그 장수는 아무 대답도 못했다는 데서 유래된 말이지요.

한자+ 盾(방패 순)

柔

3급Ⅱ 총9획
부수 木
soft

- 부드럽고 연한 성질은 柔軟性(유연성). 성격이 따뜻하고 부드러움은 溫柔(온유). 어루만지고 잘 달래어 말을 듣도록 함은 懷柔(회유).
- 겉으로는 부드럽고 순하게 보이나 속은 곧고 굳셈은 外柔內剛(외유내강).
- 外柔內剛의 글자 위치를 바꾸어 外剛內柔(외강내유 - 겉으로는 강하나 속은 부드러움), 外剛內剛(외강내강 - 겉으로나 속으로 다 강함), 外柔內柔(외유내유 - 겉으로나 속으로 다 부드러움)처럼 상황에 맞게 말을 만들어 쓸 수 있네요.

한자+ 軟(부드러울 연, 연할 연), 性(성품 성, 바탕 성, 성별 성), 溫(따뜻할 온, 익힐 온), 懷(품을 회), 外(밖 외), 內(안 내), 剛(굳셀 강)

務

4급Ⅱ 총11획
부수 力
endeavor

- 직장 같은 곳에서 맡아서 하는 일은 業務(업무). 맡은 일은 任務(임무). ① 사람으로서 마땅히 하여야 할 일. ② 법률적으로 사람에게 강제되는 구속은 義務(의무).
- 일에 힘씀은 勤務(근무). '실제에 힘써 힘껏 행함'으로, 참되고 실속(實-) 있도록 힘써 행함은 務實力行(무실역행)이지요.

한자+ 業(업 업, 일 업), 任(맡을 임, 맡길 임), 義(옳을 의, 의로울 의), 勤(부지런할 근, 일 근), 實(열매 실, 실제 실), 力(힘 력), 行(다닐 행, 행할 행, 항렬 항), 무실(務實) - 참되고 실속 있도록 힘씀

조금 더 알고 쓰는 한자

상황에 맞게 글자를 바꾸어 써보세요.

한문 학습에서 글자를 익히는 한자 학습이 1단계라면, 이것을 단어나 문장에서 다양하게 활용하는 실력을 기르는 한문 학습이 2단계지요. 한자는 고립(孤立) 문자로, 형태 변화나 어미나 조사의 첨가 없이 홀로 어느 곳에 놓여도 그 뜻 그대로 쓰이니, 글자만 한 번 익히면 얼마든지 새로운 단어나 문장을 만들어 쓸 수 있습니다.

> 한자＋ 孤(외로울 고, 부모 없을 고), 立(설 립)

지금까지의 한문교육은 단어나 사자성어나 주어진 문장 그대로 무조건 읽고 해석하고 외라는 식이었는데, 이것도 열린 생각이 아닙니다. 주어진 그대로만 익히고 말 것이 아니라 상황에 맞게 글자를 바꾸어 써보는, 즉 한자의 특성을 마음껏 활용해보는 습관을 들임이 풍부하고 다양한 단어 실력 신장의 지름길이지요.

[예] 조득모실(朝得暮失): 아침에(처음에) 얻었다가 저녁에(나중에) 잃음

→ 조실모득(朝失暮得): 아침에(처음에) 잃었다가 저녁에(나중에) 얻음

→ 조실모실(朝失暮失): 아침에도(처음에도) 잃고 저녁에도(나중에도) 잃음

→ 조득모득(朝得暮得): 아침에도(처음에도) 얻고 저녁에도(나중에도) 얻음

[예] 유전무죄(有錢無罪): 돈만 있으면 죄가 없음

→ 무전유죄(無錢有罪): 돈이 없는 것이 죄가 있음(됨)

→ 유전유죄(有錢有罪): 돈이 있는 것이 죄가 있음(됨)

→ 무전무죄(無錢無罪): 돈도 없고 죄도 없음

[예] 우문우답(愚問愚答): 어리석은 질문에 어리석은 대답

→ 우문현답(愚問賢答): 어리석은 질문에 현명한 대답

→ 현문현답(賢問賢答): 현명한 질문에 현명한 대답

사자성어뿐만 아니라, '쓸모 있으면 유용(有用), 쓸모없으면 무용(無用), 크게 쓰이면 대용(大用), 작게 쓰이면 소용(小用), 잘 쓰면 선용(善用), 잘못 쓰면 오용(誤用), 나쁘게 쓰면 악용(惡用), 함부로 쓰면 남용(濫用)'처럼, 단어도 얼마든지 글자를 바꾸어 새로운 말을 만들 수 있고, 사전 없이도 그 뜻을 바로 알 수 있지요.

> 한자+ 朝(아침 조, 조정 조, 뵐 조), 得(얻을 득), 暮(저물 모), 失(잃을 실), 有(가질 유, 있을 유), 錢(돈 전), 無(없을 무), 罪(허물 죄), 愚(어리석을 우), 問(물을 문), 答(대답할 답, 갚을 답), 賢(어질 현), 善(착할 선, 좋을 선, 잘할 선), 誤(그르칠 오), 惡(악할 악, 미워할 오), 濫(넘칠 람)

029 절 액위[卩(卩) 厄危]

卩	厄	危
무릎 꿇을 **절**, 병부 **절**	재앙 **액**	위험할 **위**

이번에는 무릎 꿇을 절, 병부 절(卩, = 卩)이 공통으로 들어있는 글자들입니다.
병부(兵符)는 병사를 동원하는 문서고, 부절(符節)은 대(竹, 艹)나 옥(玉)으로 만든 일종의
신분증으로, 인쇄술이 발달하기 전에는 똑같이 만들거나 하나를 나누어 가졌다가
필요할 때 맞춰 보았다지요.
+ 兵(병사 병), 符(부절 부, 부호 부, 들어맞을 부), 節(마디 절, 절개 절, 계절
절), 竹(대 죽), 玉(구슬 옥)

卩　사람이 무릎 꿇은 모양을 본떠서 **무릎 꿇을 절**
　　또 부절이나 병부의 반쪽을 본떠서 **병부 절** (= 卩)

厄　굴 바위(厂) 밑에 무릎 꿇어야(卩) 할 정도의 재앙이니 **재앙 액**
　　⊕ 厂 (굴 바위 엄, 언덕 엄)

危　사람(ク)에게 재앙(厄)이 닥치면 위험하니 **위험할 위**
　　⊕ ク [사람 인(人)의 변형]

[한자구조] **절 액위**[卩(卩) 厄危] - 卩(卩)과 厄으로 된 글자

사람이 무릎 꿇은 모양을 본떠서 **무릎 꿇을 절**(卩), 또 부절이나 병부의 반쪽을 본떠서 **병부
절**(卩), 무릎 꿇을 절, 병부 절(卩, = 卩) 위에 굴 바위 엄, 언덕 엄(厂)이면 **재앙 액**(厄), 재앙
액(厄) 위에 사람 인(人)의 변형(ク)이면 **위험할 위**(危)

총2획
부수자
flop on one's knees, military document

3급 총4획
부수 厂
misfortune

- 액을 당할 운수는 厄運(액운). 좋은 운수, 또는 행복한 운수는 행운(幸運). 재앙을 보내고 복을 맞이함은 送厄迎福(송액영복). 뜻밖에 당하게 되는 재앙은 橫厄(횡액).

한자+ 運(운전할 운, 옮길 운, 운수 운), 幸(행복할 행, 바랄 행), 送(보낼 송), 迎(맞이할 영), 福(복 복), 橫(가로 횡, 제멋대로 할 횡)

4급 총6획
부수 㔾(卩)
dangerous

- 해로움이나 손실이 생길 우려가 있음, 또는 그런 상태는 危險(위험), 반대말은 안전(安全). 위험하고 급함은 危急(위급). 위험한 고비나 시기는 危機(위기).
- '위기가 한 가닥의 머리털 사이'로, 당장에라도 끊어질 것 같은 위험한 순간을 이르는 말은 危機一髮(위기일발), '바람 앞의 등불'이라는 풍전등화(風前燈火)와 비슷한 말이네요.

한자+ 險(험할 험), 安(편안할 안), 全(온전할 전), 急(급할 급), 機(베틀 기, 기계 기, 기회 기), 髮(머리털 발), 風(바람 풍, 풍속·경치·모습·기질·병 이름 풍), 前(앞 전), 燈(등불 등)

童	鐘
아이 동	쇠북 종, 종 치는 시계 종

아이 동(童) = 立(설 립) + 里(마을 리, 거리 리)

아하! 요즘 아이들은 공부하느라 바빠서 노는 모습을 보기 힘들지만, 옛날에는 마을에서 많이 뛰어놀았겠지요. 어른들은 일터에 나가고, 마을에서 노는 사람은 주로 아이들임을 생각하고 만들어진 글자네요.

쇠북 종, 종 치는 시계 종(鐘) = 金(쇠 금, 금 금, 돈 금, 성씨 김) + 童

종을 생각하니 이런 말이 떠오르네요.

종소리는 때리는 자의 힘에 비례하여 울려 퍼지나니······.

童   서서(立) 마을(里)에 노는 사람은 주로 아이니 <u>아이 동</u>

鐘   쇠(金) 소리가 아이(童) 소리처럼 맑은 쇠북이니 <u>쇠북 종</u>

또 쇠북처럼 종 치는 시계니 <u>종 치는 시계 종</u>

⊕ 金 – 덮여 있는(人) 한(一) 곳의 흙(土)에 반짝반짝(丷) 빛나는 쇠나 금이니 '쇠 금, 금 금', 또 금처럼 귀한 돈이나 성씨니 '돈 금, 성씨 김'

⊕ 人('사람 인'이지만 여기서는 덮인 모양으로 봄), 土(흙 토)

〔한자 구조〕 **동종(童鐘) - 童으로 된 글자**

설 립(立) 아래에 마을 리, 거리 리(里)면 **아이 동**(童), 아이 동(童) 앞에 쇠 금, 금 금, 돈 금, 성씨 김(金)이면 **쇠북 종, 종 치는 시계 종**(鐘)

童

6급 총12획
부수 立
child

- 어린이의 마음, 또는 어린이처럼 순진한 마음은 童心(동심). 동심(童心)을 바탕으로 지은 이야기는 童話(동화). ① 나이가 적은 아이. ② 아동복지법에서 18세 미만의 사람을 이르는 말은 兒童(아동).
- '키가 석 자 정도 되는 오륙 세 가량의 어린아이'로, 철모르는 어린아이를 이르는 말은 三尺童子(삼척동자).

> 한자+ 心(마음 심, 중심 심), 話(말씀 화, 이야기 화), 兒(아이 아), 尺(자 척, 1자는 약 30.3㎝), 子(아들 자, 첫째 지지 자, 자네 자, 접미사 자)

鐘

특급Ⅱ 총20획
부수 金
bell

- 큰 종을 달아 두기 위하여 지은 누각은 鐘閣(종각). ① 위급한 일이나 비상사태를 알리는 종이나 사이렌 따위의 신호. ② 잘못된 일이나 위험한 일에 대하여, 경계하여 주는 주의나 충고를 비유적으로 이르는 말은 警鐘(경종). 미리 정하여 놓은 시각이 되면 저절로 소리가 나도록 장치된 시계는 自鳴鐘(자명종). 종을 치거나 때림은 打鐘(타종).

> 한자+ 閣(누각 각, 내각 각), 警(경계할 경, 깨우칠 경), 自(자기 자, 스스로 자, 부터 자), 鳴(울 명), 打(칠 타)

한자어는 먼저 글자대로 직역(直譯)해보세요.

- 한자어도 사전에는 의역 위주로 되어 있고, 한자를 알아도 잘 적용하지 못하고 단어 따로, 뜻 따로 외는 경우가 많으니 사전을 찾아보는 것만으로는 한자 학습에 그리 도움 되지 않지요.
- 한자어는 먼저 글자대로 직역(直譯)해보고, 다음에 의역(意譯)해보는 습관을 들이세요. 그러면 한자와 그 말의 뜻을 더욱 분명히 알게 되지요.
- 처음에는 좀 힘들고 어렵겠지만, 이런 습관을 들이면 얼마 되지 않아서 아주 쉬워지고 한자 박사, 단어 박사도 됩니다.

> 한자+ 直(곧을 직, 바를 직), 譯(번역할 역), 意(뜻 의), 직역(直譯) - '곧게 번역함'으로, 글자대로 충실히 번역함. 의역(意譯) - '뜻으로 번역함'으로, 개개의 글자나 단어, 구절에 너무 구애되지 않고 전체의 뜻을 살리는 번역

031 친신(親新)

親	新
어버이 친, 친할 친	새로울 신

어버이 친, 친할 친(親) = 立(설 립) + 木(나무 목) + 見(볼 견, 뵐 현)
아침에 나가 날이 저물도록 돌아오지 않는 자식을 기다리다, 더 멀리 바라보기
위하여 '나무(木) 위에 올라서서(立) 바라보는(見) 심정을 지닌 분이 어버이니
어버이 친(親)'이라고 풀어도 좋지만, 다음처럼 풀어보았어요.

親
서(立) 있는 나무(木)를 돌보듯(見) 자식을 보살피는 어버이니 <u>어버이 친</u>
또 어버이처럼 친하니 <u>친할 친</u>

新
서(立) 있는 나무(木)를 도끼(斤)로 잘라 새로 만들어 새로우니 <u>새로울 신</u>
⊕ 斤(도끼 근, 저울 근) - 2권 제목번호[086] 참고

[한자 구조] 친신(親新) - 퀒으로 된 글자
설 립(立)과 나무 목(木) 뒤에 볼 견, 뵐 현(見)이면 **어버이 친, 친할 친(親)**, 도끼 근, 저울 근
(斤)이면 **새로울 신(新)**

親

6급 총16획
부수 見
parents, intimate

- '두 어버이'로, 아버지와 어머니, 즉 부모(父母)는 兩親(양친).
- 친족과 외척을 아울러 이르는 말은 親戚(친척). ① 가깝게 오래 사귄 사람. ② 나이가 비슷하거나 아래인 사람을 친근하게 이르는 말은 親舊(친구). 지내는 사이가 아주 친하고 가까움은 親密(친밀).
- 겉으로는 친한 척하면서도 속으로는 멀리함은 外親內疎(외친내소). 겉으로는 먼 척하지만 속으로는 친함은 外疎內親(외소내친), 겉으로나 속으로나 다 멀리함은 外疎內疎(외소내소), 겉으로나 속으로 다 친함은 外親內親(외친내친)처럼, 글자 위치를 바꾸어 상황에 맞는 말을 만들어 써 보세요.

한자＋ 父(아버지 부), 母(어머니 모), 兩(둘 량, 짝 량, 냥 냥), 戚(겨레 척), 舊(오랠 구, 옛 구), 密(빽빽할 밀, 비밀 밀), 外(밖 외), 內(안 내), 疎(트일 소, 성길 소, = 疏)

新

6급 총13획
부수 斤
new

- ① 새로운 규칙이나 규정. ② 새로 하는 일은 新規(신규). '새로 들음'으로, ① 새로운 소식이나 견문. ② 새로운 소식을 전달하는 정기간행물. ③ 신문지는 新聞(신문)인데, 중국어에서는 '뉴스(NEWS)'라는 뜻으로 쓰이네요.
- 새롭고 기세나 힘이 뛰어남, 또는 그런 사람은 新銳(신예). 나쁜 것을 베어 버리고 새롭게 만듦은 斬新(참신). 묵은 풍속 · 관습 · 조직 · 방법 따위를 완전히 바꾸어서 새롭게 함은 革新(혁신).
- '날로 새로워지고 달로 달라짐'으로, 하루가 다르게 발전하고 세상이 변화함은 日新月異(일신월이).

한자＋ 規(법 규), 聞(들을 문), 銳(날카로울 예), 斬(죽일 참, 벨 참), 革(가죽 혁, 고칠 혁), 異(다를 이)

어버이 친, 친할 친(親)을 생각하니 이런 생각이 드네요.

- 우리는 누구를 조금만 알아도 친구라고 하는데, 친구(親舊)라는 말은 親과 오랠 구, 옛 구(舊)로 되었으니 '어버이처럼 걱정해주고 잘 되기를 바라는 마음을 오랫동안 가진 사람'이라는 뜻이네요. 진정한 친구(親舊)라면 말뜻에 걸맞은 행동을 해야 하는데, 그렇지 않은 사람은 단지 아는 정도인 지인(知人)이거나, 나쁜 길로 끌고 가는 악구(惡舊)지요.

한자＋ 知(알 지), 惡(악할 악, 미워할 오)

竟	境	鏡
마침내 **경**, 다할 **경**	지경 **경**, 형편 **경**	거울 **경**

마침내 경, 다할 경(竟) = 소리 음(音) + 儿(사람 인 발)
'소리 지르는 사람', '소리하는 사람' 정도로 풀어지는데 어찌 '마침내 경'일까?
아하! 어려운 일을 끝내고는 그동안 힘들었다고, 마침내 다했다고 소리치며
알림을 생각하고 만든 글자네요.

竟
소리(音)치며 사람(儿)이 마침내 일을 다 했음을 알리니
마침내 경, 다할 경

境
땅(土)이 다한(竟) 지경이니 **지경 경**
또 어떤 지경에 이른 형편이니 **형편 경**
⊕ 土('흙 토'지만 여기서는 땅으로 봄)

鏡
쇠(金)를 닦으면 마침내(竟) 빛나면서 비추는 거울이니 **거울 경**
⊕ 金(쇠 금, 금 금, 돈 금, 성씨 김), 유리가 없던 옛날에는 거울도
쇠로 만들었답니다.

한자구조 **경경경**(竟境鏡) - 竟으로 된 글자

소리 음(音) 아래에 사람 인 발(儿)이면 **마침내 경, 다할 경**(竟), 마침내 경, 다할 경(竟) 앞
에 흙 토(土)면 **지경 경, 형편 경**(境), 쇠 금, 금 금, 돈 금, 성씨 김(金)이면 **거울 경**(鏡)

竟

3급 총11획
부수 立
at last,
finally

- 끝장에 가서는. 마침내는 畢竟(필경). ① 사물을 연구해 가다가 마침내 도달한 곳. ② 끝에 가서는. 결국은 究竟(구경). '뜻이 있으면 마침내 이루어진다'로, 이루고자 하는 뜻이 있는 사람은 반드시 성공(成功)한다는 말은 有志竟成(유지경성)이네요.

> 한자+ 畢(마칠 필), 究(연구할 구, 다할 구), 成(이룰 성), 功(공 공, 공로 공), 有(가질 유, 있을 유), 志(뜻 지)

境

4급 II 총14획
부수 土
boundary,
situation

- ① 땅의 경계. ② 어떠한 처지나 형편은 地境(지경). (일이나 물건이 어떤 표준 밑에) 서로 이어 맞닿은 자리는 境界(경계).
- ① 생물에게 직·간접으로 영향을 주는 자연적 조건이나 사회적 상황. ② 생활하는 주위의 형편은 環境(환경). ① 사리나 도리. ② 놓여 있는 조건이나, 놓이게 된 형편은 境遇(경우).
- 점점 아름다운(재미있는) 지경으로 들어감은 漸入佳境(점입가경), 글자 하나를 바꾸어 점입추경[漸入醜境 - 점점 추한(나쁜, 재미없는) 지경으로 들어감]도 만들어 쓸 수 있네요.

> 한자+ 地(땅 지, 처지 지), 界(경계 계, 세계 계), 環(고리 환, 두를 환), 遇(만날 우), 漸(점점 점), 佳(아름다울 가), 醜(추할 추)

鏡

4급 총19획
부수 金
mirror

- 거울을 달아 세운 화장대는 鏡臺(경대). 구리로 만든 거울은 銅鏡(동경).
- ① 깨어진 거울. ② 이지러진 달. ③ 부부의 금실이 좋지 않아 이혼하게 되는 일은 破鏡(파경), 옛날 어떤 부부가 서로 떨어져 있게 되어 애정의 증표로 거울을 쪼개어 한 조각씩 지녔는데, 후에 여자가 개가(改嫁)하자, 여자가 지녔던 거울 조각이 까치로 변하여 전 남편에게로 날아가 버렸다는 이야기에서 유래된 말이라네요.

> 한자+ 臺(대 대, 누각 대), 銅(구리 동), 破(깨질 파, 다할 파), 改(고칠 개), 嫁(시집갈 가)

⓪③③ 신변변(辛辯辨)

辛	辯	辨
고생할 **신**, 매울 **신**, 여덟 째 천간 **신**	말 잘할 **변**, 따질 **변**	분별할 **변**

말 잘할 변, 따질 변(辯)은 고생할 신, 매울 신(辛) 둘 사이에 말씀 언(言)이 들어있는 구조! 순서대로 풀어 매운(辛) 것을 먹고 말(言)을 맵게(辛) 하며 따진다는 글자인가? 辛이 고생하다의 뜻이니, 辛 둘을 고생스러운, 즉 어려운 일 틈으로 보면, 어원이 자연스럽게 풀어지네요.

辛

서(立) 있는 곳이 십자가(十) 위인 것처럼 고생하니 **고생할 신**

또 먹기에 고생스럽도록 매우니 **매울 신, 여덟 째 천간 신**

⊕ '십자가(十) 위에 서(立) 있는 것처럼 고생하니 고생할 신'이라 하면 좋은데, 필순을 고려하다 보니 어색한 어원이 되었네요.

辯

어려운 일 틈에 끼어서도(辛 辛) 말(言)을 잘하며 따지니 **말 잘할 변, 따질 변**

辨

어려운 일 틈에 끼어서도(辛 辛) 칼(刂)로 딱 자르듯이 시비를 분별하니 **분별할 변**

⊕刂[칼 도 방(刂)의 변형]

> 한자 구조 **신변변(辛辯辨) - 辛으로 된 글자**

설 립(立) 아래에 열 십, 많을 십(十)이면 **고생할 신, 매울 신, 여덟 째 천간 신(辛)**, 고생할 신, 매울 신, 여덟 째 천간 신(辛) 둘 사이에 말씀 언(言)이면 **말 잘할 변, 따질 변(辯)**, 칼 도 방(刂)의 변형(刂)이면 **분별할 변(辨)**

90 PART 05 (029~035)

辛

3급 총7획
부수 辛
endure
hardship, acrid

- 어려운 일을 당하여 몹시 애씀, 또는 그런 고생은 辛苦(신고). (경기 따위에서) 고생하여(힘들게) 겨우 이김은 辛勝(신승). 힘들고 고생스러움은 艱辛(간신), 겨우, 또는 가까스로는 艱辛(간신)히.
- '맵고 매움'으로, 사물의 분석이나 비평 따위가 매우 날카롭고 예리함은 辛辣(신랄).
- 음식에 향기롭거나 매운맛을 더하는 조미료는 香辛料(향신료).

> 한자+ 苦(쓸 고, 괴로울 고), 勝(이길 승, 나을 승), 艱(어려울 간), 辣(매울 랄), 香(향기 향), 料(헤아릴 료, 재료 료, 값 료)

辯

4급 총21획
부수 辛
dispute,
nitpick

- 능숙하여 막힘이 없는 말은 達辯(달변). 조리 있고 막힘없이 당당하게 말함, 또는 그런 말이나 연설은 雄辯(웅변). 물음에 대하여 밝혀 대답함, 또는 그런 대답은 答辯(답변). 이치에 닿지 않은 것을 억지로 주장하거나 변명함은 強辯(강변).
- (남의 이익을 위하여) 말로 따져 보호함은 辯護(변호).

> 한자+ 達(이를 달, 통달할 달), 雄(수컷 웅, 클 웅), 答(대답할 답, 갚을 답), 強(강할 강, 억지 강), 護(보호할 호)

辨

3급 총16획
부수 辛
distinguish

- (잘못이 없음을) 분별하여 밝힘은 辨明(변명). 사물의 옳고 그름이나 좋고 나쁨을 가리는 능력은 辨別力(변별력). (끼친 손해를) 분별하여 물어 줌은 辨償(변상). ① 서로 다른 일이나 사물을 구별하여 가름. ② 세상 물정에 대한 바른 생각이나 판단은 分辨(분변)이나 분별(分別).
- '콩인지 보리인지 분별하지 못함'으로, 아주 쉬운 것도 모르는 어리석고 못난 사람을 이르는 말은 菽麥不辨(숙맥불변), 줄여서 菽麥(숙맥)이라 하지요.

> 한자+ 明(밝을 명), 別(나눌 별, 다를 별), 力(힘 력), 償(갚을 상, 보상할 상), 分(나눌 분, 단위 분, 단위 푼, 신분 분, 분별할 분, 분수 분), 菽(콩 숙), 麥(보리 맥), 不(아닐 불 · 부)

034 행 환집(幸 丸執)

幸	丸	執
행복할 **행**, 바랄 **행**	둥글 **환**, 알 **환**	잡을 **집**, 집행할 **집**

정말 기발한 아이디어! 매울 신, 고생할 신(辛) 위에 한 일(一)을 그으면, 반대말
인 행복할 행, 바랄 행(幸)이 되는 구조!
모든 것은 마음먹기에 따라 달라지니, 하나(一) 정도만 바꿔 생각하면 고생도
행복이 될 수 있음을 생각하고 행복할 행, 바랄 행(幸)을 만들었네요.

幸
하나(一) 정도만 바꿔 생각하면 고생(辛)도 행복하니 **행복할 행**
또 행복은 누구나 바라니 **바랄 행**

丸
많은(九) 것들이 점(丶)처럼 둥글둥글한 알이니 **둥글 환, 알 환**
⊕ 九(아홉 구, 클 구, 많을 구), 丶(점 주, 불똥 주)

執
다행히(幸) 좋은 환(丸)약을 구하여 잡으니 **잡을 집**
또 잡아서 집행하니 **집행할 집**

한자구조 행 환집(幸 丸執) - 幸과 丸執으로 된 글자

고생할 신, 매울 신, 여덟 째 천간 신(辛) 위에 한 일(一)이면 **행복할 행, 바랄 행(幸)**, 아홉
구, 클 구, 많을 구(九)에 점 주, 불똥 주(丶)면 **둥글 환, 알 환(丸)**, 둥글 환, 알 환(丸) 앞에
행복할 행, 바랄 행(幸)이면 **잡을 집, 집행할 집(執)**

- 욕구가 충족되어 부족감이 없는 상태는 幸福(행복). ① 행복하지 아니함. ② 행복하지 아니한 일, 또는 그런 운수는 不幸(불행).
- 행복한 운수, 좋은 운수는 幸運(행운), 반대말은 불운(不運).
- 뜻밖에 일이 잘되어 운이 좋음은 多幸(다행), 아주 다행함은 千萬多幸(천만다행).

6급 총8획
부수 干
happy, want

> [한자+] 福(복 복), 運(운전할 운, 옮길 운, 운수 운), 多(많을 다), 千(일천 천, 많을 천), 萬(많을 만, 일만 만), 천만(千萬) – '천이나 만'으로 아주 많은 수효를 이르는 말

- 둥글게 만든 약은 丸藥(환약). '탄알'로, 총탄·포탄 따위의 총칭은 彈丸(탄환).
- '언덕 위에서 알(공)을 굴림'으로, 어떤 세력에 힘입거나, 무엇을 이용하여 일을 꾀하면 쉽게 이루어지거나 잘 진전된다는 阪上走丸(판상주환)도 있네요.

3급 총3획
부수 丶
pellet, pill

> [한자+] 藥(약 약), 彈(탄알 탄, 튕길 탄), 阪(비탈 판), 上(위 상, 오를 상), 走(달릴 주, 도망갈 주)

- 권력을 잡음은 執權(집권). 어떤 것에 늘 마음이 쏠려, 잊지 못하고 매달림은 執着(집착). 잡아서 실제로 행함은 執行(집행). 자기중심의 좁은 생각에 집착하여, 다른 사람의 의견이나 입장을 고려하지 아니하고, 자기만을 내세우는 것은 我執(아집).
- 자기의 의견을 바꾸거나 고치지 않고 굳게 버팀, 또는 그렇게 버티는 성미는 固執(고집). 조금도 융통성 없이 자기주장만 계속 내세우는 일, 또는 그런 사람은 固執不通(고집불통), 또는 壅固執(옹고집)이지요.

3급Ⅱ 총11획
부수 土
hold, execute

> [한자+] 權(권세 권), 着(붙을 착, 입을 착), 行(다닐 행, 행할 행, 항렬 항), 我(나 아), 固(굳을 고, 진실로 고), 通(통할 통), 壅(막을 옹, 막힐 옹)

⓪③⑤ 건 대체(巾 帶滯)

巾	帶	滯
수건 **건**	찰 대, 띠 대	막힐 체, 머무를 체

수건 건(巾) = 冂(멀 경, 성 경) + ㅣ ('뚫을 곤'이지만 여기서는 사람으로 봄)
막힐 체, 머무를 체(滯) = 氵(삼 수 변) + 帶
이렇게 나눠놓고 보니 자연스럽게 어원이 나오네요. 먹은 음식이 잘 소화되지
않고 막힌 상태를 '체했다'라고 하는데, 여기에도 이 막힐 체, 머무를 체(滯)가
쓰였네요.

巾 성(冂)처럼 사람(ㅣ)이 몸에 두르는 수건이니 **수건 건**

 장식을 꿰어 만든 끈(卅)으로 덮어(冖) 수건(巾)처럼 둘러차는
띠니 **찰 대, 띠 대**
⊕ 冖(덮을 멱)

滯 물(氵)이 띠(帶) 모양의 둑에 막혀 머무르니 **막힐 체, 머무를 체**

 건 대체(巾 帶滯) - 巾과 帶로 된 글자

멀 경, 성 경(冂)에 뚫을 곤(ㅣ)이면 **수건 건**(巾), 장식을 꿰어 만든 끈(卅) 아래에 덮을 멱
(冖)과 수건 건(巾)이면 **찰 대, 띠 대**(帶), 찰 대, 띠 대(帶) 앞에 삼 수 변(氵)이면 **막힐 체, 머**
무를 체(滯)

巾

1급 총3획
부수 巾
towel

- 얼굴이나 몸을 닦기 위하여 만든 천 조각은 手巾(수건).

한자＋ 手(손 수, 재주 수, 재주 있는 사람 수)

帶

4급 II 총11획
부수 巾
wear, belt

- '아내를 찬 중'으로, 아내를 두고 살림하는 중은 帶妻僧(대처승). 손에 들거나 몸에 지니고 다님은 携帶(휴대).
- (기본이 되는 건축물 따위에) 띠처럼 붙어있는 시설은 附帶施設(부대 시설).
- 허리띠는 腰帶(요대), 영어로는 belt. 가죽으로 만든 띠는 革帶(혁대).
- '띠처럼 이어짐'으로, ① 여럿이 함께 무슨 일을 하거나 함께 책임을 짐. ② 한 덩어리로 서로 연결되어 있음은 連帶(연대), 두 사람 이상이 함께 지는 책임은 連帶責任(연대책임).

한자＋ 妻(아내 처), 僧(중 승), 携(가질 휴, 끌 휴), 附(붙을 부, 가까이할 부), 施(베풀 시), 設(세울 설, 베풀 설), 腰(허리 요), 革(가죽 혁, 고칠 혁), 連(이을 련), 責(꾸짖을 책, 책임 책), 任(맡을 임, 맡길 임)

滯

3급 II 총14획
부수 水(氵)
blocked, stay

- 세금 따위를 기한까지 내지 못하여 밀림은 滯納(체납). 마땅히 지급하여야 할 것을 지급하지 못하고 미룸은 滯拂(체불). ① 체하여 소화가 잘 안 되는 증세. ② (교통 따위의) '소통이 막힘'을 비유하여 이르는 말은 滯症(체증).
- 정한 기한에 약속을 지키지 못하고 지체함은 延滯(연체). (사물의 흐름이) 더 나아가지 못하고 한곳에 머물러 막힘은 停滯(정체). 어떤 현상이나 사물이 진전하지 못하고 제자리에 머무름은 沈滯(침체)지요.

한자＋ 納(들일 납, 바칠 납), 拂(떨칠 불), 症(병세 증), 延(끌 연, 늘일 연, 성씨 연), 停(머무를 정), 沈(잠길 침, 성씨 심)

０３６ 시자폐(市姉肺)

市	姉	肺
시장 **시**, 시내 **시**	손위 누이 **자**	허파 **폐**

시장 시, 시내 시(市) = 亠(머리 부분 두) + 巾(수건 건)
'저자 시'라고도 하는데, '저자'는 시장에서 물건을 파는 가게, 또는 그런 가게가
열리는 시장을 말하니, 현대에 맞게 '시장 시'로 바꾸었어요. 요즘은 모자를
쓰거나 다른 것으로 꾸미고 시장에 가지만, 옛날에는 수건으로라도 머리를
꾸미고 갔었나 봐요.

市
머리(亠)를 수건(巾)으로라도 꾸미고 갔던 시장이나 시내니
시장 시, 시내 시

姉
여자(女) 중 시장(市)에 갈 정도로 큰 손위 누이니 **손위 누이 자**
⊕ 女(여자 녀)

肺
몸(月)에서 시장(市)처럼 바쁜 허파니 **허파 폐**
⊕ 月(달 월, 육 달 월), 市[시장 시, 시내 시(市)의 변형으로 4획],
허파는 늘 숨을 쉬어야 하니 바쁘지요.

> [한자구조] **시자폐**(市姉肺) - 市로 된 글자
> 머리 부분 두(亠) 아래에 수건 건(巾)면 **시장 시, 시내 시**(市), 시장 시, 시내 시(市) 앞에 여
> 자 녀(女)면 **손위 누이 자**(姉), 시장 시, 시내 시(市)의 변형(市) 앞에 달 월, 육 달 월(月)이면
> **허파 폐**(肺)

市

7급 총5획
부수 巾
market, city

- 여러 가지 상품을 사고파는 일정한 장소는 市場(시장), 지방 자치단체인 시의 책임자는 市長(시장). 도시의 안, 또는 시의 구역 안은 市內(시내). 도시의 큰 거리는 市街地(시가지). 시(市)에 사는 사람은 市民(시민).

- '문 앞이 시장을 이룸'으로, 문 앞이 방문객으로 시장을 이루다시피 함은 門前成市(문전성시). 능력 있는 사람은 두메산골에 살아도 門前成市를 이루지만, 능력 없는 사람은 번화한 시장 거리에 살아도 무인도(無人島)에 사는 것처럼 적막하겠지요.

> 한자+ 場(마당 장, 상황 장), 長(길 장, 어른 장), 內(안 내), 街(거리 가), 地(땅 지, 처지 지), 民(백성 민), 門(문 문), 前(앞 전), 成(이룰 성), 無(없을 무), 島(섬 도)

姉

4급 총8획
부수 女
elder sister

- ① 여자 형제. ② 같은 계통에 속하여 밀접한 관계에 있음을 이르는 말은 姉妹(자매). '자매(姉妹)의 인연을 맺음'으로, 어떤 지역이나 단체가 다른 지역이나 단체와 서로 돕거나 교류하기 위하여 친선관계를 맺는 일은 姉妹結緣(자매결연).

- 손위 누이의 남편을 이르는 말은 姉兄(자형)이 맞지만, 매형(妹兄)으로도 쓰고, 손아래 누이의 남편을 이르는 말은 매제(妹弟)지요.

> 한자+ 妹(여동생 매), 結(맺을 결), 緣(인연 연), 兄(형 형, 어른 형), 弟(아우 제, 제자 제)

肺

3급 II 총8획
부수 肉(月)
lung

- 폐에 생기는 염증은 肺炎(폐염 → 폐렴). 폐에 생기는 병은 肺病(폐병). 허파 속에 최대한도로 공기를 빨아들여 다시 배출하는 공기의 양은 肺活量(폐활량).

- 심장과 폐를 아울러 이르는 말은 心肺(심폐). '심장과 허파를 보는 것 같음'으로, 남의 마음속을 꿰뚫어 보듯이 훤히 앎은 如見心肺(여견심폐).

> 한자+ 炎(불꽃 염, 더울 염, 염증 염), 病(병 병, 근심할 병), 活(살 활), 量(헤아릴 량, 용량 량), 如(같을 여), 見(볼 견, 뵐 현)

布	希	稀
베 포, 펼 포, 보시 **보**	바랄 **희**	드물 **희**, 희미할 **희**

베 포, 펼 포, 보시 보(布) = 𠂆['열 십, 많을 십(十)'의 변형] + 巾(수건 건)
바랄 희(希) = 乂(벨 예, 다스릴 예, 어질 예) + 布
드물 희, 희미할 희(稀) = 禾(벼 화) + 希
한자에서 가장 많은, 부수나 독립되어 쓰이는 한자로 나눠지는 글자들은
z = x + y 형식이 기본이고, z, x, y의 뜻은 이미 알고 있으니, 어째서 이런 구조
로 z라는 글자와 뜻을 나타냈는가만 생각해 보면 바로 어원이 나오지요.

布 많이(𠂆) 사용하는 수건(巾)처럼 베를 펴니 **베 포, 펼 포**
또 불교에서 펴 베푸는 보시니 **보시 보**

希 찢어진(乂) 베(布)옷이면 새 옷을 바라니 **바랄 희**
⊕ 乂(벨 예, 다스릴 예, 어질 예) - 1권 제목번호[053] 참고

稀 벼(禾) 같은 곡식은 바라는(希) 만큼 수확하기가 드무니 **드물 희**
또 드물어 희미하니 **희미할 희**

> 한자
> 구조 **포[보] 희희**(布 希稀) - 布와 希로 된 글자
>
> 열 십, 많을 십(十)의 변형(𠂆) 아래에 수건 건(巾)이면 **베 포, 펼 포, 보시 보**(布), 베 포, 펼
> 포, 보시 보(布) 위에 벨 예, 다스릴 예, 어질 예(乂)면 **바랄 희**(希), 바랄 희(希) 앞에 벼 화
> (禾)면 **드물 희, 희미할 희**(稀)

布

4급II 총5획
부수 巾
cloth, spread, a temple offering

- 베로 만든 자루는 布袋(포대). '베옷 입었을 때의 사귐'으로, 벼슬하기 전의 사귐, 또는 그렇게 사귄 벗을 이르는 말은 布衣之交(포의지교).
- 일반대중에게 널리 알림은 公布(공포). 신문이나 책자 따위를 널리 나누어 줌은 配布(배포). ① 액체나 가루 따위를 흩어서 뿌림. ② 금품이나 전단 따위를 여러 사람에게 나누어 줌은 撒布(살포). '펴고 폄'으로, 세상에 널리 펴 알림은 宣布(선포).
- 자비심으로 남에게 재물이나 불법을 베풂은 布施(보시).

> 한자◆ 袋(자루 대), 衣(옷 의), 交(사귈 교, 오고 갈 교), 公(공평할 공, 대중 공, 귀공자 공), 配(나눌 배, 짝 배), 撒(뿌릴 살), 宣(펼 선, 베풀 선), 施(행할 시, 베풀 시)

4급II 총7획
부수 巾
want

- 바라고 구함은 希求(희구). (앞일에 대하여 어떤 기대를 하고) 바람은 希望(희망).
- '숯불을 안고 서늘하기를 바람'으로, 행동과 목적이 어긋남을 이르는 말은 抱炭希凉(포탄희량)이네요.

> 한자◆ 求(구할 구), 望(바랄 망, 보름 망), 抱(안을 포), 炭(숯 탄), 凉(서늘할 량)

3급II 총12획
부수 禾
rare, faint

- 드물어서 진귀함은 稀貴(희귀). '드물고 엷음'으로, 일이 그렇게 될 가망이 적음은 稀薄(희박). 세상에 드묾은 稀世(희세)나 稀代(희대). '시대에 드물어 아직 듣지 못함'으로, 썩 드물어 아직 들어보지 못함은 稀代未聞(희대미문), '앞선 대에서 아직 듣지 못함'으로, 이제까지 들어 본 적이 없다는 전대미문(前代未聞)과 비슷하네요.
- 분명하지 못하고 어렴풋함은 稀微(희미).

> 한자◆ 貴(귀할 귀), 薄(엷을 박), 世(세대 세, 세상 세), 代(대신할 대, 세대 대, 대금 대, 시대 대), 未(아닐 미, 아직 ~ 않을 미), 聞(들을 문), 前(앞 전), 희대(稀代) - 세상(世上)에 드물어 흔히 없음. 微(작을 미, 숨을 미)

⓪③⑧ 두단두(豆短頭)

豆	短	頭
제기 두, 콩 두	짧을 단, 모자랄 단	머리 두, 우두머리 두

짧을 단, 모자랄 단(短) = 矢(화살 시) + 豆(제기 두, 콩 두)
짧고 모자람을 어찌 화살과 콩으로 나타냈을까?
활과 화살을 옆에 두고 다른 부족과 싸우며 농사짓던 옛날 사람들에게는 있을 수
있는 일이네요. 무엇을 말할 때 눈에 자주 보이는 것으로 예를 들어 말하니까요.

豆

제기(祭器)를 본떠서 **제기 두**

또 제기처럼 둥근 콩이니 **콩 두**

⊕ 제기(祭器) – 제사 때 쓰는 그릇

⊕ 祭(제사 제, 축제 제), 器(그릇 기, 기구 기)

- -

短

화살(矢)이 콩(豆)만 하여 짧고 모자라니 <u>짧을 단, 모자랄 단</u>

⊕ 矢(화살 시) - 2권 제목번호[101] 참고

- -

頭

콩(豆)처럼 둥근 머리(頁)니 **머리 두**

또 머리처럼 위에 있는 우두머리니 **우두머리 두**

⊕ 頁(머리 혈) - 2권 제목번호[124] 참고

[한자 구조] **두단두**(豆短頭) - 豆로 된 글자

제기(祭器)를 본떠서 **제기 두**(豆), 또 제기처럼 둥근 콩이니 **콩 두**(豆), 제기 두, 콩 두(豆)
앞에 화살 시(矢)면 **짧을 단, 모자랄 단**(短), 뒤에 머리 혈(頁)이면 **머리 두, 우두머리 두**(頭)

<table>
<tr>
<td>

豆

4급 II 총7획
부수 豆
bowl, bean

</td>
<td>

• 콩으로 만든 식품의 한 가지는 豆腐(두부). 콩에서 짜낸 기름은 豆油 (두유). 콩은 大豆(대두). (일반 콩보다 좀 작고) 푸른색의 콩은 綠豆 (녹두).

한자＋ 腐(썩을 부), 油(기름 유), 大(큰 대), 綠(푸를 록)

</td>
</tr>
</table>

<table>
<tr>
<td>

短

6급 총12획
부수 矢
short,
deficient

</td>
<td>

• 단기간(짧은 기간)은 短期(단기). 시간이나 거리 따위가 짧게 줄어듦, 또는 그렇게 줄임은 短縮(단축).

• ① 길고 짧음. ② 장점과 단점. ③ 곡조의 빠르고 느림은 長短(장단). (소리의) 높고 낮음과 길고 짧음은 高低長短(고저장단).

• 잘못되고 모자라는 점은 短點(단점), 반대말은 장점(長點). '긴 것을 끊어 짧은 것을 기움'으로, ① 긴 것은 자르고 짧은 것은 메워서 들쭉날쭉한 것을 곧게 함. ② 장점으로 결점을 보충함은 斷長補短(단장보단)이나 絕長補短(절장보단).

한자＋ 期(기간 기, 기약할 기), 縮(줄일 축), 長(길 장, 어른 장), 高(높을 고), 低(낮을 저), 點(점 점, 불 켤 점), 斷(끊을 단, 결단할 단), 補(기울 보, 보충할 보), 絕(끊을 절)

</td>
</tr>
</table>

<table>
<tr>
<td>

頭

6급 총16획
부수 頁
head, top

</td>
<td>

• 머리가 아픔은 頭痛(두통). 생각의 시초, 또는 마음속(마음의 속)은 念頭(염두). 어떤 일에 온 정신을 다 기울여 열중함은 沒頭(몰두). 여러 사람을 거느리는 우두머리는 頭領(두령).

• '(쥐가) 고양이 머리(목)에 방울 달기'로, 실행하지 못할 일을 공연히 의논만 함을 이르는 말은 猫頭懸鈴(묘두현령), 쥐가 고양이의 습격을 미리 막기 위한 수단으로, 고양이의 목에 방울을 다는 일을 의논하였으나 실행 불가능으로 끝났다는 우화에서 유래된 말이지요.

한자＋ 痛(아플 통), 念(생각 념), 沒(빠질 몰, 다할 몰, 없을 몰), 領(거느릴 령, 우두머리 령), 猫(고양이 묘), 懸(매달 현, 멀 현), 鈴(방울 령)

</td>
</tr>
</table>

0 3 9 두 야액(亠 夜液)

亠	夜	液
머리 부분 두	밤 야	진액 액, 즙 액

어느덧 해가 지고 어두워져 깜깜한 밤이네요.
저녁은 해가 질 무렵부터 밤이 되기까지의 사이고, 밤은 어두워진 때부터 다음
날 해가 떠서 밝아지기 전까지지요.
저녁과 밤은 구분되어 저녁은 저녁 석(夕), 밤은 밤 야(夜)인데, 영어로도
저녁은 evening, 밤은 night네요.

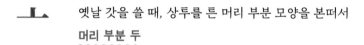

亠
옛날 갓을 쓸 때, 상투를 튼 머리 부분 모양을 본떠서
머리 부분 두

夜
머리(亠) 두르고 사람(亻)이 자는 저녁(夕)부터 이어지는(乀)
밤이니 밤 야
⊕亻(사람 인 변), 夕(저녁 석), 乀 ('파임 불'이지만 여기서는 이어
진 모양으로 봄)

液
물(氵)이 밤(夜)처럼 어두운 진액이나 즙이니 **진액 액, 즙 액**
⊕氵(삼 수 변)

[한자 구조] **두 야액(亠 夜液) - 亠와 夜로 된 글자**

옛날 갓을 쓸 때 상투를 튼 머리 부분을 본떠서 **머리 부분 두(亠)**, 머리 부분 두(亠) 아래에
사람 인 변(亻)과 저녁 석(夕), 파임 불(乀)이면 **밤 야(夜)**, 밤 야(夜) 앞에 삼 수 변(氵)이면
진액 액, 즙 액(液)

총2획
부수자
head

夜

6급 총8획
부수 夕
night

- 밤사이는 夜間(야간). 밤경치는 夜景(야경). 깊은 밤은 深夜(심야). 밤낮(밤과 낮을 아울러 이르는 말)은 晝夜(주야). 밤샘(잠을 자지 않고 밤을 보냄)은 徹夜(철야).
- '밤과 낮을 거두지(가리지) 않음'으로, 조금도 쉴 새 없이 일에 힘쓴다는 不撤晝夜(불철주야)는, 낮과 밤을 버리지(쉬지) 아니한다는 不舍晝夜(불사주야)와 비슷한 말이네요.

한자+ 間(사이 간), 景(볕 경, 경치 경, 클 경), 深(깊을 심), 晝(낮 주), 徹(거둘 철), 舍(집 사, 버릴 사)

液

4급 II 총11획
부수 水(氵)
juice .

- 일정한 부피는 가졌으나 일정한 형태를 가지지 못한 물질은 液體(액체). 액체로 된 거름은 液肥(액비). 액체와 고체의 중간 상태에 있는 물질은 液晶(액정).
- 피(사람이나 동물의 몸 안의 혈관을 돌며 산소와 영양분을 공급하고, 노폐물을 운반하는 붉은색의 액체)는 血液(혈액). (동물 체내에서의) 피의 순환은 血液循環(혈액순환).

한자+ 體(몸 체), 肥(살찔 비, 거름 비), 晶(수정 정, 맑을 정), 血(피 혈), 循(돌 순, 좇을 순), 環(고리 환, 두를 환)

망망맹(亡忘盲)

亡	忘	盲
망할 **망**, 달아날 **망**, 죽을 **망**	잊을 **망**	눈멀 **맹**, 시각장애인 **맹**, 무지할 **맹**

망할 망, 달아날 망, 죽을 망(亡)처럼 부수자가 아니더라도 여러 글자의 공통 부분이면, 공통 부분을 고정해 놓고, 이 공통 부분에 여러 글자를 붙여보는 방법도 아주 좋은 한자 학습법이지요.

亡
머리(亠)를 감추어야(ㄴ) 할 정도로 망하여 달아나니
망할 망, 달아날 망
또 망하여 죽으니 **죽을 망**
⊕ 亠(머리 부분 두), ㄴ (감출 혜, 덮을 혜, = 匚)

忘
망한(亡) 마음(心)처럼 잊으니 **잊을 망**
⊕ 心(마음 심, 중심 심)

盲
망한(亡) 눈(目)이면 눈먼 시각장애인이니 **눈멀 맹, 시각장애인 맹**
또 눈멀어 보지 못한 것처럼 무지하니 **무지할 맹**
⊕ 目(눈 목, 볼 목, 항목 목)

[한자구조] **망망맹**(亡忘盲) - 亡으로 된 글자
머리 부분 두(亠) 아래에 감출 혜, 덮을 혜(ㄴ, = 匚)면 **망할 망, 달아날 망, 죽을 망**(亡), 망할 망, 달아날 망, 죽을 망(亡) 아래에 마음 심, 중심 심(心)이면 **잊을 망**(忘), 눈 목, 볼 목, 항목 목(目)이면 **눈멀 맹, 시각장애인 맹, 무지할 맹**(盲)

5급 총3획
부수 亠
ruin, escape, die

- '몸을 망침'으로, 지위와 명망을 잃음은 亡身(망신). 망하여 없어짐은 滅亡(멸망).
- 몰래 피해 달아남, 또는 쫓기어 달아남은 逃亡(도망). 죽음은 死亡(사망).
- '입술이 망하면(없어지면) 이가 시림'으로, ① 이해관계가 서로 밀접하여 한쪽이 망하면 다른 한쪽도 위태로움. ② 서로 도우며 떨어질 수 없는 밀접한 관계, 또는 서로 도움으로써 성립되는 관계를 이르는 말은 脣亡齒寒(순망치한).

> 한자+ 身(몸 신), 滅(멸할 멸), 逃(달아날 도), 死(죽을 사), 脣(입술 순), 齒(이 치, 나이 치), 寒(찰 한)

3급 총7획
부수 心
forget

- 잊어버림은 忘却(망각). 연말에 그 해의 괴로움을 잊자고 갖는 모임은 忘年會(망년회), 새해를 맞이하여 베푸는 모임은 신년회(新年會). '편안한 가운데서도 늘 위험을 잊지 않음'으로, 늘 자신을 스스로 경계하여 언제 닥쳐올지 모르는 어려움에 대처함은 安不忘危(안불망위), 미리 준비되어 있으면 걱정할 것이 없다는 유비무환(有備無患)과 비슷한 말이네요.

> 한자+ 却(물리칠 각), 年(해 년, 나이 년), 會(모일 회), 新(새로울 신), 安(편안할 안), 危(위험할 위), 有(가질 유, 있을 유), 備(갖출 비), 無(없을 무), 患(근심 환)

3급 총8획
부수 目
blind, ignorant

- '눈먼 것 같은'으로, 주관이나 원칙 없이 덮어놓고 행동하는, 또는 그런 것은 盲目的(맹목적). 눈으로 사물을 전혀 볼 수 없는 사람은 盲人(맹인 - 시각장애인).
- '무지한 점'으로, 미처 생각이 미치지 못한 모순되는 점이나 틈은 盲點(맹점). '글에 무지함'으로, 배우지 못하여 글을 읽거나 쓸 줄을 모름, 또는 그런 사람은 文盲(문맹), 컴퓨터를 다룰 줄 모름은 컴맹처럼, 어디에 무지할 때 盲을 붙여 그 분야에 대하여 모름을 말하지요.

> 한자+ 的(과녁 적, 맞힐 적, 밝을 적, 접미사 적), 點(점 점, 불 켤 점), 文(무늬 문, 글월 문)

0 4 1 고고호(高稿豪)

高	稿	豪
높을 고	볏짚 고, 원고 고	굳셀 호, 호걸 호

머리 부분 두(亠)는 지붕을, 입 구, 말할 구, 구멍 구(口)는 창틀을, 멀 경, 성 경(冂)은 누각의 몸체를, 口는 출입구로 생각하고, 그런 누각을 본떠서 높을 고(高)를 만들었네요. 요즘이야 높은 건물도 많지만, 한자가 만들어지던 시절에는 보통보다 약간 높게 지은 누각이 높은 건물이었겠지요.

高 지붕(亠)과 창틀(口)과 몸체(冂)와 출입구(口) 있는 높은 누각을 본떠서 **높을 고**

稿 벼(禾)를 수확하고 높이(高) 쌓아 놓은 볏짚이니 **볏짚 고**
또 볏짚이 무엇의 재료가 되듯이 책의 재료가 되는 원고니 **원고 고**
⊕ 禾(벼 화), 옛날에는 볏짚을 이용하여 여러 가지 생활 도구를 만들었답니다.

豪 힘 센(亠) 멧돼지(豕)처럼 굳세고 뛰어난 호걸이니
굳셀 호, 호걸 호
⊕ 亠 [높을 고(高)의 획 줄임], 豕(돼지 시) - 2권 제목번호 [131] 참고

 고고호(高稿豪) - 高로 된 글자

지붕(亠)과 창틀(口)과 몸체(冂)와 출입구(口) 있는 높은 누각을 본떠서 **높을 고**(高), 높을 고(高) 앞에 벼 화(禾)면 **볏짚 고, 원고 고**(稿), 높을 고(高)의 획 줄임(亠) 아래에 돼지 시(豕)면 **굳셀 호, 호걸 호**(豪)

高

6급 II 총10획

부수 高

high

- 숭엄하고 고상함은 崇高(숭고). ① 가장 높음. ② 으뜸인 것, 또는 으뜸이 될 만한 것은 最高(최고)로, 가장 오래되었다는 최고(最古)와 동음이의어(同音異義語).
- '높은(많은) 나이', 또는 그런 나이가 된 사람은 高齡(고령), 한 사회에서 노인 인구의 비중이 높아지는 현상은 高齡化(고령화)나 노령화(老齡化)지요.

> 한자+ 崇(높일 숭, 공경할 숭), 最(가장 최), 古(오랠 고, 옛 고), 齡(나이 령), 化(될 화, 변화할 화, 가르칠 화), 老(늙을 로)

稿

3급 II 총15획

부수 禾

straw, manuscript

- 인쇄하거나 발표하기 위하여 쓴 글이나 그림 따위는 原稿(원고). 原稿를 쓴 데 대한 보수는 原稿料(원고료), 原稿料의 준말은 稿料(고료).
- 초벌로 쓴 원고는 草稿(초고). 원고를 고쳐 씀, 또는 고쳐 쓴 원고는 改稿(개고).
- 신문·잡지 따위에 싣기 위하여 원고를 써서 보냄, 또는 그 원고는 寄稿(기고). (신문사·잡지사 등에) 원고를 던짐(보냄)은 投稿(투고).

> 한자+ 原(언덕 원, 근원 원), 料(헤아릴 료, 재료 료, 값 료), 草(풀 초, 처음 초), 改(고칠 개), 寄(붙어살 기, 부칠 기), 投(던질 투)

豪

3급 II 총14획

부수 豕

strong, firm, hero

- (세력이나 실력이) 강하고 굳셈, 또는 그런 사람은 強豪(강호).
- 재주와 용기가 뛰어난 사람은 豪傑(호걸). '영웅(英雄)과 호걸(豪傑)'로, 지혜와 재능이 뛰어나고 용맹하여 보통 사람이 하기 어려운 일을 해내는 사람은 英雄豪傑(영웅호걸).
- 사치스럽고 화려함은 豪華(호화), 호화롭게 사치함, 또는 그런 사치는 豪奢(호사). 재산이 넉넉하고 세력이 있는 사람은 富豪(부호)로, '부자'로 순화하여 쓰지요.

> 한자+ 強(강할 강, 억지 강), 傑(뛰어날 걸, 호걸 걸), 英(꽃부리 영, 영웅 영), 雄(수컷 웅, 클 웅), 華(화려할 화, 빛날 화), 奢(사치할 사), 富(부자 부, 넉넉할 부)

享	亨	亭
누릴 **향**	형통할 **형**	정자 **정**

모양이 비슷한 글자들을 모아 만든 제목이네요.
구조만으로는 어려우니 구조와 아래에 있는 어원으로 구분하세요.
정자 정(亭) = 亠 [높을 고(高)의 획 줄임] + 丁(고무래 정, 못 정, 장정 정)
정자는 높은 곳에 지어 주위 경치도 보며 쉬도록 지음을 생각하고 만든 글자
네요.

 높은(亠) 학문을 배운 아들(子)이 행복을 누리니 **누릴 향**

 높은(亠) 학문을 마치면(了) 만사가 형통하니 **형통할 형**
⊕ 만사(萬事) – 여러 가지 온갖 일. + 萬(많을 만, 일만 만), 事(일
사, 섬길 사)

 높이(髙) 지어 장정(丁)들이 쉬도록 한 정자니 **정자 정**

> 한자
> 구조 **향형정(享亨亭)** - 高의 획 줄임(亠, 髙)으로 된 글자
>
> 높을 고(高)의 획 줄임(亠) 아래에 아들 자, 첫째 지지 자, 자네 자, 접미사 자(子)면 **누릴 향**
> (享), 마칠 료(了)면 **형통할 형**(亨), 높을 고(高)의 획 줄임(髙) 아래에 고무래 정, 못 정, 장정
> 정(丁)이면 **정자 정**(亭)

3급 총8획
부수 亠
enjoy

- '한평생 살아 누린 나이'로, 죽을 때의 나이를 말할 때 쓰는 말은 享年 (향년). 즐거움을 누림은 享樂(향락). ① 어떤 혜택을 받아 누림. ② 예술 적인 아름다움이나 감동 따위를 음미하고 즐김은 享受(향수)로, 고향을 그리워하는 마음이나 시름인 향수(鄕愁)와 동음이의어(同音異義語).
- 누려서 가짐은 享有(향유). 나라에서 지내는 제사, 또는 제사(祭祀)의 높임말은 祭享(제향).

한자+ 年(해 년, 나이 년), 樂(노래 악, 즐길 락, 좋아할 요), 受(받을 수), 鄕 (시골 향, 고향 향), 愁(근심 수), 有(가질 유, 있을 유), 祭(제사 제, 축제 제), 祀(제사 사)

3급 총7획
부수 亠
go well

- 일이 뜻과 같이 통함(잘되어 감)은 亨通(형통). 모든 일이 뜻대로 통함 은 萬事亨通(만사형통). 만 년 동안(항상) 뜻대로 잘됨은 萬年亨通 (만년형통)이지요.

한자+ 通(통할 통), 萬(많을 만, 일만 만), 事(일 사, 섬길 사), 年(해 년, 나이 년),

3급Ⅱ 총9획
부수 亠
a pavilion

- 경치가 좋은 곳에 놀거나 쉬기 위하여 지은 집은 亭子(정자).
- 마을 노인들이 모여서 즐길 수 있게 마련한 집이나 방은 老人亭(노인 정), 지붕을 여덟모가 되도록 지은 亭子는 八角亭(팔각정)처럼, 亭 은 명사 뒤에 붙어서 亭子의 뜻을 나타내는 말로 쓰이네요.
- '그림자도 쉬어가는 정자'라는 뜻의 식영정(息影亭)은, 전라남도 담양 군에 있는 조선시대 정자지요.

한자+ 老(늙을 로), 角(뿔 각, 모날 각, 겨룰 각), 息(쉴 식, 숨 쉴 식, 자식 식), 影(그림자 영)

⓪④③ 경 경영(京 景影)

京	景	影
서울 경	볕 경, 경치 경, 클 경	그림자 영

서울 경(京) = 亠 [높을 고(高)의 획 줄임] + 小(작을 소)
서울을 어찌 '높다'와 '작다'로 나타냈을까?
요즘은 정비가 잘되어서 좋아졌지만, 옛날에 서울 같은 큰 도시는 땅이 부족하여 높은 곳까지 집을 짓고 살았음을 생각하고 만든 글자네요.
볕 경, 경치 경, 클 경(景) = 日(해 일, 날 일) + 京
전기시설이 없었던 옛날에는 햇살이 비치는 낮에나 그 경치를 볼 수 있었고, 서울 경치는 더욱 크게 보였겠지요.

京 높은(亠) 곳에도 작은(小) 집들이 많은 서울이니 **서울 경**

景 햇(日)볕이 서울(京)을 비추면 드러나는 경치가 크니
볕 경, 경치 경, 클 경

影 볕(景)을 가려 머리(彡)결처럼 아른거리는 그림자니 **그림자 영**
⊕ 彡(터럭 삼, 긴 머리 삼)

한자구조 경 경영(京 景影) - 京과 景으로 된 글자

높을 고(高)의 획 줄임 아래에 작을 소(小)면 **서울 경**(京), 서울 경(京) 위에 해 일, 날 일(日)이면 **볕 경, 경치 경, 클 경**(景), 볕 경, 경치 경, 클 경(景) 앞에 터럭 삼, 긴 머리 삼(彡)이면 **그림자 영**(影)

京

6급 총8획
부수 亠
capital

- 서울로 돌아감은 歸京(귀경), 고향으로 돌아가거나 돌아옴은 귀향(歸鄉). (시골에서) 서울로 올라옴은 上京(상경). 서울과 시골을 아울러 이르는 말은 京鄉(경향).
- 서울과 춘천 사이를 잇는 철도는 京春線(경춘선), 서울과 인천을 잇는 철도는 京仁線(경인선)처럼, 서울과 이어지는 철도나 도로 명(名)에도 京이 쓰이네요.

한자+ 歸(돌아갈 귀, 돌아올 귀), 鄉(시골 향, 고향 향), 上(위 상, 오를 상), 春(봄 춘), 線(줄 선), 仁(어질 인), 名(이름 명, 이름날 명)

景

5급 총12획
부수 日
sunshine,
scenery, large

- 매매나 거래에 나타나는 호황 · 불황 따위의 경제활동 상태는 景氣(경기).
- 자연이나 지역의 모양은 景致(경치), 景觀(경관), 風景(풍경). 벌어진 일의 형편과 모양은 光景(광경). ① 뒤쪽의 경치. ② 둘러싼 주위의 정경. ③ 앞에 드러나지 아니한 채 뒤에서 돌보아 주는 힘은 背景(배경).
- 큰 복은 景福(경복), 서울에 있는 경복궁(景福宮)도 '큰 복이 있는 궁궐'이란 뜻이지요.

한자+ 氣(기운 기, 대기 기), 致(이룰 치, 이를 치), 觀(볼 관), 風(바람 풍, 풍속 · 경치 · 모습 · 기질 · 병 이름 풍), 光(빛 광, 풍광 광), 背(등 배, 등질 배), 福(복 복), 宮(집 궁, 궁궐 궁)

影

3급Ⅱ 총15획
부수 彡
shadow

- 그림으로 나타낸 모습은 影像(영상). 사람 · 사물 · 풍경 따위를 사진이나 영화로 찍음은 撮影(촬영).
- '그림자처럼 울림'으로, 한 가지 사물로 인하여 다른 것에 작용이 미치는 결과는 影響(영향). 어떤 사물의 효과나 작용이 다른 것에 미치는 힘, 또는 그 크기나 정도는 影響力(영향력). 나쁜 영향은 惡影響(악영향).

한자+ 像(모습 상, 본뜰 상), 撮(취할 촬, 사진 찍을 촬), 響(울릴 향), 惡(악할 악, 미워할 오)

⓪④④ 요소첨(夭笑添)

夭	笑	添
젊을 요, 예쁠 요, 일찍 죽을 요	웃을 소	더할 첨

젊을 요, 예쁠 요, 일찍 죽을 요(夭) = 丿('삐침 별'이지만 여기서는 '위'나 '기운 모양'으로 봄) + 大(큰 대)
'젊을 요, 예쁠 요'가 됨은 알겠는데, 어떻게 '일찍 죽을 요'도 될까요?

夭

위(丿)로 크게(大) 자라나는 모양이 젊고 예쁘니 **젊을 요, 예쁠 요**
또 기울어(丿) 큰(大) 뜻을 펼치지 못하고 일찍 죽으니
일찍 죽을 요

笑

대(竹)가 구부러지듯 허리 굽혀 예쁘게(夭) 웃으니 **웃을 소**
⊕ 竹[대 죽(竹)이 부수로 쓰일 때의 모양], 누구나 웃는 모습은 예쁘지요.

添

물(氵) 오른 젊은이(夭)의 마음(⺗)처럼 기쁨을 더하니 **더할 첨**
⊕ ⺗(마음 심 발) – 1권 제목번호[031] 주 참고

> **[한자구조]** **요소첨**(夭笑添) - 夭로 된 글자
> 삐침 별(丿) 아래에 큰 대(大)면 **젊을 요, 예쁠 요, 일찍 죽을 요**(夭), 젊을 요, 예쁠 요, 일찍 죽을 요(夭) 위에 대 죽(竹)이면 **웃을 소**(笑), 앞에 삼 수 변(氵), 아래에 마음 심 발(⺗)이면 **더할 첨**(添)

夭

1급 총4획
부수 大
young, lovely,
die young

- 젊어서 죽음은 夭折(요절).
- 오래 삶과 일찍 죽음은 壽夭(수요). '오래 살고 일찍 죽는 길고 짧은 것'으로, 수요(壽夭)를 강조하여 이르는 말은 壽夭長短(수요장단).

> 한자✦ 折(꺾을 절), 壽(목숨 수, 나이 수, 장수할 수), 長(길 장, 어른 장), 短(짧을 단, 모자랄 단)

笑

4급II 총10획
부수 竹(⺮)
laugh, smile

- (스스럼없이) 웃으며 이야기함은 談笑(담소). (소리 내지 않고) 작게 웃음은 微笑(미소). 손뼉 치며 크게 웃음은 拍掌大笑(박장대소). 비웃음(흉을 보듯이 빈정거리거나 업신여기는 웃음)은 嘲笑(조소).
- 한 번 화내면 그만큼 더 늙어지고, 한 번 웃으면 그만큼 더 젊어진다는 말은 一怒一老 一笑一少(일노일로 일소일소).
- 웃는(화목한) 집안에 많은 복이 깃든다는 말은 笑門萬福來(소문만복래).

> 한자✦ 談(말씀 담), 微(작을 미, 숨을 미), 拍(칠 박), 掌(손바닥 장), 嘲(조롱할 조), 怒(성낼 노), 老(늙을 로), 少(적을 소, 젊을 소), 門(문 문), 萬(많을 만, 일만 만), 福(복 복), 來(올 래)

添

3급 총11획
부수 水(氵)
add

- 더하고 보탬은 添加(첨가). 안건이나 문서 따위를 덧붙임은 添附(첨부). (시문·답안 등에 말을) 보태거나 삭제하여 고침은 添削(첨삭).
- '비단 위에 꽃무늬를 더함'으로, 좋은 일에 또 좋은 일이 더해짐은 錦上添花(금상첨화), 반대말은 설상가상(雪上加霜)이네요.

> 한자✦ 加(더할 가), 附(붙을 부, 가까이할 부), 削(깎을 삭), 錦(비단 금), 花(꽃 화), 雪(눈 설, 씻을 설), 霜(서리 상), 설상가상(雪上加霜) - 1권 제목번호 [097] 참고

⓪④⑤ 교교교(喬橋矯)

喬	橋	矯
높을 교	다리 교	바로잡을 교

다리 교(橋) = 木(나무 목) + 喬(높을 교)
건축자재가 별로 없었던 옛날에는 다리도 나무로 놓았으니 이런 글자가 나왔네요.
바로잡을 교(矯) = 矢(화살 시) + 喬
화살(矢)을 높이(喬) 쏘려면 곧게 바로잡아야 한다는 데서 만들어진 글자!
저항이 덜하게 곧아야 높이 나가지요.

喬 젊은(夭) 사람이 높이(髙) 올라가 높으니 **높을 교**
⊕ 髙 [높을 고(高)의 획 줄임]

橋 나무(木)를 높이(喬) 걸쳐 만든 다리니 **다리 교**

矯 화살(矢)을 높이(喬) 쏘려고 곧게 바로잡으니 **바로잡을 교**

 교교교(喬橋矯) - 喬로 된 글자

젊을 요, 예쁠 요, 일찍 죽을 요(夭) 아래에 높을 고(高)의 획 줄임(髙)이면 **높을 교(喬)**, 높을 교(喬) 앞에 나무 목(木)이면 **다리 교(橋)**, 화살 시(矢)면 **바로잡을 교(矯)**

喬

1급 총12획
부수 口
high, tall

- 줄기가 곧고 굵으며 높이가 8미터 넘게 자라는 나무로, 소나무·향나무 등의 큰키나무는 喬木(교목), 키가 작고 원줄기와 가지의 구별이 분명하지 않으며 밑동에서 가지를 많이 치는 나무로, 무궁화·진달래·앵두나무 등의 떨기나무는 관목(灌木)이지요.

> 한자╋ 木(나무 목), 灌(물 댈 관, 나무 더부룩이 날 관)

橋

5급 총16획
부수 木
bridge

- 시내나 강을 사람이나 차량이 건널 수 있게 만든 다리는 橋梁(교량). 육지와 섬을 이은 다리는 連陸橋(연륙교). '걸어서 드리운 다리'로, 양쪽 언덕에 줄이나 쇠사슬을 건너지르고, 거기에 의지하여 매달아 놓은 다리는 懸垂橋(현수교).
- ① 다리를 놓음. ② 서로 떨어져 있는 것을 이어 주는 사물이나 사실은 架橋(가교)로, "남북한 축구 대회는 통일을 위한 架橋가 될 것이다." 처럼 쓰이지요.

> 한자╋ 梁(들보 량, 다리 량), 連(이을 련), 陸(육지 륙), 懸(매달 현, 멀 현), 垂(드리울 수), 架(시렁 가, 꾸밀 가)

矯

3급 총17획
부수 矢
reform,
correct

- 바로잡아 인도함은 矯導(교도). 형이 확정된 사람이나, 재판 중인 사람을 수용하는 시설은 矯導所(교도소). (틀어지거나 굽은 것을) 곧게 바로잡음은 矯正(교정).
- '뿔을 바로잡으려다 소를 죽임'으로, 조그만 일을 고치려다 지나쳐 큰일을 그르침은 矯角殺牛(교각살우), 작은 것을 탐하다가 큰 것을 잃는다는 소탐대실(小貪大失)과 비슷한 뜻이네요.

> 한자╋ 導(인도할 도, 이끌 도), 所(장소 소, 바 소), 正(바를 정), 角(뿔 각, 모날 각, 겨룰 각), 殺(죽일 살, 빠를 쇄, 감할 쇄), 牛(소 우), 貪(탐낼 탐), 失(잃을 실)

0 4 6 의의표(衣依表)

衣	依	表
옷 의	의지할 의	겉 표

옷 의(衣)는 옷고름 있는 저고리를 본떠서 만든 글자로, 옷을 대표하거나 웃옷을 말할 때 쓰이지요.

부수로 쓰일 때는 '옷 의 변(衤)'으로, 보일 시, 신 시(示)가 부수로 쓰일 때의 '보일 시, 신 시 변(礻)'과 비슷하니 혼동하지 마세요.

겉 표(表) = 土(흙 토) + 衣

정말 기발한 생각으로 겉을 나타내는 글자를 만들었네요.

衣 옷고름 있는 저고리를 본떠서 **옷 의**

依 사람(亻)은 옷(衣)에 의지하니 **의지할 의**
⊕ 사람은 옷으로 부끄러운 부분도 가리고 추위도 막고, 멋있게 꾸미기도 하지요.

表 흙(土)이 옷(衣)에 묻은 겉이니 **겉 표**

한자
구조 **의의표**(衣依表) - 衣로 된 글자

옷고름 있는 저고리를 본떠서 **옷 의**(衣), 옷 의(衣) 앞에 사람 인 변(亻)이면 **의지할 의**(依), 위에 흙 토(土)면 **겉 표**(表)

- 옷은 衣服(의복). 저고리와 치마, 또는 옷은 衣裳(의상). 의복과 음식을 아울러 이르는 말은 衣食(의식). 옷을 벗음은 脫衣(탈의). 비단옷 입고(객지에서 성공하여) 고향으로 돌아옴은 錦衣還鄕(금의환향).
- 인간의 생존에 기본으로 필요한 것을, 옷 의(衣)를 먼저 써서 '의식주(衣食住)'라고 함은 인간에게 옷이 중요함을 강조한 것인데, 지금은 집, 식비, 통신비 순으로 중요하고 돈이 많이 든다고 주식통(住食通)이라 하기도 하네요.

> 한자+ 服(옷 복, 먹을 복, 복종할 복), 裳(치마 상), 食(밥 식, 먹을 식), 脫(벗을 탈), 錦(비단 금), 還(돌아올 환), 鄕(시골 향, 고향 향), 住(살 주, 사는 곳 주), 通(통할 통)

- 다른 것에 몸을 기댐, 또는 그렇게 하는 대상은 依支(의지), 어떠한 일을 이루고자 하는 마음은 意志(의지). 다른 것에 의지하여 생활하거나 존재함은 依存(의존). 의존하는 정도는 依存度(의존도). 남에게 의지함은 依他(의타).
- (어떤 것에 몸이나 마음을) 의지하여 맡김은 依託(의탁). '의지할 곳도 없고 부탁할 곳도 없음'으로, 의지하고 의탁할 곳이 없어서 몹시 가난하고 외로움은 無依無托(무의무탁).

> 한자+ 支(다룰 지, 가를 지, 지출할 지), 意(뜻 의), 志(뜻 지), 存(있을 존), 度(법도 도, 정도 도, 헤아릴 탁), 他(다를 타, 남 타), 託(부탁할 탁, 맡길 탁), 無(없을 무), 托(받칠 탁, 맡길 탁)

- 겉면은 表面(표면). 겉으로 드러냄은 表出(표출). ① 생각이나 느낌 따위를 언어나 몸짓 따위의 형상으로 드러내어 나타냄. ② 눈앞에 나타나 보이는 사물의 이러저러한 모양과 상태는 表現(표현). ① 전체의 상태나 성질을 어느 하나로 잘 나타냄, 또는 그런 것. ② 전체를 대표하는 사람은 代表(대표). 어떤 사실이나 결과, 작품 따위를 세상에 널리 드러내어 알림은 發表(발표).
- '겉과 속이 다름'으로, 마음이 음흉해서 겉과 속이 다름은 表裏不同(표리부동), "빛 좋은 개살구", "웃음 속에 칼이 있다"라는 속담과 비슷한 뜻이네요.

> 한자+ 面(얼굴 면, 향할 면, 볼 면, 행정구역의 면), 出(나올 출, 나갈 출), 現(이제 현, 나타날 현), 代(대신할 대, 세대 대), 發(쏠 발, 일어날 발), 裏(속 리, = 裡), 同(한 가지 동, 같을 동)

047 재재재(才材財)

才	材	財
재주 **재**, 바탕 **재**	재목 **재**, 재료 **재**	재물 **재**

材 (재목 재, 재료 재) = 木 (나무 목) + 才
문명이 발달한 오늘날에는 여러 가지 재료가 많지만, 옛날에는 재료 대부분이 나무
나 흙, 물이었기 때문에 재목 재, 재료 재(材)에도 나무 목(木)이 들어갔네요.
재주 재, 바탕 재(才)는 눈으로 볼 수 없는 본바탕의 재주,
재목 재, 재료 재(材)는 무엇을 만들 때의 재료로 구분하세요.

才
땅(一)에 초목(丿)의 싹(丿)이 자라나듯이, 사람에게도 있는
재주와 바탕이니 **재주 재, 바탕 재**

⊕ 一 ('한 일'이지만 여기서는 땅으로 봄), 丿 ('갈고리 궐'이지만 여
기서는 초목으로 봄), 丿 ('삐침 별'이지만 여기서는 싹으로 봄), 초
목은 처음에는 작지만, 자라면 꽃도 피고 열매도 맺고 큰 재목도 되
는 것처럼, 사람에게도 그런 재주와 바탕이 있다는 데서 만들어진
글자

材
나무(木) 중 무엇의 바탕(才)이 되는 재목이나 재료니 **재목 재,
재료 재**

財
돈(貝) 버는 재주(才)가 있어 늘어나는 재물이니 **재물 재**

⊕ 貝 (조개 패, 재물 패, 돈 패)

한자
구조 **재재재(才材財)** - 才로 된 글자

한 일(一)에 갈고리 궐(丿)과 삐침 별(丿)이면 **재주 재, 바탕 재**(才), 재주 재, 바탕 재(才) 앞
에 나무 목(木)이면 **재목 재, 재료 재**(材), 조개 패, 재물 패, 돈 패(貝)면 **재물 재**(財)

才

6급 총3획
부수 手(扌)
talent, nature

- 재주와 능력은 才能(재능). 재주가 빼어난 사람은 秀才(수재), 둔한 재주, 또는 재주가 둔한 사람은 鈍才(둔재). '많은 재주와 많은 능력'으로, 재주와 능력이 여러 가지로 많음은 多才多能(다재다능)인데, 소재소능(少才少能)처럼 글자를 바꾸면 반대말이 되네요. 多才多能에 노력과 정성(精誠)까지 더하면 금상첨화(錦上添花)겠지요.

> 한자+ 能(능할 능), 秀(빼어날 수), 鈍(둔할 둔), 多(많을 다), 少(적을 소, 젊을 소), 精(정밀할 정, 찧을 정), 誠(정성 성), 錦(비단 금), 添(더할 첨), 花(꽃 화)

材

5급 총7획
부수 木
timber,
material

- ① 재료로 쓰는 나무. ② '큰일을 할 인물'을 비유하여 이르는 말은 材木(재목).
- 물건을 만드는 바탕으로 쓰이는 것은 材料(재료). 어떤 것을 만드는 데 바탕이 되는 재료는 素材(소재). 어떤 일을 할 수 있는 학식이나 능력을 갖춘 사람은 人材(인재). 작품이나 기사에 필요한 재료나 제재(題材)를 조사하여 얻음은 取材(취재).
- '알맞은 재목을 알맞은 곳에'로, 어떤 일에 적당한 재능을 가진 자에게 적합한 지위나 임무를 맡김은 適材適所(적재적소).

> 한자+ 木(나무 목), 料(헤아릴 료, 재료 료, 값 료), 素(흴 소, 바탕 소, 요소 소, 소박할 소), 題(제목 제, 문제 제), 取(취할 취, 가질 취), 適(알맞을 적, 갈 적), 所(장소 소, 바 소)

財

5급 총10획
부수 貝
property

- 돈이나 값나가는 물건을 통틀어 일컫는 말은 財物(재물). 재물을 모아서 쌓음은 蓄財(축재). 재화와 자산을 통틀어 이르는 말은 財産(재산). 재화나 자금이 나올 원천은 財源(재원).
- 돈에 관한 여러 가지 일, 또는 개인 · 가계 · 기업 따위의 경제 상태는 財政(재정).
- 집안 살림에 쓰는 온갖 물건은 家財道具(가재도구).

> 한자+ 物(물건 물), 畜(쌓을 축), 産(낳을 산), 源(근원 원), 政(다스릴 정), 家(집 가, 전문가 가), 道(길 도, 도리 도, 말할 도, 행정구역의 도), 具(갖출 구, 기구 구)

寸	村	討
마디 촌, 법도 촌	마을 촌	칠 토, 토론할 토

마디 촌, 법도 촌(寸)은 재주 재, 바탕 재(才)와 비슷한데, 삐침 별(丿) 대신에 점 주, 불똥 주(丶)를 붙여 맥박을 나타냈네요.

1寸은 손목에서 손가락 하나를 끼워 넣을 수 있는 거리에 있는 맥박이 뛰는 곳까지로, 손가락 하나의 폭인 약 3cm지요.

寸

손목(→寸)에서 맥박(丶)이 뛰는 곳까지의 마디니 <u>마디 촌</u>

또 마디마디 살피는 법도니 <u>법도 촌</u>

村

나무(木)를 마디마디(寸) 이용하여 집을 지은 마을이니 <u>마을 촌</u>

討

말(言)로 마디마디(寸) 치며 토론하니 <u>칠 토, 토론할 토</u>

[한자구조] **촌촌토**(寸村討) - 寸으로 된 글자

손목(→寸)에서 맥박(丶)이 뛰는 곳까지의 마디니 **마디 촌**(寸), 또 마디마디 살피는 법도니 **법도 촌**(寸), 마디 촌, 법도 촌(寸) 앞에 나무 목(木)이면 **마을 촌**(村), 말씀 언(言)이면 **칠 토, 토론할 토**(討)

8급 총3획
부수 寸
gnarl, law

- 아주 짧은 시간은 寸刻 (촌각). ① 짧은 단편적인 연극. ② 사람들의 이목을 끄는 우발적이고 우스꽝스러운 일을 비유적으로 이르는 말은 寸劇 (촌극). '마디(조그마한) 뜻'으로, 자기 마음을 낮추어 이르는 말은 寸志 (촌지). 아버지 친형제 자매의 아들이나 딸과의 촌수는 四寸 (사촌).

- '지름이 한 자나 되는 보옥(寶玉)도 보물이 아니니, 한 마디의 광음(시간)도 다투어라(아껴 써라).'라는 말은 尺璧非寶 (척벽비보) 寸陰是競 (촌음시경)으로, 시간의 중요함을 강조한 말이지요.

> 한자+ 刻(새길 각, 시각 각), 劇(심할 극, 연극 극), 志(뜻 지), 寶(보배 보), 玉(구슬 옥), 尺(자 척), 璧(둥근 옥 벽), 非(어긋날 비, 아닐 비, 나무랄 비), 陰(그늘 음), 是(옳을 시, 이 시, ~이다 시), 競(겨룰 경, 다툴 경)

7급 총7획
부수 木
village

- 시골에 몇 집씩 떨어져 이루어진 마을은 村落 (촌락).

- 강가에 있는 마을은 江村 (강촌). 산에 있는 마을은 山村 (산촌). 주민의 대부분이 농업에 종사하는 마을은 農村 (농촌). 어민(漁民)들이 모여 사는 바닷가 마을은 漁村 (어촌). 촌으로 돌아가거나 돌아옴은 歸村 (귀촌)으로, 다른 일을 하던 사람이 그 일을 그만두고 농사를 지으려고 농촌으로 돌아간다는 말인 귀농(歸農)과 약간 다르네요.

> 한자+ 落(떨어질 락, 부락 락), 江(강 강), 農(농사 농), 漁(고기 잡을 어), 民(백성 민), 歸(돌아올 귀, 돌아갈 귀)

3급 총10획
부수 言
attack, discuss

- 군대를 보내어 침은 討伐 (토벌). 어떤 사실이나 내용을 분석하여 따짐은 檢討 (검토).

- 어떤 문제에 대하여 각각 의견을 말하며 논의함은 討論 (토론), 가장 좋은 해답을 얻기 위해 의견을 나누고 협의함은 討議 (토의)로, 討論은 자신의 논리를 주장하는 점이 강하지만, 討議는 더 좋은 의견이 있으면 수용하려는 점이 다르지요.

- 무르익게(충분히) 헤아리고 의견을 나누어 토의함은 爛商討議 (난상토의).

> 한자+ 伐(칠 벌), 檢(검사할 검), 論(논할 론, 평할 론), 議(의논할 의), 爛(빛날 란, 무르익을 란), 商(장사할 상, 헤아릴 상), 난상(爛商) - '무르익게 헤아림'으로, 충분히 의논함, 또는 그런 의논.

049 부부부(付附符)

付	附	符
줄 **부**, 부탁할 **부**	붙을 **부**, 가까이할 **부**	부절 **부**, 부호 **부**, 들어맞을 **부**

줄 부, 부탁할 부(付)가 공통 부분인 기본자
줄 부, 부탁할 부(付) = 亻(사람 인 변) + 寸(마디 촌, 법도 촌)
붙을 부, 가까이할 부(附) = 阝(언덕 부 변) + 付
부절 부, 부호 부, 들어맞을 부(符) = 竹(대 죽) + 付

付 사람(亻)들은 촌(寸)수 가까운 친척끼리 서로 주기도 하고
부탁도 하니 **줄 부, 부탁할 부**

附 언덕(阝)이 산에 부탁하는(付) 모양으로 붙어 가까이하니
붙을 부, 가까이할 부
⊕阝(언덕 부 변)

符 대(竹)쪽에 글을 써 주었다가(付) 나중에 증거로 삼는
부절이나 부호니 **부절 부, 부호 부**
또 부절처럼 들어맞으니 **들어맞을 부**

> **한자 구조** **부부부**(付附符) - 付로 된 글자
> 사람 인 변(亻)에 마디 촌, 법도 촌(寸)이면 **줄 부, 부탁할 부**(付), 줄 부, 부탁할 부(付) 앞에
> 언덕 부 변(阝)이면 **붙을 부, 가까이할 부**(附), 위에 대 죽(竹)이면 **부절 부, 부호 부, 들어맞을 부**(符)

122 PART 07 (043~049)

付

3급II 5획
부수 人(亻)
give, request

- (증서 · 영장 따위를) 발행하여 줌은 發付(발부). 세금이나 공과금 따위를 관계기관에 냄은 納付(납부). ① 재물 따위를 대어 줌. ② 채권에 대한 채무자가 하여야 할 행위는 給付(급부). (쌍방이 의무를 지는 계약에서) 한쪽의 給付에 대하여, 다른 한쪽이 해야 할 그와 대등한 給付는 反對給付(반대급부).
- 청하거나 맡김은 付託(부탁). 말로 단단히 부탁함, 또는 그런 부탁은 當付(당부).

> 한자➕ 發(쏠 발, 일어날 발), 納(들일 납, 바칠 납), 給(줄 급), 反(거꾸로 반, 뒤집을 반), 對(상대할 대, 대답할 대), 託(부탁할 탁, 맡길 탁), 當(마땅할 당, 당할 당)

附

3급II 총8획
부수 阜(阝)
add to,
attached

- 주된 것에 덧붙임은 附加(부가). (생산 과정을 거치면서) 더해진 가치는 附加價値(부가가치). (본문의 끝에) 덧붙이는 기록은 附錄(부록). 사람에게 권리 · 명예 · 임무 따위를 지니도록 해 주거나, 사물이나 일에 가치 · 의의 따위를 붙여 줌은 附與(부여). 자선사업이나 공공사업을 돕기 위하여, 돈이나 물건 따위를 대가 없이 내놓음은 寄附(기부). 안건이나 문서 따위를 덧붙임은 添附(첨부). (어떤 곳을 중심으로) 가까운 곳은 附近(부근).

> 한자➕ 加(더할 가), 價(값 가, 가치 가), 値(값 치), 錄(기록할 록), 與(줄 여, 더불 여, 참여할 여), 寄(붙어살 기, 부칠 기), 添(더할 첨), 近(가까울 근, 비슷할 근)

符

3급II 총11획
부수 竹(⺮)
tally, symbol,
coincidence

- 예전에, 돌이나 대나무 · 옥 따위로 만들어 신표(信標)로 삼던 물건은 符節(부절).
- 어떠한 뜻을 나타내기 위하여 정한 기호는 符號(부호). (어떤 현상이나 대상이) 서로 꼭 들어맞음은 符合(부합). '부절(符節)같이 꼭 들어맞음'으로, 사물이 조금의 어긋남도 없이 꼭 들어맞음은 如合符節(여합부절)이나 若合符節(약합부절)이네요.

> 한자➕ 信(믿을 신, 소식 신), 標(표시할 표, 표 표), 節(마디 절, 절개 절, 계절 절), 號(부르짖을 호, 이름 호, 부호 호), 合(합할 합, 맞을 합), 如(같을 여), 若(만약 약, 같을 약, 반야 야)

050 사시시(寺詩時)

寺	詩	時
절 사	시 시	때 시

절 사(寺) = 土(흙 토) + 寸(마디 촌, 법도 촌)
어느 사회에나 일정한 규칙이 있지만, 절 같은 사원(寺院)은 더욱 엄격함을 생각하니 쉽게 풀어지네요.
시 시(詩) = 言(말씀 언) + 寺(절 사)
말을 절에서 하면 詩인가? 어찌 이런 구조로 詩를 나타냈을까요?
詩는 다른 문학 장르에 비해 말을 아끼고 경건하게 지음을 생각하니 바로 이해 되네요. 그래서 詩를 '언어(言語)의 사원(寺院)'이라고도 하지요.
+ 院(집 원, 관청 원), 言(말씀 언), 語(말씀 어)

寺   일정한 땅(土)에서 법도(寸)를 지키며 수도하는 절이니 **절 사**

詩   말(言)을 아끼고 절(寺)에서처럼 경건하게 지은 시니 **시 시**

時   (해시계로 시간을 재던 때에)
해(日)의 위치에 따라 절(寺)에서 종을 쳐 알리던 때니 **때 시**
⊕ 옛날에는 절에서 종을 쳐 시간을 알렸답니다.

> 한자구조 **사시시(寺詩時)** - 寺로 된 글자 1
> 흙 토(土) 아래에 마디 촌, 법도 촌(寸)이면 **절 사(寺)**, 절 사(寺) 앞에 말씀 언(言)이면 **시 시(詩)**, 해 일, 날 일(日)이면 **때 시(時)**

寺

4급Ⅱ 총6획
부수 寸
temple

- 절 · 교회 등의 종교기관은 寺院(사원). 절은 寺刹(사찰).

> 한자+ 刹(짧은 시간 찰, 절 찰)

詩

4급Ⅱ 총13획
부수 言
poetry, verse

- 가사(歌詞)를 포함한 시문학을 통틀어 이르는 말, 또는 시와 노래는 詩歌(시가). 시가와 산문을 아울러 이르는 말은 詩文(시문). ① 시를 짓기 위한 착상이나 구상. ② 시에 나타난 사상이나 감정. ③ 시적인 생각이나 상념은 詩想(시상).
- 시흥(詩興)이 생기는 마음은 詩心(시심). 시를 짓는 사람은 詩人(시인). 어린이가 지은 시, 또는 어린이를 위한 시는 童詩(동시).

> 한자+ 歌(노래 가), 詞(말씀 사), 文(무늬 문, 글월 문), 想(생각할 상), 興(흥할 흥, 흥겨울 흥), 心(마음 심, 중심 심), 童(아이 동)

時

7급 총10획
부수 日
time

- 해 · 달 · 날 · 시를 아울러 이르는 말은 年月日時(연월일시). 같은 시간에 많이 발생함은 同時多發(동시다발).
- 한때의 분한 마음을 참으면 백 일 동안의 근심을 면한다는 말은 忍一時之忿(인일시지분) 免百日之憂(면백일지우)네요.

> 한자+ 年(해 년, 나이 년), 月(달 월, 육 달 월), 同(한 가지 동, 같을 동), 多(많을 다), 發(쏠 발, 일어날 발), 忍(참을 인), 忿(성낼 분), 免(면할 면), 百(일백 백, 많을 백), 憂(근심할 우)

0 5 1 지대특(持待特)

持	待	特
가질 **지**	대접할 **대**, 기다릴 **대**	특별할 **특**

특별할 특(特) = 牜(소 우 변) + 寺
소가 절에 가는 것은 특별한 일이지요.
정말 기발한 생각으로 글자를 만들었네요.
한자를 어원으로 생각하면서 익히는 것은 만고불변의 진리도 터득하고,
기발한 아이디어도 배우는 일이지요.

持
손(扌)에 절(寺)에서 염주를 가지듯 가지니 **가질 지**
⊕ 염주(念珠) – 불교에서 염불할 때, 손으로 돌려 개수를 세거나 손목 또는 목에 거는 것.
⊕ 念 (생각할 념), 珠 (구슬 주)

待
천천히 걸어(彳) 절(寺)에 가며, 뒤에 오는 사람을 대접하여 같이 가려고 기다리니 **대접할 대, 기다릴 대**
⊕ 彳(조금 걸을 척)

特
소(牜)가 절(寺)에 가는 일처럼 특별하니 **특별할 특**

> **한자구조** 지대특(持待特) - 寺로 된 글자 2
> 절 사(寺) 앞에 손 수 변(扌)이면 **가질 지**(持), 조금 걸을 척(彳)이면 **대접할 대, 기다릴 대**(待), 소 우 변(牜)이면 **특별할 특**(特)

持

- 가지고 오래 버티는 힘은 持久力(지구력). (오랫동안 낫지 않아) 늘 가지고 있는 병은 持病(지병). 어떤 상태가 오래 계속됨, 또는 어떤 상태를 오래 계속함은 持續(지속). 어떤 사람이나 단체의 의견에 찬동하여 이를 위하여 힘을 씀, 또는 무거운 물건을 받치거나 버팀은 支持(지지). 어떤 상태나 상황을 그대로 보존하거나 변함없이 계속하여 지탱함은 維持(유지).

> 한자+ 久(오랠 구), 力(힘 력), 病(병 병, 근심할 병), 續(이을 속), 支(다룰 지, 가를 지, 지출할 지), 維(벼리 유, 묶을 유, 끈 유)

待

- 마땅한 예로써 대함, 또는 음식을 차려 접대함은 待接(대접). '차갑게 대함'으로, 정성 들이지 않고 아무렇게나 하는 대접, 즉 푸대접은 冷待(냉대). 기쁘게(반갑게) 맞아 정성껏 대접함은 歡待(환대). 몹시 괴롭히거나 가혹하게 대우함, 또는 그런 대우는 虐待(학대).
- (준비를 마치고) 때를 기다림은 待期(대기). 사람으로서 할 수 있는 일을 다 하고 나서 천명을 기다림은 盡人事待天命(진인사대천명)이나 修人事待天命(수인사대천명).

> 한자+ 接(이을 접, 대접할 접), 冷(찰 냉), 歡(기뻐할 환), 虐(모질 학, 학대할 학), 期(기간 기, 기약할 기), 盡(다할 진), 事(일 사, 섬길 사), 天(하늘 천), 命(명령할 명, 목숨 명, 운명 명), 修(닦을 수, 다스릴 수)

特

- 보통과 구별되게 다름은 特別(특별). 특별한 재주는 特技(특기). 특별히 지정함은 特定(특정). 다른 것에 비하여 특별히 눈에 뜨이는 점은 特徵(특징). 특별한 혜택은 特惠(특혜).
- ① 특별히 다름. ② 어떤 종류 전체에 걸치지 아니하고 부분에 한정됨, 또는 그런 것. ③ 평균적인 것을 넘음은 特殊(특수). 특별히 뛰어남은 特秀(특수). 특별한 상황에서 발생하는 수요는 特需(특수).

> 한자+ 別(나눌 별, 다를 별), 技(재주 기), 定(정할 정), 徵(부를 징, 음률 이름 치), 惠(은혜 혜, 어질 혜), 殊(다를 수), 秀(빼어날 수), 需(구할 수, 쓸 수)

신 사사(身 射謝)

身	射	謝
몸 신	쏠 사	사례할 사, 사절할 사, 빌 사

쏠 사(射) = 身(몸 신) + 寸(마디 촌, 법도 촌)
활이나 총을 몸에 대고 조준하여 손마디로 당겨 쏜다는 글자네요.
사례할 사, 사절할 사, 빌 사(謝) = 言(말씀 언) + 射
謝처럼 한 글자에 여러 뜻이 있으면, 무조건 외는 시간에 왜 이런 뜻도
붙었는지 생각해서 익히면, 잘 익혀지고 오래 잊히지도 않지요.

身   아이 밴 여자의 몸(身)을 본떠서 <u>몸 신</u>

射   활이나 총을 몸(身)에 대고 조준하여 손마디(寸)로 당겨 쏘니
<u>쏠 사</u>

謝   말(言)을 쏘듯이(射) 갈라 끊어 분명하게 사례하고 사절하며
비니 **사례할 사, 사절할 사, 빌 사**
⊕ 言(말씀 언)

> **한자구조** 신 사사(身 射謝) - 身과 射로 된 글자
>
> 아이 밴 여자의 몸(身)을 본떠서 **몸 신**(身), 몸 신(身) 뒤에 마디 촌, 법도 촌(寸)이면 **쏠 사**
> (射), 쏠 사(射) 앞에 말씀 언(言)이면 **사례할 사, 사절할 사, 빌 사**(謝)

身

6급 총7획
부수 身
body

- '몸길이'로, 사람의 키는 身長 (신장). 어떤 지방이나 가정 · 파벌 · 학교 · 직업 따위에서 규정되는 사회적인 신분이나 이력 관계는 出身 (출신). 온몸은 全身 (전신).
- 그 사람의 몸, 또는 바로 그 사람을 이르는 말은 自身 (자신)으로, 어떤 일을 해낼 수 있다거나, 어떤 일이 꼭 그렇게 되리라 스스로 굳게 믿는다는 자신 (自信)과 동음이의어
- '밝고 밝게 몸을 보호함'으로, 이치에 밝고 분별력이 있어 적절한 행동으로 자신을 잘 보전함은 明哲保身 (명철보신).

> 한자➕ 長(길 장, 어른 장), 出(나올 출, 나갈 출), 全(온전할 전), 自(자기 자, 스스로 자, 부터 자), 信(믿을 신, 소식 신), 明(밝을 명), 哲(밝을 철, = 喆), 保(지킬 보, 보호할 보)

射

4급 총10획
부수 寸
shoot

- (총 등을) 쏘아 침은 射擊 (사격). 활 · 총포 · 로켓이나 광선 · 음파 따위를 쏘는 일은 發射 (발사). 약액을 주사기에 넣어 생물체 속에 직접 주입하는 일은 注射 (주사).
- '조건에 따른 반사'로, 동물이 환경에 적응하기 위하여 후천적으로 획득하는 반사 작용은 條件反射 (조건반사)로, 밥을 줄 때마다 방울을 울리면 나중에는 방울만 울려도 개가 침을 흘리게 되는 현상 같은 것, 반대말은 無條件反射 (무조건반사)지요.

> 한자➕ 擊(칠 격), 發(쏠 발, 일어날 발), 注(물댈 주, 쏟을 주), 條(가지 조, 조목 조), 件(물건 건, 사건 건), 反(거꾸로 반, 뒤집을 반), 반사(反射) - '거꾸로 쏨'으로, 의지와는 관계없이, 자극에 대하여 일정한 반응을 기계적으로 일으키는 현상. 無(없을 무)

謝

4급Ⅱ 총17획
부수 言
thank,
refuse, beg

- 고마운 뜻을 상대에게 예의를 갖추어 나타냄은 謝禮 (사례). ① 고마움을 나타내는 인사. ② 고맙게 여김, 또는 그런 마음은 感謝 (감사). 한 해에 한 번씩 가을 곡식을 거둔 뒤에 하나님께 감사예배를 올리는 날은 秋收感謝節 (추수감사절).
- 요구나 제의를 받아들이지 않고 물리침은 謝絶 (사절).
- 자기의 잘못을 인정하고 용서를 빎은 謝過 (사과). 지은 죄에 대하여 용서를 빎은 謝罪 (사죄).

> 한자➕ 禮(예도 례), 感(느낄 감), 秋(가을 추), 收(거둘 수), 節(마디 절, 절개 절, 계절 절, 명절 절), 絶(끊을 절, 죽을 절, 가장 절), 過(지날 과, 지나칠 과, 허물 과), 罪(허물 죄)

⓪⑤③ 봉[풍] 해할(丰 害割)

丰	害	割
풀 무성할 **봉**, 예쁠 **봉**, 풍성할 **풍**	해칠 **해**, 방해할 **해**	벨 **할**, 나눌 **할**

숫자를 잘 몰랐던 옛날에는 일(一)에 뚫을 곤(丨)이 하나면 열 십(十), 둘이면 스물 입(卄), 셋이면 서른 삽(卅)으로 썼는데, 풀 무성할 봉, 예쁠 봉, 풍성할 풍(丰)은 일(一) 셋(三)에 뚫을 곤(丨)이 하나인 구조네요.
우리나라에서 丰은 단독으로는 잘 쓰이지 않고 글자의 구성성분으로만 쓰이지만, 중국어에서는 풍성할 풍(豊)의 간체자로 쓰입니다.

丰 풀이 무성하게 자란 모양이 예쁘니 **풀 무성할 봉, 예쁠 봉**
또 재물이 삼(三)대까지 이어질(丨) 정도로 풍성하니 **풍성할 풍**

害 집(宀)에서 어지럽게(丰) 말하며(口) 해치고 방해하니 **해칠 해**, **방해할 해**
⊕ 宀(집 면), 丰 [풀 무성할 봉, 예쁠 봉, 풍성할 풍(丰)의 변형] – 무성하니 어지럽다는 뜻도 되지요.

割 해(害) 되는 것을 칼(刂)로 베어 나누니 **벨 할, 나눌 할**
⊕ 刂 (칼 도 방)

> 한자 구조 **봉[풍] 해할**(丰 害割) - 丰과 害로 된 글자
>
> 석 삼(三)에 뚫을 곤(丨)이면 **풀 무성할 봉, 예쁠 봉, 풍성할 풍**(丰), 풀 무성할 봉, 예쁠 봉, 풍성할 풍(丰)의 변형(丰) 위에 집 면(宀), 아래에 입 구, 말할 구, 구멍 구(口)면 **해칠 해, 방해할 해**(害), 해칠 해, 방해할 해(害) 뒤에 칼 도 방(刂)이면 **벨 할, 나눌 할**(割)

특급 총4획

부수 丨

be full of plants, pretty, plentiful

5급 총10획

부수 宀

harm, obstacle

- (인간 생활에) 해를 끼치는 벌레는 害蟲(해충), 이익을 주는 벌레는 익충(益蟲).
- 다른 사람의 생명이나 신체 · 재산 · 명예 따위에 해를 끼침은 加害(가해).
- (무슨 일을) 제대로 하지 못하게 함은 妨害(방해).
- 재해를 피함은 避害(피해). 손해를 입음, 또는 그 손해는 被害(피해).
- 남이 자기에게 해를 입힌다고 생각하는 망령된 생각은 被害妄想(피해망상)으로, 정신 분열이나 조울병의 우울한 상태에 있는 환자에게 자주 보이지요.

한자➕ 蟲(벌레 충), 益(더할 익, 유익할 익), 加(더할 가), 妨(방해할 방), 避(피할 피), 被(입을 피, 당할 피), 妄(망령들 망), 想(생각할 상)

3급Ⅱ 총12획

부수 刀(刂)

cut, divide

- (일정한 값에서 얼마간의 값을) 베어서 끌어내림은 割引(할인). 할인된 상품만을 전문적으로 판매하는 점포는 割引店(할인점).
- 몫을 갈라 나눔, 또는 그 몫은 割當(할당). 나누어 쪼갬은 分割(분할). '부림을 나눔'으로, 자기가 마땅히 하여야 할 맡은 바 직책이나 임무는 役割(역할).
- '닭을 베는데(잡는데) 어찌 소 잡는 칼을 쓸까?'로, 사소한 일에 화를 내거나 작은 일에 어울리지 않게 커다란 대책 세움을 이르는 말 割鷄焉用牛刀(할계언용우도)는, 모기를 보고 칼을 뺀다는 견문발검(見蚊拔劍)과 비슷한 뜻이네요.

한자➕ 引(끌 인), 店(가게 점), 當(마땅할 당, 당할 당), 分(나눌 분, 단위 분, 단위 푼, 신분 분, 분별할 분, 분수 분), 役(부릴 역), 鷄(닭 계), 焉(어찌 언), 用(쓸 용), 牛(소 우), 刀(칼 도), 見(볼 견, 뵐 현), 蚊(모기 문), 拔(뽑을 발), 劍(칼 검)

봉봉봉(夆峰逢)

夆	峰	逢
이끌 **봉**, 만날 **봉**	봉우리 **봉**	만날 **봉**

공통으로 들어간 기본자는
이끌 봉, 만날 봉(夆) = 夂(천천히 걸을 쇠, 뒤져 올 치) + 丰
봉우리 봉(峰)은 산 산(山)을 이끌 봉, 만날 봉(夆)의 앞에 붙여도 되고(峰),
위에 붙여도(峯) 되네요.

夆　뒤져 오면서(夂) 예쁜(丰) 것을 이끌어 만나니 **이끌 봉, 만날 봉**

峰　산(山)의 양 끝이 만나는(夆) 봉우리니 **봉우리 봉** (= 峯)

逢　필요한 물건이나 사람을 이끌고(夆) 가(辶) 만나니 **만날 봉**
　　⊕ 辶(뛸 착, 갈 착)

한자구조 **봉봉봉(夆峰逢) - 夆으로 된 글자**

천천히 걸을 쇠, 뒤져 올 치(夂) 아래에 풀 무성할 봉, 예쁠 봉, 풍성할 풍(丰)이면 **이끌 봉, 만날 봉(夆)**, 이끌 봉, 만날 봉(夆) 앞이나 위에 산 산(山)이면 **봉우리 봉(峰, 峯)**, 아래에 뛸 착, 갈 착(辶)이면 **만날 봉(逢)**

夆

급외자 총7획
부수 夂
lead, meet

峰

3급Ⅱ 총10획
부수 山
peak

- 죽 이어져 있는 산봉우리는 連峰(연봉). 가장 높은 봉우리, 또는 어느 분야에서 가장 뛰어남을 비유하여 이르는 말은 最高峰(최고봉).
- 많은 골짜기와 산봉우리는 萬壑千峰(만학천봉).

> 한자 ✚ 連(이을 련), 最(가장 최), 高(높을 고), 萬(많을 만, 일만 만), 壑(구렁 학, 골짜기 학), 千(일천 천, 많을 천)

逢

3급Ⅱ 총11획
부수 辵(辶)
meet

- 뜻밖의 변이나 망신스러운 일을 당함, 또는 그 변은 逢變(봉변). 맞닥뜨림. 당면함은 逢着(봉착). 서로 만남은 相逢(상봉).
- '끊어진 곳에서 살길을 만남'으로, 아주 막다른 골목에서 살길을 찾음은 絶處逢生(절처봉생). 絶處逢生을 생각하니 이런 글이 있어 인용합니다.
- "최악의 고난 속에서 역사적 작품이 탄생했다.
  주문왕은 은나라 감옥에 갇혀 있는 동안 <주역>을 만들었고, 공자는 진나라에서 곤경에 처했을 때 <춘추>를 썼다. 굴원은 초나라에서 추방되자 <이소경>을 지었고, 손자는 다리가 잘리는 형벌을 받고 나서 <손자병법>을 완성했으며, 한비자는 진나라에 붙들렸기 때문에 <세난>, <고분>을 쓸 수 있었다." - <이상민 지음, '365 한 줄 고전'에서>

> 한자 ✚ 變(변할 변), 着(붙을 착, 입을 착), 相(서로 상, 모습 상, 볼 상, 재상 상), 絶(끊을 절, 죽을 절, 가장 절), 處(곳 처, 살 처, 처리할 처), 生(날 생, 살 생, 사람을 부를 때 쓰는 접사 생)

行	衝	衛
다닐 **행**, 행할 **행**, 항렬 **항**	부딪칠 **충**, 찌를 **충**	지킬 **위**

지킬 위(衛) = 行(다닐 행, 행할 행, 항렬 항) + 韋(가죽 위, 어길 위)
지키고 보호하기 위하여 보초를 서지요. 보초는 일정한 시간마다 서로 엇갈리게 다니면서, 즉 서로 방향을 바꿔가면서 서야 빈틈이 없다는 뜻으로 만들어진 글자네요.

行
사람이 다니며 일을 행하는 사거리를 본떠서 **다닐 행, 행할 행**
또 (친척의 이름에서 돌려) 다니며 쓰는 항렬이니 **항렬 항**

衝
무거운(重) 물건을 들고 다니면(行) 잘 볼 수 없어 부딪치고 찌르니 **부딪칠 충, 찌를 충**
⊕ 重(무거울 중, 귀중할 중, 거듭 중) - 1권 제목번호[044] 참고

衛
서로 엇갈리게(韋) 다니며(行) 빈틈없이 지키니 **지킬 위**
⊕ 韋 - 잘 다듬어진 가죽을 본떠서 '가죽 위'
　　또 서로 반대 방향으로 어기는 모양에서 '어길 위'

> **한자구조** **행[항]충위**(行衝衛) - 行으로 된 글자
>
> 사람이 다니며 일을 행하는 사거리를 본떠서 **다닐 행, 행할 행**(行), 또 (친척의 이름에서 돌려) 다니며 쓰는 항렬이니 **항렬 항**(行), 다닐 행, 행할 행, 항렬 항(行) 속에 무거울 중, 귀중할 중, 거듭 중(重)이면 **부딪칠 충, 찌를 충**(衝), 가죽 위, 어길 위(韋)면 **지킬 위**(衛)

行

6급 총6획
부수 行
walk,
practice, line

- 다니는 사람은 行人(행인). 몸을 움직임, 또는 그 동작은 行動(행동). 잘못되거나 그릇된 행위는 非行(비행). 착하고 어진 행실은 善行(선행), 악독한 행위는 惡行(악행). ① 베풀어(실지로) 행함. ② 법령을 공포한 뒤에 그 효력을 실제로 발생시키는 일은 施行(시행), 시험적으로 행함은 試行(시행).
- 行列은 '행렬'과 '항렬' 두 가지로 읽는데, 여럿이 줄지어 감, 또는 그런 줄은 行列(행렬), 같은 혈족에게서 갈라져 나간 관계는 行列(항렬)로, 형제 관계를 같은 항렬이라 하지요.

> 한자+ 動(움직일 동), 非(어긋날 비, 아닐 비, 나무랄 비), 善(착할 선, 좋을 선, 잘할 선), 惡(악할 악, 미워할 오), 施(베풀 시), 試(시험할 시), 列(벌일 렬, 줄 렬)

衝

3급Ⅱ 총15획
부수 行
bump, pierce

- 서로 마주 부딪치거나 다툼은 衝突(충돌). 물체에 급격히 가하여지는 힘, 또는 슬픈 일이나 뜻밖의 사건 따위로 마음에 받은 심한 자극이나 영향은 衝擊(충격).
- 충격을 줌으로써 치료 효과를 얻는 방법은 衝擊療法(충격요법)으로, 조현병·심장마비 따위의 치료에 쓰는 전기 쇼크 요법 따위가 이에 해당하네요.
- '노기(怒氣)가 하늘을 찌름'으로, 화가 머리끝까지 나 있음은 怒氣衝天(노기충천).

> 한자+ 突(갑자기 돌, 부딪칠 돌, 내밀 돌, 굴뚝 돌), 擊(칠 격), 療(병 고칠 료), 法(법 법), 怒(성낼 노), 氣(기운 기, 대기 기), 天(하늘 천)

衛

4급Ⅱ 총15획
부수 行
protect, guard

- '삶을 지킴'으로, 건강에 유익하도록 조건을 갖추거나 대책을 세우는 일은 衛生(위생). 막아서 지킴은 防衛(방위). 관청 등의 경비를 맡은 사람은 守衛(수위).
- '지키는(돌며 지키듯이 떠도는) 별'로, 행성의 인력에 의하여 그 둘레를 도는 천체는 衛星(위성), 사람이 만들어 쏘아 올린 위성은 人工衛星(인공위성)으로, 목적과 용도에 따라 과학위성, 통신위성, 군사위성, 기상위성 따위로 분류하지요.

> 한자+ 生(날 생, 살 생, 사람을 부를 때 쓰는 접사 생), 防(둑 방, 막을 방), 守(지킬 수), 星(별 성), 工(장인 공, 만들 공, 연장 공)

⓪⑤⑥ 유우좌(有右左)

有	右	左
가질 유, 있을 유	오른쪽 우	왼쪽 좌, 낮은 자리 좌

양쪽 손을 잘 쓰면 좋지만 평소에 오른손을 많이 쓰고, 습관이 되어서 오른손이 편하니 대부분의 일을 오른손으로 하지요.

옛날에는 오른손을 주로 써야 정상으로 보았고, 왼손잡이를 이상하게 보아서 '오른손', '바른 손'이란 말도 '올바른 쪽의 손'을 줄여 쓰는 말이고, 영어에서도 오른쪽을 옳다는 의미의 right라 하지요. '왼손'은 '그르다'의 옛말인 '외다'의 '왼'을 붙여 만든 '왼쪽 손'을 줄인 말이고요.

有
많이(𠂇) 고기(月)를 가지고 있으니 **가질 유, 있을 유**
⊕ 𠂇['열 십, 많을 십(十)'의 변형], 月(달 월, 육 달 월)

右
많이(𠂇) 써서 말(口)에 잘 움직이는 오른쪽이니 **오른쪽 우**
⑨ 石(돌 석), 古(오랠 고, 옛 고)

左
(목수는 왼손에 자를 들고 오른손에 연필이나 연장을 듦을 생각하여) 많이(𠂇) 자(工)를 쥐는 왼쪽이니 **왼쪽 좌**
또 왼쪽은 낮은 자리도 뜻하여 **낮은 자리 좌**
⊕ 工(자를 본떠서 만들어진 글자로 '장인 공, 만들 공, 연장 공'이지만 여기서는 본떠서 만든 '자'로 봄)

> **한자구조** **유우좌**(有右左) - 十의 변형(𠂇)으로 된 글자
>
> 열 십, 많을 십(十)의 변형(𠂇) 아래에 달 월, 육 달 월(月)이면 **가질 유, 있을 유**(有), 입 구, 말할 구, 구멍 구(口)면 **오른쪽 우**(右), 장인 공, 만들 공, 연장 공(工)이면 **왼쪽 좌, 낮은 자리 좌**(左)

有

7급 총6획

부수 肉(月)

have, exist

- 권리가 있음은 有權(유권). 가지고 있거나 간직하고 있음은 保有(보유). '가진 바'로, 가지고 있음은 所有(소유). 이익이 있음은 有利(유리). 죄가 있음은 有罪(유죄).
- 반드시 곡절(曲折)이 있음은 必有曲折(필유곡절).

한자➕ 權(권세 권), 保(지킬 보, 보호할 보), 所(장소 소, 바 소), 利(이로울 리, 날카로울 리), 罪(허물 죄), 曲(굽을 곡, 노래 곡), 折(꺾을 절), 必(반드시 필), 곡절(曲折) - '구부러지고 꺾임'으로, 순조롭지 아니하게 얽힌 이런저런 복잡한 사정이나 까닭.

右

7급 총5획

부수 口

right

- 극단적으로 보수주의적인 성향, 또는 그 성향을 지닌 사람이나 세력은 極右(극우). '왼쪽과 오른쪽'으로, 주변을 뜻함은 左右(좌우). '자리 우측에 새김'으로, 늘 옆에 갖추어 두고 가르침으로 삼는 말이나 문구는 座右銘(좌우명).
- '왼쪽으로 갔다가(했다가) 오른쪽으로 갔다가(했다가)'로, 이리저리 제 마음대로 휘두르거나 다룸은 左之右之(좌지우지).

한자➕ 極(끝 극, 다할 극), 座(자리 좌), 銘(새길 명), 之(갈 지, ~의 지, 이 지)

左

7급 총5획

부수 工

left, rank low

- '오른쪽으로 갔다가 왼쪽으로 갔다가'로, 이리저리 왔다 갔다 하며 일이나 방향을 종잡지 못함은 右往左往(우왕좌왕). '왼쪽으로 찌르고 오른쪽으로 부딪침'으로, ① 이리저리 닥치는 대로 찌르고 치고받음. ② 아무 사람이나 구분하지 않고 함부로 맞닥뜨림은 左衝右突(좌충우돌).
- 낮은 관직이나 지위로 떨어지거나 외직으로 전근됨은 左遷(좌천)으로, 예전에 중국에서 오른쪽을 숭상하고 왼쪽을 멸시하였던 데서 유래한 말이라네요.

한자➕ 往(갈 왕), 衝(부딪칠 충), 突(갑자기 돌, 부딪칠 돌), 遷(옮길 천)

057 석척[탁]파(石拓破)

石	拓	破
돌 석	넓힐 **척**, 박을 **탁**	깨질 **파**, 다할 **파**

깨질 파(破) = 石(돌 석) + 皮(가죽 피)
어찌 이런 구조로 '깨질 파'라는 글자를 만들었으며, '다할 파'라는 뜻은 어찌
붙었을까요?
아하! 단단한 것은 부딪치면 잘 깨지고, 깨지면 생명이 다하니
'다할 파'도 되네요.

石

언덕(厂) 밑에 있는 돌(口)을 본떠서 **돌 석**

⊕ 厂 [굴 바위 엄, 언덕 엄(厂)의 변형], 口 ('입 구, 말할 구, 구멍 구'지만 여기서는 돌로 봄)

拓

손(扌)으로 돌(石)을 치워 땅을 넓히니 **넓힐 척**

또 손(扌)으로 돌(石)에 새겨진 글씨를 눌러 박으니 **박을 탁**

破

돌(石) 표면(皮)처럼 단단하면 잘 깨지니 **깨질 파**

또 깨져 생명이 다하니 **다할 파**

⊕ 皮 - 가죽(厂)을 칼(l) 들고 손(又)으로 벗기는 모양에서 '가죽 피'
⊕ 厂 [굴 바위 엄, 언덕 엄(厂)의 변형이지만 여기서는 가죽으로 봄], l ('뚫을 곤'이지만 여기서는 칼로 봄), 又 (오른손 우, 또 우)

> **한자구조** **석척[탁]파**(石拓破) - 石으로 된 글자
>
> 굴 바위 엄, 언덕 엄(厂)의 변형(厂) 아래에 입 구, 말할 구, 구멍 구(口)면 **돌 석**(石), 돌 석(石) 앞에 손 수 변(扌)이면 **넓힐 척, 박을 탁**(拓), 뒤에 가죽 피(皮)면 **깨질 파, 다할 파**(破)

石

6급 총5획
부수 石
stone

- 돌로 만든 기구는 石器(석기). 땅속에서 천연으로 나는 기름은 石油(석유). 태고 때의 식물질이 땅속 깊이 묻히어 생긴 타기 쉬운 퇴적암은 石炭(석탄). '쇠와 돌'로, 굳고 단단함을 비유하여 이르는 말은 鐵石(철석). '한강에 돌 던지기'로, (아무리 많이 주워 넣어 봤자 한강을 메울 수 없듯이) 아무리 투자하거나 애를 써도 보람이 없음은 漢江投石(한강투석), 속담 '밑 빠진 독에 물 붓기'와 같네요.

> 한자＋ 器(그릇 기, 기구 기), 油(기름 유), 炭(숯 탄), 鐵(쇠 철), 漢(한나라 한, 남을 흉하게 부르는 접미사 한), 江(강 강), 投(던질 투)

拓

3급Ⅱ 총8획
부수 手(扌)
develop, print

- 바다나 호수 따위를 둘러막고 물을 빼내는 일은 干拓(간척). 황무지를 일구어 논밭을 만드는 것, 또는 (새로운 영역이나 운명, 진로 등을) 열어 나가는 것은 開拓(개척). (비석 등에 새긴 문자나 무늬를) 그대로 박아 낸 것은 拓本(탁본).

> 한자＋ 干(방패 간, 범할 간, 얼마 간, 마를 간), 開(열 개), 本(뿌리 본, 근본 본, 책 본)

破

4급 총10획
부수 石
break, finish

- ① 때려 부수거나 깨뜨려 헐어 버림. ② 조직·질서·관계 따위를 와해하거나 무너뜨림은 破壞(파괴). 깨져 못 쓰게 되거나 깨뜨려 못 쓰게 함은 破損(파손). ① 쳐서 깨뜨려 뚫고 나아감. ② 일정한 기준이나 기록 따위를 지나서 넘어섬은 突破(돌파). '염치를 깬 사람'으로, 염치나 부끄러움을 모르는 사람을 이르는 말은 破廉恥漢(파렴치한). ① 글을 막힘없이 죽 읽어 내림. ② 책을 모조리 다 읽음은 讀破(독파).

> 한자＋ 壞(무너질 괴), 損(덜 손), 突(갑자기 돌, 부딪칠 돌, 내밀 돌, 굴뚝 돌), 廉(청렴할 렴, 값쌀 렴), 恥(부끄러울 치), 漢(한나라 한, 남을 흉하게 부르는 접미사 한), 讀(읽을 독, 구절 두)

⓪⑤⑧ 계[우] 율률(ヨ 聿律)

ヨ	聿	律
고슴도치 머리 **계**, 오른손 **우**	붓 **율**	법률 **률**, 음률 **률**

오른손 주먹을 쥔 모양(✊)을 본떠서 '오른손 우, 또 우(又)', 오른손 손가락을 편 모양(🤚)을 본떠서 '오른손 우(ヨ)'이지요.
又는 단독으로는 '또 우'로 쓰이고, 글자의 구성성분에서만 '오른손'의 뜻으로 쓰이는데 고슴도치 머리 계, 오른손 우(ヨ)는 단독으로는 쓰이지 않고, 글자의 구성성분으로만 쓰이네요.

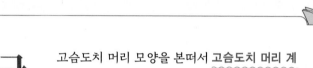

ヨ 고슴도치 머리 모양을 본떠서 **고슴도치 머리 계**
또 오른손의 손가락을 편 모양(🤚)으로도 보아 **오른손 우**

聿 오른손(ヨ)에 잡고 쓰는 붓을 본떠서 **붓 율**

律 행할(彳) 법을 붓(聿)으로 적어놓은 법률이니 **법률 률**
또 법률처럼 일정하게 반복되는 음률이니 **음률 률**

> **한자구조** 계[우] 율률(ヨ 聿律) - ヨ와 聿로 된 글자
>
> 고슴도치 머리를 본떠서 **고슴도치 머리 계**(ヨ), 또 오른손의 손가락을 편 모양(🤚)으로도 보아 **오른손 우**(ヨ), 오른손(ヨ)에 잡고 쓰는 붓을 본떠서 **붓 율**(聿), 붓 율(聿) 앞에 조금 걸을 척(彳)이면 **법률 률, 음률 률**(律)

총3획
부수자
right hand

특급 II 총6획
부수 聿
a writing brush

律

4급 II 총9획
부수 彳
law, rhythm

- 법(法), 즉 국가의 강제력을 수반하는 사회규범은 法律(법률). '경계하는 법률'로, (승려나 신도가) 지켜야 할 행동규범은 戒律(계율).
- 남의 지배나 구속받지 아니하고, 자기 스스로 원칙에 따라 어떤 일을 하는 것은 自律(자율), ① 다른 규율, ② 자신의 의지와 관계없이 정해진 원칙이나 규율에 따라 움직이는 것은 他律(타율).
- 소리와 음악의 가락은 音律(음률).
- '두 가지 법률이 서로 등지고 거꾸로 함'으로, 서로 모순되는 사실이 한 행동이나 사건 속에 주장되는 일, 서로 모순되어 양립할 수 없는 두 개의 명제를 이르는 말 二律背反(이율배반)은, 같은 사람의 말이나 행동이 앞뒤가 서로 맞지 아니하고 모순된다는 자가당착(自家撞着), 자기 생각이나 주장이 앞뒤가 맞지 아니하는 자기모순(自己矛盾)과 비슷한 뜻이네요.

> 한자➕ 法(법 법), 戒(경계할 계), 自(자기 자, 스스로 자, 부터 자), 他(다를 타, 남 타), 音(소리 음), 背(등 배, 등질 배), 反(거꾸로 반, 뒤집을 반), 家(집 가, 전문가 가), 撞(칠 당, 부딪칠 당), 着(붙을 착, 입을 착), 당착(撞着) - ① 서로 맞부딪침. ② 말이나 행동 따위의 앞뒤가 맞지 않음. 己(몸 기, 자기 기, 여섯째 천간 기), 矛(창 모), 盾(방패 순)

❶❺❾ 인착 건건 (廴辶 建健)

廴	辶	建	健
길게 걸을 **인**	뛸 **착**, 갈 **착**	세울 **건**	건강할 **건**

세울 건(建) = 聿(붓 율) + 廴(길게 걸을 인)
한자가 만들어지던 시절에는 대표적인 필기도구가 붓이었으니, 붓으로 길게 써가며
계획을 세운다는 글자네요.
건강할 건(健) = 亻(사람 인 변) + 建
올바른 자세를 취해야 건강하다는 글자. 정말 올바른 자세를 취하지 않으면
습관이 되어 몸을 똑바로 세울 수 없고, 어디가 아프게 되지요.

廴   구불구불한 길을 다리를 끌고 길게 걸으니 <u>**길게 걸을 인**</u>

辶   길게 걸을 인(廴)의 변형(辶)에 점(丶) 둘을 찍어, 뛰어간다는
뜻을 나타내어 <u>**뛸 착, 갈 착**</u>
    ⊕ 위에 점이 둘이면 아래를 한 번 구부리고, 하나면 아래를 두 번
구부립니다.
    ⊕ '책받침'이라고도 하는데, 원래는 뛸 착, 갈 착(辵)이 부수로 쓰
일 때의 모양이니 '착 받침'을 잘못 이르는 말이지요.

建   붓(聿)으로 길게 써가며(廴) 계획을 세우니 <u>**세울 건**</u>

健   사람(亻)은 몸을 바로 세워야(建) 건강하니 <u>**건강할 건**</u>

[한자 구조] **인착 건건**(廴辶 建健) - 廴, 辶과 建으로 된 글자

구불구불한 길을 다리를 끌고 길게 걷는다는 데서 **길게 걸을 인**(廴), 길게 걸을 인(廴)의 변
형(辶)에 점 주, 불똥 주(丶) 둘이면 **뛸 착, 갈 착**(辶), 붓 율(聿)에 길게 걸을 인(廴)이면 **세
울 건**(建), 세울 건(建) 앞에 사람 인 변(亻)이면 **건강할 건**(健)

夊

부수자 총3획
부수

辶

부수자 총4획
부수
run, go

建

5급 총9획
부수 廴
build

- '세운 물건'으로, 여러 종류의 집을 통틀어 이르는 말은 建物(건물). 건물·설비·시설 따위를 새로 만들어 세움. 조직체 따위를 새로 이룩함은 建設(건설). 집이나 성, 다리 따위의 구조물을 만드는 일은 建築(건축).

- (이미 없어졌거나 허물어진 것을) 다시 일으켜 세움은 再建(재건). 기존에 있던 건축물을 허물고 다시 세우거나 쌓아 만듦은 再建築(재건축).

- '덕을 세우면 이름도 섬'으로, 항상 덕을 가지고 세상일을 행하면 자연스럽게 이름도 서게 됨을 이르는 말은 德建名立(덕건명립)이네요.

한자+ 物(물건 물), 設(세울 설, 베풀 설), 築(쌓을 축, 지을 축), 再(다시 재, 두 번 재), 德(덕 덕, 클 덕), 名(이름 명, 이름날 명), 立(설 립)

健

5급 총11획
부수 人(亻)
strong,
healthy

- 병 없이 좋은 기능을 가진 상태는 健康(건강).

- 병이나 탈 없이 건강하고 온전함, 또는 사상이나 사물 따위의 상태가, 한쪽으로 치우치지 않고 정상적이며 위태롭지 않음은 健全(건전).

- 강하고 건강함은 強健(강건).

한자+ 康(편안할 강), 全(온전할 전), 強(강할 강, 억지 강)

爪	爭	淨
손톱 조	다툴 쟁	깨끗할 정

손톱 모양을 본떠서 손톱 조(爪)인데 오이 과(瓜)와 비슷하네요.
부수로 쓰일 때는 爫의 모양으로 주로 글자의 위에 쓰입니다.
'3정서'라는 말이 있어요. 바를 정(正)을 쓴 **정서(正書)**는 '어법에 맞게 바르게 쓰는 것'이고,
깨끗할 정(淨)을 쓴 **정서(淨書)**는 '함부로 지우고 고쳐서 지저분한 글을 깨끗하게
쓰는 것'이고, 정밀할 정, 찧을 정(精)을 쓴 **정서(精書)**는 '정성 들여 글씨를 쓰
는 것'을 말하지요.
+ 書(쓸 서, 글 서, 책 서)

爪 손톱을 본떠서 **손톱 조**

爭 손톱(爫)도 세우고, 오른손(⺕)에 갈고리(亅)도 들고 다투니
다툴 쟁
약 争 – 사람(⺈)이 오른손(⺕)에 갈고리(亅)도 들고 다투니 '다툴 쟁'
⊕ ⺕ [고슴도치 머리 계, 오른손 우(⺕)의 변형], 亅 (갈고리 궐),
⺈ [사람 인(人)의 변형]

淨 물(氵)로 다투듯(爭) 씻어 깨끗하니 **깨끗할 정**
약 浄

> 한자구조 **조 쟁정(爪 爭淨)** - 爪와 爭으로 된 글자
>
> 손톱을 본떠서 **손톱 조(爪)**, 손톱 조(爪)가 부수로 쓰일 때의 모양(爫) 아래에 고슴도치 머
> 리 계, 오른손 우(⺕)의 변형(⺕)과 갈고리 궐(亅)이면 **다툴 쟁(爭)**, 다툴 쟁(爭) 앞에 삼 수
> 변(氵)이면 **깨끗할 정(淨)**

1급 총4획
부수 爪
fingernail

5급 총8획
부수 爪(爫)
contest

- 다투어(싸워서) 취함(가짐)은 爭取(쟁취). (같은 목적에 서로) 겨루어 다툼은 競爭(경쟁). ① 국가와 국가, 또는 단체 사이에 무력을 사용하여 싸움. ② 극심한 경쟁이나 혼란, 또는 어떤 문제에 대한 아주 적극적인 대응을 비유적으로 이르는 말은 戰爭(전쟁). 어떤 대상을 이기거나 극복하기 위한 싸움은 鬪爭(투쟁).

- '달팽이 뿔의 싸움'으로, ① 작은 나라끼리의 싸움. ② 하찮은 일로 승강이하는 짓을 이르는 말은 蝸角之爭(와각지쟁).

- 좀 더 높이, 좀 더 넓게, 좀 더 멀리 보고 살도록 해요. 그때는 그토록 애태웠던 일들이 지나고 보면 대부분 별 것 아닌 사소한 것들이어서, 그때 내가 왜 그랬는지 후회하며 부끄러워하게 되지요.

> 한자+ 取(취할 취, 가질 취), 競(겨룰 경), 戰(싸울 전, 무서워 떨 전), 鬪(싸울 투), 蝸(달팽이 와), 角(뿔 각, 모날 각, 겨룰 각)

3급 II 총11획
부수 水(氵)
clean

- 깨끗하게 함은 淨化(정화).

- ① 오염된 물이나 땅 따위가 물리학적·화학적·생물학적 작용으로 저절로 깨끗해짐. ② 비리 따위로 부패한 조직이 어떤 조치를 함으로써 자신을 淨化함은 自淨(자정). 저절로(스스로) 깨끗해지려는 작용은 自淨作用(자정작용).

- 맑고 깨끗함은 淸淨(청정). 깨끗하지 못함, 또는 더러운 것은 不淨(부정). 윗물이 맑아야 아랫물도 맑음은 上淸下淨(상청하정), 윗사람이 부패하면 아랫사람도 부패하게 됨은 上濁下不淨(상탁하부정).

> 한자+ 化(될 화, 변화할 화, 가르칠 화), 自(자기 자, 스스로 자, 부터 자), 作(지을 작), 用(쓸 용), 淸(맑을 청), 上(위 상, 오를 상), 下(아래 하, 내릴 하), 濁(흐릴 탁)

061 사 이사(厶 以似)

厶	以	似
사사로울 **사**, 나 **사**	써 **이**, 까닭 **이**	같을 **사**, 닮을 **사**

'사사롭다'는 공적(公的)이 아닌 개인적인 범위나 관계의 성질이 있다는 뜻이니,
팔로 사사로이 나에게 끌어당기는 모양으로 사사로울 사, 나 사(厶)를 만들었네요.
지금은 글자의 부수나 구성요소로만 쓰이고, '사사롭다' 뜻으로는 앞에 벼 화
(禾)를 붙인 사사로울 사(私)를 쓰지요.
+ 公(공평할 공, 대중 공, 귀공자 공), 的(과녁 적, 맞힐 적, 밝을 적, 접미사 적)

厶   팔로 사사로이 나에게 끌어당기는 모양에서 **사사로울 사, 나 사**

以   사사로운(厶) 욕심 때문에 사람(人)으로서(써)의 가치를 잃으니
써 이, 까닭 이
⊕ 厶 [사사로울 사, 나 사(厶)의 변형], 써 – '그것을 가지고', '그것
으로 인하여'의 뜻을 지닌 접속 부사.

似   사람(亻)들은 태어날 때부터 써(以) 같거나 닮으니
같을 사, 닮을 사

 사 이사(厶 以似) - 厶와 以로 된 글자
팔로 사사로이 나에게 끌어당기는 모양에서 **사사로울 사, 나 사**(厶), 사사로울 사, 나 사(厶)
의 변형(厶)에 사람 인(人)이면 **써 이, 까닭 이**(以), 써 이, 까닭 이(以) 앞에 사람 인 변(亻)이
면 **같을 사, 닮을 사**(似)

ム

총2획
부수자
private, self

以

5급 총5획
부수 人
by, reason

- '백성으로써 하늘을 삼음'으로, 백성을 소중히 여겨 나라를 다스리는 근본으로 삼는다는 말은 以民爲天(이민위천). 사람으로써 근본을 삼음은 以人爲本(이인위본).

- (더위를 뜨거운 차를 마셔서 이긴다든지, 힘은 힘으로 물리친다든지 하는 것처럼) 열로써 열을 다스림은 以熱治熱(이열치열), (겨울인데 일부러 아이스크림을 먹거나, 추울 때 냉수마찰을 하는 것처럼) 추위로써 추위를 다스림은 以寒治寒(이한치한)이나 以冷治冷(이랭치랭), 돈으로써 돈을 다스림은 以錢治錢(이전치전)처럼, 한자로는 얼마든지 필요한 말을 만들어 쓸 수 있어요.

- 어떤 행위를 하게 된 까닭은 所以(소이)로, "내가 개미 새끼 하나라도 죽이지 않는 것은, 생명이 귀중한 所以이다."처럼 쓰이지요.

> [한자╋] 民(백성 민), 爲(할 위, 위할 위), 天(하늘 천), 本(뿌리 본, 근본 본, 책본), 熱(더울 열), 治(다스릴 치), 寒(찰 한), 冷(찰 랭), 錢(돈 전), 所(장소 소, 바 소)

似

3급 총7획
부수 人(亻)
resemble,
similar

- '같은 것 같으나 아님'으로, 겉으로는 비슷하나 본질은 완전히 다름을 이르는 말은 似而非(사이비). 거의 같음. 그럴듯하게 괜찮음은 近似(근사). 서로 닮아 비슷함은 類似(유사). 거의 같을 정도로 닮은 모양은 恰似(흡사).

- '봄은 왔지만 봄 같지 않음'으로, ① 봄이 왔어도 여전히 날씨가 추움. ② 좋은 때가 되었어도 좋은 것 같지 않다며, 자신의 처지를 비관하여 이르는 말은 春來不似春(춘래불사춘).

> [한자╋] 而('말 이을 이'로, '~이면서, 이나'의 뜻), 非(어긋날 비, 아닐 비, 나무랄 비), 近(가까울 근, 비슷할 근), 類(무리 류, 닮을 류), 恰(흡사할 흡), 春(봄 춘), 來(올 래), 不(아닐 불 · 부)

태[이·대]시치(台始治)

台	始	治
별 태, 나 이, 기쁠 이, 누각 대, 정자 대(臺)의 약자	처음 시	다스릴 치

다스릴 치(治) = 氵(삼 수 변) + 台

한자가 만들어진 시절을 생각하니 이해가 쉽네요.

물은 많아도 수해(水害)를 입고, 모자라도 한해(旱害)를 입으니, 수리시설이 잘 갖추어지지 않았던 옛날에는 물로 인한 피해가 잦았겠지요. 그래서 정치가는 물을 잘 다스려 백성들이 언제나 잘 사용할 수 있도록 하는 것이 제일 중요했답니다.

\+ 害 (해칠 해, 방해할 해), 旱 (가물 한)

台

사사로운(厶) 말(口)들처럼 무수히 뜬 별이니 **별 태**

또 사사로운(厶) 말(口)들에도 나는 기쁘니 **나 이, 기쁠 이**

또 사사로이(厶) 입(口) 다물고 이르는 누각이나 정자니
누각 대, 정자 대(臺)의 약자

⊕ 厶(사사로울 사, 나 사), 口(입 구, 말할 구, 구멍 구)

始

여자(女)가 기뻐하며(台) 결혼을 시작하는 처음이니 **처음 시**

治

물(氵)을 기쁘게(台) 사용하도록 잘 다스리니 **다스릴 치**

[한자구조] **태[이·대]시치**(台始治) - 台로 된 글자

사사로울 사, 나 사(厶) 아래에 입 구, 말할 구, 구멍 구(口)면 **별 태, 나 이, 기쁠 이, 누각 대, 정자 대(臺)의 약자**(台), 별 태, 나 이, 기쁠 이, 누각 대, 정자 대(臺)의 약자(台) 앞에 여자 녀(女)면 **처음 시**(始), 삼 수 변(氵)이면 **다스릴 치**(治)

台

2급 총5획

부수 口

star, I, joyful, tower

始

6급 총8획

부수 女

first

- '처음 지음'으로, 무엇을 처음으로 하거나 쉬었다가 다시 함은 始作(시작).
- 맨 처음은 始初(시초). 시작하는 처음, 또는 처음 시작된 그대로 있어 발달하지 아니한 상태는 原始(원시)나 元始(원시).
- ① 한 겨레나 가계의 맨 처음이 되는 조상. ② 어떤 학문이나 기술 따위를 처음으로 연 사람. ③ 나중 것의 바탕이 된 맨 처음의 것은 始祖(시조).
- '처음부터 끝까지 하나로 꿰'으로, 시작부터 끝까지 한결같이 함은 始終一貫(시종일관).

> 한자 ♣ 作(지을 작), 初(처음 초), 原(언덕 원, 근원 원), 元(원래 원, 으뜸 원), 祖(할아버지 조, 조상 조), 終(마칠 종), 貫(꿸 관, 무게 단위 관)

治

4급 Ⅱ 총8획

부수 水(氵)

govern

- (병을) 다스려 낫게 함은 治療(치료). '편안하도록 다스림'으로, 국가와 사회의 안녕과 질서를 유지ㆍ보전함은 治安(치안). 치료하여 병을 낫게 함은 治癒(치유). 나라를 다스리는 일은 政治(정치). 나라나 지역을 도맡아 다스림은 統治(통치).
- 산과 내를 잘 관리하고 돌봐서, 가뭄이나 홍수 따위의 재해를 입지 아니하도록 예방함, 또는 그런 일은 治山治水(치산치수).

> 한자 ♣ 療(병 고칠 료), 安(편안할 안), 癒(병 나을 유), 政(다스릴 정), 統(거느릴 통)

지공분[푼](只公分)

只	公	分
다만 **지**	공평할 **공**, 대중 **공**, 귀공자 **공**	나눌 **분**, 단위 **분**, 단위 **푼**, 신분 **분**, 분별할 **분**, 분수 **분**

공평할 공, 대중 공, 귀공자 공(公) = 八(여덟 팔, 나눌 팔) + 厶(사사로울 사, 나 사)
여덟 번의 사사로움? 나누어 사사롭다? 모두 '공평할 공, 대중 공, 귀공자 공'의 뜻과는
거리가 있는데….
'나눔(八)에 사사로움(厶)이 없이'로 해석해보았어요. 어원은 대부분 긍정으로
풀어야 하지만, 의미가 제대로 나오지 않을 때는 부정으로 해석해봄도 하나
의 방법이지요.

只 입(口)으로 다만 팔자(八)타령만 하니 **다만 지**

⊕ 팔자(八字) - 사주팔자에서 유래한 말로, 사람이 태어난 해와
달과 날과 시간을 간지(干支)로 나타내면 여덟 글자가 되는데, 이
속에 일생의 운명이 정해져 있다고 봄.

公 나눔(八)에 사사로움(厶) 없이 공평하니 **공평할 공**
또 공평한 사람이 대중에게 통하고 귀공자니 **대중 공, 귀공자 공**

分 여덟(八) 번이나 칼(刀)로 나누니 **나눌 분**
또 나누어 놓은 단위나 신분이니 **단위 분, 단위 푼, 신분 분**
또 나누어 분별할 줄 아는 분수니 **분별할 분, 분수 분**

⊕ 刀(칼 도)

> **한자구조** **지공분[푼](只公分)** - 八로 된 글자
>
> 여덟 팔, 나눌 팔(八) 위에 입 구, 말할 구, 구멍 구(口)면 **다만 지(只)**, 아래에 사사로울 사,
> 나 사(厶)면 **공평할 공, 대중 공, 귀공자 공(公)**, 칼 도(刀)면 **나눌 분, 단위 분, 단위 푼, 신분**
> **분, 분별할 분, 분수 분(分)**

只

3급 총5획
부수 口
only

- 다만. 오직. 겨우는 但只(단지).
- 바로 현재, 화자(話者)가 말하는 시점은 只今(지금)으로, 예로부터 오늘에 이르기까지를 말하는 지금(至今)과는 동음이의어(同音異義語)네요.

> 한자◆ 但(다만 단), 話(말씀 화, 이야기 화), 者(놈 자, 것 자), 今(이제 금, 오늘 금), 至(이를 지, 지극할 지), 同(한 가지 동, 같을 동), 音(소리 음), 異(다를 이), 義(옳을 의, 의로울 의, 뜻 의), 語(말씀 어)

公

6급 총4획
부수 八
fair, public,
a young noble

- 어느 쪽으로도 치우치지 않고 고름은 公平(공평). 공평하고 사사로움이 없음은 公平無私(공평무사). 지극히 공평하여 사사로움이 없음은 至公無私(지공무사). 일이나 태도가 사사로움이나 그릇됨이 없이, 아주 정당하고 떳떳함은 公明正大(공명정대).
- (어떤 사실을) 대중에게 엶(알림)은 公開(공개). 공적·사적인 일로 많이 바쁨은 公私多忙(공사다망).
- 귀한 집안의 남자, 또는 생김새나 몸가짐 등이 고상한 남자는 貴公子(귀공자).

> 한자◆ 平(평평할 평, 평화 평), 無(없을 무), 私(사사로울 사), 至(이를 지, 지극할 지), 明(밝을 명), 正(바를 정), 開(열 개), 多(많을 다), 忙(바쁠 망), 貴(귀할 귀)

分

6급 총4획
부수 刀
divide, unit,
social position,
classify

- 둘로 나눔은 兩分(양분). 아주 짧은 시간은 一分一秒(일분일초). '푼돈'으로, 적은 액수로 나뉜 돈은 分錢(푼전). 사람의 법률상 지위나 자격은 身分(신분). 사물을 종류에 따라 나누어 가름, 또는 (무슨 일을) 사리에 맞게 판단함은 分別(분별). 주어진 자기의 처지. 제 신분에 알맞은 한도는 分數(분수)지요.

> 한자◆ 兩(둘 량, 짝 량, 냥 냥), 秒(까끄라기 묘, 초 초), 錢(돈 전), 身(몸 신), 別(나눌 별, 다를 별), 數(셀 수, 두어 수, 운수 수)

송송송(松訟頌)

松	訟	頌
소나무 **송**	송사할 **송**	칭송할 **송**

松(소나무 송) = 木(나무 목) + 公
소나무를 나타내는 글자에 어찌 공평할 공, 대중 공, 귀공자 공(公)이 붙었을까요?
아하! 소나무는 귀공자처럼 멋있어 정원수로도 으뜸이고, 줄기는 물론 뿌리
와 잎까지 두루 쓰이지요.

松 나무(木) 중 귀공자(公)처럼 모양도 빼어나고 두루 쓰이는
소나무니 **소나무 송**

訟 말하여(言) 공평하게(公) 판정받으려고 송사하니 **송사할 송**
⊕ 言(말씀 언)

頌 대중(公)들이 머리(頁) 들어 칭송하니 **칭송할 송**
⊕ 頁(머리 혈) - 2권 제목번호[124] 참고

 송송송(松訟頌) - 公으로 된 글자

공평할 공, 대중 공, 귀공자 공(公) 앞에 나무 목(木)이면 **소나무 송**(松), 말씀 언(言)이면 **송사할 송**(訟), 뒤에 머리 혈(頁)이면 **칭송할 송**(頌)

4급 총8획

부수 木

pine tree

- 소나무가 우거진 수풀은 松林(송림). 소나무는 사시사철 잎이 푸르니 靑松(청송)이라 부르기도 하고, '눈 속의 소나무와 잣나무'로, (소나무와 잣나무는 눈 속에서도 그 색이 변치 않는다고 하여) 절조가 굳은 사람을 이르는 말은 雪中松柏(설중송백)이라 하지요.

> 한자+ 林(수풀 림), 靑(푸를 청, 젊을 청), 雪(눈 설, 씻을 설), 柏(잣 백, 측백나무 백, = 栢)

3급II 총11획

부수 言

sue

- 재판으로, 원고와 피고 사이의 권리나 의무 따위의 법률관계를 확정하여 줄 것을 법원에 요구함, 또는 그런 절차는 訟事(송사)나 訴訟(소송).
- (서로 타협하여) 소송이 없도록 함은 使無訟(사무송).
- '백성들의 일로 인한 소송'으로, 개인 사이의 사사로운 권리(權利)관계의 다툼을 법률적으로 해결·조정하기 위한 소송은 民事訴訟(민사소송), 형벌 법규를 위반한 사람에게 형벌을 부과하기 위한 소송은 刑事訴訟(형사소송).

> 한자+ 事(일 사, 섬길 사), 訴(하소연할 소, 소송할 소), 使(하여금 사, 부릴 사), 無(없을 무), 權(권세 권), 利(이로울 리, 날카로울 리), 民(백성 민), 刑(형벌 형)

4급 총13획

부수 頁

praise

- (아름다움과 덕을) 기리고 칭송함은 讚頌(찬송). 신성한 대상을 찬미하는 노래는 讚頌歌(찬송가).
- 칭찬하여 기림은 稱頌(칭송). 여러 사람이 모두 한결같이 칭송함은 萬口稱頌(만구칭송)이네요.

> 한자+ 讚(칭찬할 찬, 기릴 찬), 歌(노래 가), 稱(일컬을 칭), 萬(많을 만, 일만 만)

去	法	却
갈 **거**, 제거할 **거**	법 **법**	물리칠 **각**

법 법(法) = 삼 수 변(氵) + 去

나눠진 부분을 해석하면 '물처럼 간다, 물로 제거한다'로, '법'이라는 뜻은 나오지 않으니 상상력을 동원해야 하겠네요.

법은 항상 낮은 데로 흐르는 물처럼 순리에 맞아야 하고, 어디가 더 차고 덜 참이 없이 모두 똑같이 평평한 면을 이루는 물처럼 모두에게 공평해야 함을 생각하고 만든 글자네요.

去

어떤 땅(土)으로 사사로이(厶) 가니 **갈 거**

또 가서 제거하니 **제거할 거**

⊕ 土(흙 토), 厶(사사로울 사, 나 사)

法

물(氵)이 흘러가듯(去) 순리에 맞아야 하는 법이니 **법 법**

却

가서(去) 무릎 꿇려(卩) 물리치니 **물리칠 각**

⊕ 卩(무릎 꿇을 절, 병부 절, = 㔾)

한자 구조 **거법각**(去法却) - 去로 된 글자

흙 토(土) 아래에 사사로울 사, 나 사(厶)면 **갈 거, 제거할 거**(去), 갈 거, 제거할 거(去) 앞에 삼 수 변(氵)이면 **법 법**(法), 뒤에 무릎 꿇을 절, 병부 절(卩)이면 **물리칠 각**(却)

去

5급 총5획
부수 厶
go, remove

- 간(지난) 해는 去年(거년). ① 주고받음. ② 사고팖. ③ 친분을 이루기 위하여 오고 감은 去來(거래). ① 사람이 어디로 가거나 다니거나 하는 움직임. ② 어떤 사건이나 문제에 대하여 밝히는 태도는 去就(거취). 이미 지나간 때, 또는 지나간 일이나 생활은 過去(과거).
- 없애거나 사라지게 함은 除去(제거). '머리를 제거하고 꼬리를 끊음'으로, 요점만 말하고 부수적인 것은 빼버림은 去頭截尾(거두절미).

> 한자+ 年(해 년, 나이 년), 來(올 래), 就(나아갈 취, 이룰 취), 過(지날 과, 지나칠 과, 허물 과), 除(제거할 제, 덜 제, 나눗셈 제), 頭(머리 두, 우두머리 두), 截(끊을 절), 尾(꼬리 미)

法

5급 총8획
부수 水(氵)
law

- 법(法), 즉 국가의 강제력을 수반하는 사회규범은 法律(법률). 어떤 일을 해 나가거나 목적을 이루기 위하여 취하는 수단이나 방식은 方法(방법). 법을 세움(만듦)은 立法(입법). 법을 지킴은 遵法(준법).
- 법규에 맞음, 또는 알맞은 법은 適法(적법). 법에 알맞은 절차는 適法節次(적법절차). 국가통치체제의 기초에 관한 각종 근본 법규의 총체는 憲法(헌법)이지요.

> 한자+ 律(법률 률, 음률 률), 方(모 방, 방향 방, 방법 방), 立(설 립), 遵(좇을 준), 適(알맞을 적, 갈 적), 節(마디 절, 절개 절, 계절 절), 次(다음 차, 차례 차, 번 차), 절차(節次) - 일을 치르는 데 거쳐야 하는 순서나 방법. 憲(법 헌)

却

3급 총7획
부수 卩
step back, reject

- 행정법에서, 국가기관에 대한 행정상 신청을 배척하는 처분은 却下(각하). '버리고 물리침'으로, ① 물품을 내버림, ② 법원에서 소(訴)나 상소가 실체적으로 이유가 없다고 판단하여, 소송을 종료하는 일은 棄却(기각). (어떤 사실을) 완전히 잊어버림은 忘却(망각). 물건을 팔아 버림은 賣却(매각). 불에 태워 없애 버림은 燒却(소각). 패하여 뒤로 물러남은 退却(퇴각).

> 한자+ 下(아래 하, 내릴 하), 訴(하소연할 소, 소송할 소), 棄(버릴 기), 忘(잊을 망), 賣(팔 매), 燒(불사를 소), 退(물러날 퇴)

0 6 6 지치실(至致室)

至	致	室
이를 **지**, 지극할 **지**	이룰 **치**, 이를 **치**	집 **실**, 방 **실**, 아내 **실**

지극한 정성(至誠)이면 하늘도 감동한다(感天)는 지성감천(至誠感天)이 생각나네요.
신기한 힘을 가진 신(神)보다 지성(至誠)이 더 낫다는 신막신어지성(神莫神於至
誠 - 신에는 지성보다 더 나은 신이 없다)이라는 말도 있지요.
+ 誠(정성 성), 感(느낄 감), 天(하늘 천), 神(귀신 신, 신비할 신), 莫(없을 막,
말 막, 가장 막), 於(어조사 어, 탄식할 오)

至

하나(一)의 사사로운(厶) 땅(土)에 이르니 **이를 지**

또 이르러(至) 돌봄이 지극하니 **지극할 지**

⊕ 一(한 일), 厶(사사로울 사, 나 사), 土(흙 토)

致

지극 정성으로(至) 치며(攵) 지도하면 꿈을 이루고 목표에 이

르니 **이룰 치, 이를 치**

⊕ 攵(칠 복, = 攴)

室

집(宀) 중 이르러(至) 쉬는 집이나 방이니 **집 실, 방 실**

또 집에서 살림하는 아내도 가리켜서 **아내 실**

⊕ 宀(집 면)

> 한자 구조 **지치실**(至致室) - 至로 된 글자
>
> 한 일(一) 아래에 사사로울 사, 나 사(厶)와 흙 토(土)면 **이를 지, 지극할 지**(至), 이를 지, 지
> 극할 지(至) 뒤에 칠 복(攵)이면 **이룰 치, 이를 치**(致), 위에 집 면(宀)이면 **집 실, 방 실, 아
> 내 실**(室)

- 처음부터 끝에 이르기까지(의 과정)는 自初至終(자초지종).
- 이르러 정성을 다함. 더없이 극진함은 至極(지극).
- '지극한 정성'으로, 더할 수 없이 극진한 정성은 至極精誠(지극정성).

4급II 총6획
부수 至
reach, extreme

> 한자➕ 自(자기 자, 스스로 자, 부터 자), 初(처음 초), 終(다할 종, 마칠 종), 極(끝 극, 다할 극), 精(정밀할 정, 찧을 정), 誠(정성 성)

- '부를 이룸'으로, 재물을 모아 부자가 됨은 致富(치부).
- 치명적인(죽을 지경에 이를 정도의) 타격은 致命打(치명타). 꾀어서 데려옴, 또는 행사나 사업 따위를 이끌어 들임은 誘致(유치). 비교되는 대상들이 같거나 들어맞음은 一致(일치).

5급 총10획
부수 至
accomplish, reach

> 한자➕ 富(부자 부, 넉넉할 부), 命(명령할 명, 목숨 명, 운명 명), 打(칠 타), 誘(꾈 유)

- ① 집이나 방의 안. ② 남의 아내를 점잖게 이르는 말은 室內(실내). 연구실, 행정실 따위의 '실' 자가 붙은 부서의 우두머리는 室長(실장). ① 학교에서 학습활동이 이루어지는 방. ② 일정한 분야를 연구하는 모임은 敎室(교실). '작은 집'으로, 첩 또는 첩의 집은 小室(소실).
- '방을 비우면 밝음이 생김'으로, (방을 비우면 그 공간에 빛이 들어와 환하다는 데서) 무념무상(無念無想)의 경지에 이르면(욕심이 없어지면) 저절로 진리에 도달할 수 있음을 이르는 말은 虛室生白(허실생백)이네요.

8급 총9획
부수 宀
house, room, wife

> 한자➕ 內(안 내), 長(길 장, 어른 장), 敎(가르칠 교), 小(작을 소), 無(없을 무), 念(생각 념), 想(생각할 상), 虛(빌 허, 헛될 허), 生(날 생, 살 생, 사람을 부를 때 쓰는 접사 생), 白(흰 백, 밝을 백, 깨끗할 백, 아뢸 백)

黑	點	默
검을 **흑**	점 **점**, 불 켤 **점**	말 없을 **묵**, 고요할 **묵**

바쁜 현대로 오면서 약자(略字)도 많이 사용하니 略字도 알아 두세요.
略字는 쓰는 노력을 아껴 편리함을 도모하기 위한 것으로, 글자의 획 일부를 생략하거나
전체 구성을 간략히 줄인 한자를 말하지요.
검을 흑(黑)을 약자로 쓰면 黒이네요.
약자도 어원으로 풀면 쉽게 익혀지기에, 이 책에서는 약자도 어원으로 풀었어요.
+ 略(간략할 략, 빼앗을 략), 字(글자 자)

黑
굴뚝(里)처럼 불(灬)에 그을려 검으니 **검을 흑**
약 黒 - 마을(里)에서 불(灬)을 때면 그을려 검으니 '검을 흑'
⊕ 里(구멍 뚫린 굴뚝의 모양으로 봄), 里(마을 리, 거리 리),
灬[불 화(火)가 글자의 발에 붙는 부수로 '불 화 발']

點
검게(黑) 점령하듯(占) 찍은 점이니 **점 점**
또 점을 찍듯 불을 켜니 **불 켤 점**
약 点 - 점령하듯(占) 찍은 네 점(灬)이니 '점 점'
 奌 - 점령하듯(占) 크게(大) 찍은 점이니 '점 점'
⊕ 占(점칠 점, 점령할 점)

默
캄캄하고(黑) 개(犬)도 짖지 않는 밤처럼 말없고 고요하니
말 없을 묵, 고요할 묵
약 黙 ⊕ 犬(개 견)

한자
구조 **흑점묵(黑點默) - 黑으로 된 글자**
구멍 뚫린 굴뚝의 모양(里) 아래에 불 화 발(灬)이면 **검을 흑(黑)**, 검을 흑(黑) 뒤에 점칠 점,
점령할 점(占)이면 **점 점**, **불 켤 점(點)**, 뒤에 개 견(犬)이면 **말 없을 묵, 고요할 묵(默)**

黑

5급 총12획
부수 黑
black, dark

- 검은빛과 흰빛은 黑白(흑백). '검은 글자'로, 수입이 지출을 초과하여 이익이 생기는 일은 黑字(흑자), 반대말은 적자(赤字). 어둡고 캄캄함, 또는 암담하고 비참한 상태를 비유적으로 이르는 말은 暗黑(암흑). '먹을 가까이하는 사람은 검어짐'으로, 나쁜 친구를 사귀면 나빠지기 쉬움을 이르는 말은 近墨者黑(근묵자흑).

> 한자❖ 白(흰 백, 밝을 백, 깨끗할 백, 아뢸 백), 字(글자 자), 赤(붉을 적, 벌거 벗을 적), 暗(어두울 암, 몰래 암), 近(가까울 근, 비슷할 근), 墨(먹 묵), 者(놈 자, 것 자)

點

4급 총17획
부수 黑
spot, switch on a light

- 점까지(낱낱이) 검사함, 또는 그런 검사는 點檢(점검). 어떠한 것이 처음으로 일어나거나 시작되는 점(곳)은 起點(기점)이나 始點(시점).
- 시간의 어느 한순간은 時點(시점). 어떤 대상을 볼 때 시력의 중심이 가 닿는 점, 또는 소설에서 이야기를 서술하여 나가는 방식이나 관점은 視點(시점). 관심이나 주의가 집중되는 사물의 중심 부분, 또는 사진을 찍을 때 영상이 가장 똑똑하게 나타나게 되는 점은 焦點(초점). 불충분하거나 허술한 점은 虛點(허점).
- 등불을 켬은 點燈(점등)이지요.

> 한자❖ 檢(검사할 검), 起(일어날 기, 시작할 기), 始(처음 시), 時(때 시), 視(볼 시), 焦(탈 초), 虛(빌 허, 헛될 허), 燈(등불 등)

默

3급 II 총16획
부수 黑
silence, quiet

- 말없이 마음속으로 빎은 默念(묵념). 말없이 대답하지 않음은 默默不答(묵묵부답).
- 의견이나 제안 따위를 듣고도 못 들은 척함은 默殺(묵살). '말없이 인정함'으로, 모르는 체하고 슬며시 승인함은 默認(묵인).
- 아무 말도 없이 고요하게 있음, 또는 그런 상태는 沈默(침묵).

> 한자❖ 念(생각 념), 答(대답할 답, 갚을 답), 殺(죽일 살, 빠를 쇄, 감할 쇄), 認(알 인, 인정할 인), 沈(잠길 침, 성씨 심)

0 6 8 족촉착(足促捉)

足	促	捉
발 족, 넉넉할 족	재촉할 촉	잡을 착

발을 나타내는 발 족(足)에 어찌 '넉넉할 족'의 뜻도 있을까요?
아하! 발이 편하고 건강해야 신체 모두가 건강하고 마음이 넉넉하다는 데서 붙여진
것이네요. 그래서 발을 제2의 심장이라 하고, 발 마사지, 족욕(足浴) 등 발 관련
프로그램도 많군요. 발 족(足)이 부수로 쓰일 때는 ⻊ 모양이지요.
+ 浴(목욕할 욕)

足
무릎(口)부터 발까지를 본떠서 **발 족**
또 발까지 편해야 마음이 넉넉하니 **넉넉할 족**
⊕ 口('입 구, 말할 구, 구멍 구'지만 여기서는 무릎으로 봄)

促
사람(亻)이 발(足)까지 구르며 재촉하니 **재촉할 촉**

捉
손(扌)으로 발(足)목을 잡으니 **잡을 착**
⊕ 扌(손 수 변)

> 한자 구조 **족촉착(足促捉)** - 足으로 된 글자
> 무릎(口)부터 발까지를 본떠서 **발 족**(足), 또 발까지 편해야 마음이 넉넉하니 **넉넉할 족**(足), 발 족, 넉넉할 족(足) 앞에 사람 인 변(亻)이면 **재촉할 촉**(促), 손 수 변(扌)이면 **잡을 착**(捉)

足

7급 총7획
부수 足
foot, enough

- 손발, 또는 '손발처럼 마음대로 부리는 사람'을 비유하여 이르는 말은 手足(수족). '발 없는 말이 천 리를 난다(간다)'로, 말을 조심해야 함을 이르는 말은 無足之言(무족지언) 飛于千里(비우천리), 줄여서 언비천리(言飛千里)라 하지요.
- 모자람 없이 충분하고 넉넉함은 滿足(만족). 넉넉하게 채움은 充足(충족).
- 만족함을 알면 가히 즐겁고, 탐하는 데 힘쓰면 곧 근심이라는 말은 知足可樂 務貪則憂(지족가락 무탐즉우)이네요.

> 한자+ 手(손 수, 재주 수, 재주 있는 사람 수), 無(없을 무), 言(말씀 언), 飛(날 비, 높을 비, 빠를 비), 于(어조사 우), 千(일천 천, 많을 천), 里(마을 리, 거리 리), 滿(찰 만), 充(가득 찰 충, 채울 충), 知(알 지), 可(옳을 가, 가히 가, 허락할 가), 樂(풍류 악, 즐거울 락, 좋아할 요), 務(일 무, 힘쓸 무), 貪(탐낼 탐), 則(곧 즉, 법칙 칙), 憂(근심 우)

促

3급Ⅱ 총9획
부수 人(亻)
urge

- (어떤 일을) 빨리하라고 다그침은 再促(재촉). 급하게 재촉하여 요구함은 促求(촉구). 어떤 기한이 바짝 다가와서 급함은 促迫(촉박). 다그쳐 빨리 나아가게 함은 促進(촉진).
- 일이나 행동을 빨리하도록 재촉함은 督促(독촉).

> 한자+ 再(다시 재, 두 번 재), 求(구할 구), 迫(닥칠 박), 進(나아갈 진), 督(감독할 독)

捉

3급 총10획
부수 手(扌)
catch

- 사람을 붙잡아서 보냄은 捉送(착송). ① 꼭 붙잡음, 또는 일의 요점이나 요령을 깨침. ② 어떤 기회나 정세를 알아차림은 捕捉(포착).

> 한자+ 送(보낼 송), 捕(잡을 포)

冂	兩	滿
멀 경, 성 경	둘 량, 짝 량, 냥 냥	찰 만

찰 만(滿) = 氵 + 卄[초 두(艹)의 약자] + 兩
찰 만(滿)처럼 복잡한 글자도, 부수나 독립되어 쓰이는 글자로 나누어 풀어보면, 아래처럼 어원이 쉽게 나오네요.

冂 멀리 떨어져 윤곽만 보이는 성이니 **멀 경, 성 경**

兩
하나(一)의 성(冂)을 나누어(丨) 양쪽에 들어(入) 있는 둘이나 짝이니 **둘 량, 짝 량**
또 화폐의 단위로도 쓰여 **냥 냥**

⊕ 雨(비 우) - 1권 제목번호[097] 참고
⑺ 両 – 하나(一)의 성(冂)이 산(山) 때문에 나뉜 둘이나 짝이니
'둘 량, 짝 량'
또 화폐의 단위로도 쓰여 '냥 냥'
⊕ 丨('뚫을 곤'이지만 여기서는 나뉜 모양으로 봄), 入(들 입), 山(산 산)

滿
물(氵)이 여기저기 나는 잡초(卄)처럼 양(兩)쪽에 가득 차니 **찰 만**
⑺ 満

┌한자┐
│구조│ **경 량[냥]만**(冂 兩滿) - 冂과 兩으로 된 글자
멀리 떨어져 윤곽만 보이는 성이니 **멀 경, 성 경**(冂), 멀 경, 성 경(冂)에 한 일(一)과 뚫을 곤(丨), 들 입(入) 둘이면 **둘 량, 짝 량, 냥 냥**(兩), 둘 량, 짝 량, 냥 냥(兩) 앞에 삼 수 변(氵), 위에 초 두(艹)의 약자(卄)면 **찰 만**(滿)

冂

총2획

부수자

distant, castle

兩

4급 II 총8획

부수 入

both, pair,
quantity

- 두 나라는 兩國(양국). 서로 점점 더 달라지고 멀어짐은 兩極化(양극화). 둘로 나눔은 兩分(양분). 두 편이나 양쪽의 측면은 兩側(양측).
- 둘 중 하나를 택함은 兩者擇一(양자택일). 물이나 육지에서 둘 다 활용할 수 있음은 水陸兩用(수륙양용).

> 한자+ 國(나라 국), 極(끝 극, 다할 극), 化(될 화, 변화할 화, 가르칠 화), 分(나눌 분, 단위 분, 단위 푼, 신분 분, 분별할 분, 분수 분), 側(곁 측), 者(놈 자, 것 자), 擇(가릴 택), 陸(육지 륙), 用(쓸 용)

滿

4급 II 총14획

부수 水(氵)

full

- 정한 기한이 다 참, 또는 그 기한은 滿期(만기). 마음에 흡족함, 또는 모자람 없이 충분하고 넉넉함은 滿足(만족). 마음에 흡족하지 않음은 不滿(불만)이나 不滿足(불만족), 가득 참은 充滿(충만).
- '달은 차면 곧 이지러짐'으로, 무슨 일이든지 성하면 반드시 쇠하게 됨을 이르는 말은 月滿則虧(월만즉휴), 성한 것은 결국 쇠퇴해진다는 성자필쇠(盛者必衰)와 비슷한 뜻이네요.

> 한자+ 期(기간 기, 기약할 기), 足(발 족, 넉넉할 족), 充(가득 찰 충, 채울 충), 則(곧 즉, 법칙 칙), 虧(이지러질 휴), 盛(성할 성), 者(놈 자, 것 자), 必(반드시 필), 衰(쇠할 쇠)

070 동동동[통](同銅洞)

同	銅	洞
한 가지 **동**, 같을 **동**	구리 **동**	마을 **동**, 동굴 **동**, 밝을 **통**

마을 동, 동굴 동, 밝을 통(洞) = 氵(삼 수 변) + 同
'물을 같이 쓰는 마을이나 동굴이니 마을 동, 동굴 동(洞)'임은 알겠는데, '밝을 통'은 어떻게 붙여진 뜻일까요?
아하! 그래요! 물은 본래 맑고, 자기 모양을 주장하지 않으며, 항상 낮은 곳으로만 흐르고, 구덩이가 있으면 채우고 넘쳐야 흐르는 등 배울 점이 많지요. 그래서 이런 물 같이 맑고 겸손하면 사리에 밝다고 본 것이네요.

同
성(冂)에서 하나(一)의 출입구(口)로 다니는 것처럼,
한가지로 같으니 **한가지 동, 같을 동**
⊕ 口(입 구, 말할 구, 구멍 구)

銅
금(金)과 같은(同) 색의 구리니 **구리 동**
⊕ 색을 몇 가지로 밖에 구분하지 못하던 옛날에, 구리와 금을 같은 색으로 보고 만들어진 글자네요.
⊕ 金(쇠 금, 금 금, 돈 금, 성씨 김)

洞
물(氵)을 같이(同) 쓰는 마을이나 동굴이니 **마을 동, 동굴 동**
또 물(氵) 같이(同) 맑아 사리에 밝으니 **밝을 통**

> [한자 구조] **동동동[통]**(同銅洞) - 同으로 된 글자
>
> 멀 경, 성 경(冂) 안에 한 일(一)과 입 구, 말할 구, 구멍 구(口)면 **한 가지 동, 같을 동**(同), 한 가지 동, 같을 동(同) 앞에 쇠 금, 금 금, 돈 금, 성씨 김(金)이면 **구리 동**(銅), 삼 수 변(氵)이면 **마을 동, 동굴 동, 밝을 통**(洞)

同

7급 총6획
부수 口
same

- 둘 이상의 개인이나 단체, 국가가 서로의 이익이나 목적을 위하여 같이 행동하기로 맹세하여 맺는 약속이나 조직체, 또는 그런 관계를 맺음은 同盟(동맹).

- 같은 때나 시기, 또는 어떤 사실을 겸함은 同時(동시). (차이 없이) 똑같음은 同一(동일). 같이 감은 同行(동행). 둘 이상의 사람이나 단체가 함께 일하거나, 같은 자격으로 관계를 맺음은 共同(공동).

- ① 비슷한 것들은 수만 가지가 있어도, 즉 닮은(비슷한) 점은 많으나 서로 같지는 아니함. ② 분수에 맞지 않음. 정도에 넘침은 類萬不同(유만부동). ①의 예는 "형제간이라도 類萬不同이라 막내를 유달리 사랑한다.", ②의 예는 "類萬不同이지 너무 한다(다름을 아무리 인정한다고 하더라도 너무 차이가 난다), (너무 정도에 지나치다)"처럼 쓰이지요.

한자╋ 盟(맹세할 맹), 時(때 시), 行(다닐 행, 행할 행, 항렬 항), 共(함께 공), 類(무리 류, 닮을 류), 萬(많을 만, 일만 만), 不(아닐 불·부)

銅

4급Ⅱ 총14획
부수 金
copper

- 구리로 만든 사람의 형상은 銅像(동상). 구리로 만든 돈은 銅錢(동전). 구리와 주석의 합금은 靑銅(청동).

한자╋ 像(모습 상, 본뜰 상), 錢(돈 전), 靑(푸를 청, 젊을 청)

洞

7급 총9획
부수 水(氵)
village, cave, be versed in

- 마을, 동네는 洞里(동리). 굴은 洞窟(동굴).

- '밝게 살핌'으로, 예리한 관찰력으로 사물을 꿰뚫어 봄은 洞察(통찰), 책이나 글을 처음부터 끝까지 모두 훑어본다는 통찰(通察)과 동음이의어(同音異義語).

한자╋ 里(마을 리, 거리 리), 窟(굴 굴), 察(살필 찰), 通(통할 통)

0 7 1 내병 육(內丙 肉)

內	丙	肉
안 내	남쪽 병, 밝을 병, 셋째 천간 병	고기 육

肉(고기 육) = 冂 + 사람 인(人) 둘

이런 구조가 어떻게 고기를 나타내는 글자일까요?

글자를 원래의 뜻으로 해석해서 자연스러운 어원이 나오지 않으면, 그 글자가 다른 뜻으로 사용되었는지 생각해보세요. 대부분은 원래의 뜻으로 쓰이지만, 고기 육 (肉)에서처럼 그렇지 않은 때도 있거든요. 고기 육(肉)에서 멀 경, 성 경(冂)은 고 깃덩어리, 사람 인(人) 둘은 살에 붙은 기름이나 근육을 나타내네요.

內
성(冂)으로 들어(入)간 안이니 안 내
(속) 內 - 성(冂) 안으로 사람(人)이 들어간 안이니 '안 내'
⊕ 入(들 입), 人(사람 인)

丙
(우리가 사는 북반구의) 하늘(一)에서는 안쪽(內)이 남쪽이고
밝으니 **남쪽 병, 밝을 병, 셋째 천간 병**
⊕ 一('한 일'이지만 여기서는 하늘로 봄), 內[안 내(內)의 속자]

肉
덩어리(冂)에 근육이나 기름이 붙어있는(仌) 고기니 고기 육
또 부수로 쓰일 때는 육 달 월(月)
⊕ 부수로 쓰일 때는 변형된 모양의 '月'로 쓰이며, 실제의 '달 월 (月)'과 구분하기 위하여 '육 달 월'이라 부르는데, 글자의 왼쪽이 나 아래에 붙은 月은 대부분 육 달 월(月)이지요.

한자구조 **내병 육**(內丙 肉) - 內로 된 글자와 肉

멀 경, 성 경(冂)에 들 입(入)이면 **안 내**(內), 한 일(一)과 안 내(內)의 속자(內)면 **남쪽 병, 밝을 병, 셋째 천간 병**(丙), 멀 경, 성 경(冂)에 사람 인(人) 둘이면 **고기 육**(肉)

7급 총4획
부수 入
inner

- 몸 내부의 병을 치료하는 의술의 한 부분은 內科(내과). 안쪽의 부분, 또는 어떤 조직에 속하는 범위의 안은 內部(내부). '안 얼굴'로, 사물의 속내는 內容(내용). '안의 근심과 밖의 근심'으로, 안팎의 근심·걱정을 이르는 말은 內憂外患(내우외환).

한자➕ 科(조목 과, 과목 과), 部(나눌 부, 마을 부, 거느릴 부), 容(얼굴 용, 받아들일 용, 용서할 용), 憂(근심 우), 外(밖 외), 患(근심 환)

3급 II 총5획
부수 一
south, bright,
third of 10
stems

- (갑 · 을 · 병 등으로 차례를 매길 때) 그 셋째 등급은 丙種(병종). 병자년(1636)에 오랑캐(청나라)가 침입한 난리는 丙子胡亂(병자호란).

한자➕ 種(씨앗 종, 종류 종, 심을 종), 胡(오랑캐 호, 어찌 호), 亂(어지러울 란)

4급 II 총6획
부수 肉
meat

- 사람의 몸은 肉身(육신)이나 肉體(육체). 힘줄과 살을 통틀어 이르는 말은 筋肉(근육). 피를 나눈 부모, 형제, 자매 등을 이르는 말은 血肉(혈육). '약자의 살은 강자의 밥이 됨'으로, (약한 것은 강한 것에게 먹힌다는 데서) 생존경쟁의 살벌함을 이르는 말은 弱肉強食(약육강식), 나은 자는 이기고 못난 자는 패함, 또는 강한 자는 번성하고 약한 자는 쇠멸한다는 우승열패(優勝劣敗)와 비슷한 뜻이네요.

한자➕ 身(몸 신), 體(몸 체), 筋(힘줄 근), 血(피 혈), 弱(약할 약), 強(강할 강, 억지 강), 食(밥 식, 먹을 식), 優(우수할 우, 배우 우, 머뭇거릴 우), 勝(이길 승, 나을 승), 劣(못날 렬), 敗(패할 패)

072 향상재(向尙再)

向	尙	再
향할 **향**, 나아갈 **향**	오히려 **상**, 높을 **상**, 숭상할 **상**	다시 **재**, 두 번 **재**

향할 향, 나아갈 향(向) = ノ['삐침 별(ノ)'의 변형이지만 여기서는 안내 표시로 봄] + 冂 + 口(입 구, 말할 구, 구멍 구)
어디를 들어가서 방향이 헷갈릴 때는 안내 표시를 보고 나아가야 하지요.

向
표시(ノ)된 성(冂)의 입구(口)를 향하여 나아가니
향할 향, 나아갈 향

尙
조금(小)이라도 더 높이(冋) 쌓아 오히려 높으니
오히려 상, 높을 상, 또 이런 일은 숭상하니 숭상할 상
⊕ 冋[높을 고(高)의 획 줄임], 오히려 - ① 일반적인 기준이나 예상, 짐작, 기대와는 전혀 반대되거나 다르게. ② 그럴 바에는 차라리.
⊕ 尙은 변형된 尚 모양으로 다른 글자의 구성요소에도 쓰입니다.

再
하나(一)의 성(冂)처럼 흙(土)으로 다시 두 번이나 쌓으니
다시 재, 두 번 재

> 한자 구조 **향상재**(向尙再) - 冂으로 된 글자
> 멀 경, 성 경(冂) 위에 삐침 별(ノ)과 속에 입 구, 말할 구, 구멍 구(口)면 **향할 향, 나아갈 향**(向), 위에 작을 소(小), 속에 입 구, 말할 구, 구멍 구(口)면 **오히려 상, 높을 상, 숭상할 상**(尙), 위에 한 일(一), 사이에 흙 토(土)면 **다시 재, 두 번 재**(再)

向

6급 총6획
부수 口
directed, go forward

- '위로 향함'으로, 생활이나 기술, 학습 등의 수준이 나아짐은 向上(향상). 이 다음은 向後(향후). 사람들의 사고, 사상, 활동이나 일의 형세 따위가 움직여 가는 방향, 또는 어떤 특정한 사람이나 사물의 낱낱의 움직임은 動向(동향). 취미가 쏠리는 방향은 趣向(취향).

> 한자+ 上(위 상, 오를 상), 後(뒤 후), 動(움직일 동), 趣(재미 취, 취미 취)

尙

3급II 총8획
부수 小
rather, prominent, respect

- '입에서 오히려(아직) 젖내가 남'으로, 말이나 행동이 아직 유치(幼稚) 함을 이르는 말은 口尙乳臭(구상유취). (어떤 일을 하는) 때, 즉 시기가 오히려 빠름은 時機尙早(시기상조).
- 품위나 몸가짐이 속되지 아니하고 훌륭함은 高尙(고상). 높여 소중히 여김은 崇尙(숭상).

> 한자+ 幼(어릴 유), 稚(어릴 치), 유치(幼稚)하다 - ① 나이가 어리다. ② 수준이 낮거나 미숙하다. 乳(젖 유), 臭(냄새 취), 時(때 시), 機(베틀 기, 기계 기, 기회 기), 早(일찍 조), 高(높을 고), 崇(높일 숭, 공경할 숭)

再

5급 총6획
부수 冂
again, second

- '다시 엶'으로, 어떤 활동이나 회의 따위를 한동안 중단했다가 다시 시작함은 再開(재개), '다시 고침'으로, 한 번 고친 것을 다시 고침은 再改(재개).
- (이미 없어졌거나 허물어진 것을) 다시 일으켜 세움은 再建(재건). 한 번 검토한 것을 다시 검토함은 再檢討(재검토)로, 줄여서 再檢(재검). (능력이나 힘 따위를 모아서) 다시 일어남은 再起(재기).
- '하나도 아니고 둘도 아님'으로, 아주 많음은 非一非再(비일비재). 非一非再라니까 그럼 셋이냐고 물어서 웃은 적이 있어요.

> 한자+ 開(열 개, 시작할 개), 改(고칠 개), 建(세울 건), 檢(검사할 검), 討(칠 토, 토론할 토), 起(일어날 기, 시작할 기), 非(어긋날 비, 아닐 비, 나무랄 비)

073 당당상(堂當賞)

堂	當	賞
집 **당**, 당당할 **당**	마땅할 **당**, 당할 **당**	상줄 **상**, 구경할 **상**

집 당, 당당할 당(堂) = 尚[오히려 상, 높일 상, 숭상할 상(尙)의 변형] + 土(흙 토)
마땅할 당, 당할 당(當) = 尚 + 田(밭 전)
집은 기초가 되는 흙을 잘 다져서 지어야 튼튼하지요.
옛날에는 모두 농사를 지었으니 전답을 숭상하여 잘 가꿈은 마땅한 일이라는
데서 마땅할 당(當)이고, 마땅하게 어떤 일을 당하니 '당할 당'도 되는군요.

堂　높이(尙) 흙(土)을 다져 세운 집이니 **집 당**

또 집에서처럼 당당하니 **당당할 당**

當　(농업을) 숭상하여(尙) 전답(田)을 잘 가꾸는 일처럼 마땅하니

마땅할 당, 또 마땅하게 어떤 일을 당하니 **당할 당**

⑳ 当 – 작은(⺌) 손(ヨ)길이라도 정성스럽게 대해야 함이 마땅하
　　니 '마땅할 당', 또 마땅하게 어떤 일을 당하니 '당할 당'
⊕ ⺌[작을 소(小)의 변형], ヨ(고슴도치 머리 계, 오른손 우)

賞　숭상하여(尙) 재물(貝)로 상도 주고 구경도 보내니

상줄 상, 구경할 상

⊕ 貝(조개 패, 재물 패, 돈 패)

> **한자구조** 당당상(堂當賞) - 尙으로 된 글자
>
> 오히려 상, 높을 상, 숭상할 상(尙)의 변형(尙) 아래에 흙 토(土)면 **집 당, 당당할 당**(堂), 밭
> 전(田)이면 **마땅할 당, 당할 당**(當), 조개 패, 재물 패, 돈 패(貝)면 **상줄 상, 구경할 상**(賞)

6급 총11획
부수 土
hall,
commanding

- 강의나 의식 때 쓰는 큰 방은 講堂(강당). 건물 안에 식사를 할 수 있게 시설을 갖춘 장소, 또는 음식을 만들어 손님들에게 파는 가게는 食堂(식당). 조상의 신주(神主)를 모셔 놓은 집은 祠堂(사당). 남 앞에서 내세울 만큼 떳떳한 모양이나 태도는 堂堂(당당). 풍채가 위엄 있고 당당함은 威風堂堂(위풍당당). '바르고 당당함'으로, 태도나 처지가 바르고 떳떳함은 正正堂堂(정정당당).

> 한자+ 講(익힐 강, 강의할 강), 食(밥 식, 먹을 식), 神(귀신 신, 신비할 신), 主(주인 주), 祠(사당 사), 威(위엄 위), 風(바람 풍, 풍속·경치·모습·기질·병 이름 풍), 正(바를 정)

5급 총13획
부수 田
suitable,
confront

- 마땅히 그렇게 되어야 함은 當然(당연).
- 어떤 일을 직접 맡아 하는 기관은 當局(당국). 일할 차례에 당함, 또는 그 사람은 當番(당번), 當番을 설 차례가 아님은 비번(非番). 일이 있었던 바로 그때는 當時(당시). 무엇에 관계되는 바로 그것은 該當(해당).

> 한자+ 然(그러할 연), 局(판 국, 관청 국, 상황 국), 番(차례 번, 번지 번), 非(어긋날 비, 아닐 비, 나무랄 비), 時(때 시), 該(넓을 해, 갖출 해, 그 해)

5급 총15획
부수 貝
prize,
sightseeing

- 상을 줌은 授賞(수상), 상을 받음은 受賞(수상).
- 상으로 주는 돈은 賞金(상금). 공(功)이 있고 없음이나 크고 작음을 논하여, 거기에 알맞은 상을 줌은 論功行賞(논공행상). 현금이나 물품 따위를 상으로 내걺은 懸賞(현상).
- 봄 경치를 구경하는 사람들은 賞春客(상춘객).

> 한자+ 授(줄 수), 受(받을 수), 金(쇠 금, 금 금, 돈 금, 성씨 김), 論(논할 론, 평할 론), 功(공 공, 공로 공), 行(다닐 행, 행할 행, 항렬 항), 懸(매달 현, 멀 현), 春(봄 춘), 客(손님 객)

⓪⑦④ 아 요요(襾 要腰)

襾	要	腰
덮을 아	중요할 요, 필요할 요	허리 요

중요할 요, 필요할 요(要) = 襾 [덮을 아(襾)의 변형] + 女(여자 녀)
덮음이 여자에게 중요하고 필요하다는 말인가?
아하! 여자들에게 옷은 건강을 위해서도, 멋을 내기 위해서도 더욱 중요하고
필요하겠네요.

襾
뚜껑(⊤⊤)을 덮으니(冂) **덮을 아**
⊕ ⊤⊤(뚜껑의 모양으로 봄), 冂 ['멀 경, 성 경'이지만, 여기서는
덮을 멱(冖)의 변형으로 봄]

要
덮듯(襾) 몸에 입는 옷이 여자(女)들에게는 더욱 중요하고 필
요하니 **중요할 요, 필요할 요**

腰
몸(月)에서 중요한(要) 허리니 **허리 요**
⊕ 月(달 월, 육 달 월)

**한자
구조** **아 요요**(襾 要腰) - 襾와 要로 된 글자
뚜껑(⊤⊤)을 덮으니(冂) **덮을 아**(襾), 덮을 아(襾)의 변형(襾) 아래에 여자 녀(女)면 **중요할
요, 필요할 요**(要), 중요할 요, 필요할 요(要) 앞에 달 월, 육 달 월(月)이면 **허리 요**(腰)

襾

총6획
부수자
cover

要

5급 총9획
부수 襾
important, need

- 귀중하고 필요함은 重要(중요). 반드시 있어야 함은 必要(필요). 받아야 할 것을 필요에 따라 달라고 청함, 또는 어떤 행위를 할 것을 청함은 要求(요구).
- 어떤 재화나 용역을 일정한 가격으로 사려고 하는 욕구는 需要(수요). '需要에 공급(供給)함'으로, 필요해서 구함에 대어 줌은 需要供給(수요공급).

> 한자+ 重(무거울 중, 귀중할 중, 거듭 중), 必(반드시 필), 求(구할 구), 需(구할 수, 쓸 수), 供(줄 공, 이바지할 공), 給(줄 급)

腰

3급 총13획
부수 肉(月)
waist

- 허리띠, 즉 바지 따위가 흘러내리지 아니하게 옷의 허리 부분에 둘러매는 띠는 腰帶(요대). 허리에 느끼는 통증은 腰痛(요통). (몹시 우스워서) 허리가 끊어지고 배가 아플 지경임은 腰折腹痛(요절복통)이지요.

> 한자+ 帶(찰 대, 띠 대), 痛(아플 통), 折(꺾을 절), 腹(배 복)

각 제목에 나오는 글자의 배치 순서도 참고하세요.

- 비록 발음하기는 어렵더라도 순서대로 글자를 생각해 보시라고, 먼저 기준이 되는 글자를 놓고, 그 기준 자의 ① 왼쪽에, ② 오른쪽에, ③ 위에, ④ 아래에 부수나 무슨 글자를 붙였을 때 만들어지는 글자 순으로 배치했습니다. 물론 어느 쪽에 해당 글자가 없으면 다음 순서의 글자를 배치했고요.
- 그러니 어떤 글자를 보면 그 글자의 왼쪽에, 오른쪽에, 위에, 아래에 무엇을 붙였을 때 만들어지는 글자가 무엇일까를, 또는 기준자의 좌우상하에 무엇을 붙여 만든 글자인가를 생각하면서 익히면 보다 효과적입니다.

표표표(票標漂)

票	標	漂
표 표, 티켓 표	표시할 표, 표 표	뜰 표, 빨래할 표

표 표(票) = 覀 [덮을 아(襾)의 변형] + 示(보일 시, 신 시)
표시할 표(標) = 木(나무 목) + 票
표 표(票)는 종이에 써서 만든 일반적 표이고, 표시할 표(標)는 나무로
드러나게 한 표시로 구분하여 알아 두세요.

票 덮인(覀) 것이 잘 보이게(示) 표시한 표나 티켓이니
표 표, 티켓 표

標 나무(木)에 알리려고 표시한(票) 표니 **표시할 표, 표 표**

漂 물(氵) 위에 표(票)나게 뜨니 **뜰 표**
또 물(氵)가에 표(票)나게 앉아 빨래하니 **빨래할 표**

한자
구조 **표표표(票標漂) - 票로 된 글자**

덮을 아(襾)의 변형(覀) 아래에 보일 시, 신 시(示)면 **표 표, 티켓 표(票)**, 표 표, 티켓 표(票)
앞에 나무 목(木)이면 **표시할 표, 표 표(標)**, 삼 수 변(氵)이면 **뜰 표, 빨래할 표(漂)**

票

4급 II 총11획
부수 示
ticket

- 투표로 가부를 결정함은 票決(표결). 선거하거나 가부를 결정할 때 투표용지에 의사를 표시하여 일정한 곳에 내는 일, 또는 그런 표는 投票(투표). 투표함을 열고 투표 결과를 검사함은 開票(개표).
- 우편요금을 낸 표시로 우편물에 붙이는 증표는 郵票(우표). 차를 탈 수 있는 표는 車票(차표).

> 한자+ 決(터질 결, 정할 결), 投(던질 투), 開(열 개, 시작할 개), 郵(우편 우), 車(수레 거, 차 차)

標

4급 총15획
부수 木
sign, mark

- 표를 하여 외부에 드러내 보임은 標示(표시)로, 겉으로 드러내 보인다는 표시(表示)와는 약간 다르네요.
- '표시한 과녁'으로, 목표가 되는 물건은 標的(표적). ① 사물의 정도나 성격 따위를 알기 위한 근거나 기준. ② 일반적인 것, 또는 평균적인 것은 標準(표준).
- 어떤 목적을 이루려고 지향하는 실제적 대상으로 삼음, 또는 그 대상은 目標(목표). 방향이나 목적, 기준 따위를 나타내는 표지는 指標(지표).
- 위대한 인물에게는 目標가 있지만, 평범한 사람에게는 所望이 있을 뿐이라는 말이 생각나네요.

> 한자+ 示(보일 시, 신 시), 表(겉 표), 的(과녁 적, 맞힐 적, 밝을 적, 접미사 적), 準(평평할 준, 법도 준, 준할 준), 目(눈 목, 볼 목, 항목 목), 指(손가락 지, 가리킬 지), 所(장소 소, 바 소), 望(바랄 망, 보름 망)

漂

3급 총14획
부수 水(氵)
float, wash

- 물에 떠서 흘러감은 漂流(표류).
- 빨래하는 나이 든 여자는 漂母(표모). 빨아서 희게 함. 종이나 피륙 따위를 바래거나 화학약품으로 탈색하여 희게 함은 漂白(표백).

> 한자+ 流(흐를 류, 번져나갈 류), 母(어머니 모), 白(흰 백, 밝을 백, 깨끗할 백, 아뢸 백)

几	凡	風
안석 **궤**, 책상 **궤**	무릇 **범**, 보통 **범**	바람 **풍**, 풍속 · 경치 · 모습 · 기질 · 병 이름 **풍**

바람 풍(風) = 凡(무릇 범, 보통 범) + 虫(벌레 충)
바람을 나타내는 글자에 어찌 벌레 충(虫)이 들어갈까요?
아하! 작은 벌레나 씨앗은 바람을 타고 옮겨감을 생각하고 만든 글자네요.
바람으로 말미암은 것이 많아서 그런지, 바람 풍(風)에는 뜻도 많네요.

几

안석이나 책상을 본떠서 **안석 궤, 책상 궤**

⊕ 안석(案席) - 앉을 때 몸을 기대는 방석
⊕ 案(책상 안, 생각 안, 계획 안), 席(자리 석)

凡

(공부하는) 책상(几)에 점(丶)이 찍힘은 무릇 보통이니

무릇 범, 보통 범

⊕ 丶(점 주, 불똥 주), 무릇 – 종합하여 살펴보건대. 헤아려 생각
건대. 대체로 보아

風

무릇(凡) 벌레(虫)도 옮기는 바람이니 **바람 풍**

또 바람으로 말미암은 풍속 · 경치 · 모습 · 기질 · 병 이름 풍

한자
구조 **궤 범풍**(几 凡風) - 几와 凡으로 된 글자

안석이나 책상을 본떠서 **안석 궤, 책상 궤**(几), 안석 궤, 책상 궤(几) 안에 점 주, 불똥 주
(丶)면 **무릇 범, 보통 범**(凡), 무릇 범, 보통 범(凡) 속에 벌레 충(虫)이면 **바람 풍, 풍속 · 경
치 · 모습 · 기질 · 병 이름 풍**(風)

几

1급 총2획
부수 几
cushion, desk

凡

3급Ⅱ 총3획
부수 几
in general, common

- 일러두기, 즉 책의 첫머리에 그 책의 내용이나 쓰는 방법 따위를 설명한 글은 凡例(범례). 법도에 맞는 모든 질서나 절차는 凡節(범절), (일상생활에서 갖추어야 할) 모든 예의와 절차는 禮儀凡節(예의범절).
- '보통이 아님'으로, 보통 수준보다 훨씬 뛰어남은 非凡(비범). 중요하게 여길 만하지 아니하고 보통임은 凡常(범상). 뛰어나거나 색다른 점이 없이 예사로움은 平凡(평범). 평범한 사람은 凡人(범인)으로, 범죄인(犯罪人), 즉 범죄를 저지른 사람인 범인(犯人)과 동음이의어(同音異義語).

> 한자+ 例(법식 례, 보기 례), 節(마디 절, 절개 절, 계절 절), 禮(예도 례), 儀(거동 의), 非(어긋날 비, 아닐 비, 나무랄 비), 常(항상 상, 보통 상, 떳떳할 상), 平(평평할 평, 평화 평), 犯(범할 범), 罪(죄지을 죄, 허물 죄)

風

6급 총9획
부수 風
wind

- 몹시 사납게 부는 바람은 暴風(폭풍). '비는 순하게 오고 바람은 조화롭게 붊'으로, 농사에 알맞게 기후가 순조로움은 雨順風調(우순풍조).
- 아름답고 좋은 풍속은 美風良俗(미풍양속). 경치는 風景(풍경).
- 위엄 있는 모습은 威風(위풍). 뇌혈관의 장애로 갑자기 정신을 잃고 넘어져서 몸의 한 부분이 마비되는 병은 中風(중풍)이지요.

> 한자+ 暴(사나울 폭·포, 드러날 폭), 雨(비 우), 順(순할 순), 調(고를 조, 어울릴 조, 가락 조), 美(아름다울 미), 良(어질 량, 좋을 량), 俗(저속할 속, 속세 속, 풍속 속), 景(볕 경, 경치 경, 클 경), 威(위엄 위), 中(가운데 중, 맞힐 중)

⓿⓻⓻ 수 반반(殳 般盤)

殳	般	盤
칠 수, 창 수, 몽둥이 수	옮길 반, 일반 반	소반 반

칠 수, 창 수, 몽둥이 수(殳) = 几(안석 궤, 책상 궤) + 又(오른손 우, 또 우)
칠 수, 창 수, 몽둥이 수(殳)는 단독으로는 쓰이지 않지만, 글자의 구성성분으로는 많이 쓰이네요.

殳
안석(几) 같은 것을 손(又)에 들고 치니 **칠 수**
또 치려고 드는 창이나 몽둥이니 **창 수, 몽둥이 수**

般
옛날 배(舟)는 창(殳) 같은 노를 저어 옮겨감이 일반이었으니
옮길 반, 일반 반
⊕ 舟 – 통나무배를 본떠서 '배 주'

盤
물건을 옮길(般) 때 쓰는 그릇(皿) 같은 소반이니 **소반 반**
⊕ 皿(그릇 명)

한자구조 **수 반반**(殳 般盤) - 殳와 般으로 된 글자
안석 궤, 책상 궤(几) 아래에 오른손 우, 또 우(又)면 **칠 수, 창 수, 몽둥이 수**(殳), 칠 수, 창수, 몽둥이 수(殳) 앞에 배 주(舟)면 **옮길 반, 일반 반**(般), 옮길 반, 일반 반(般) 아래에 그릇명(皿)이면 **소반 반**(盤)

殳

특급 총4획

부수 殳
strike, spear, stick

般

3급Ⅱ 총10획

부수 舟

remove,
general

- 운반하여 냄은 般出 · 搬出 (반출).

- 특별한 것이 아니라 전체에 두루 해당하는 것은 一般 (일반).

- 지금이나 옛날이나 같음은 今古一般 (금고일반). 저편이나 이편이나 서로 같음, 즉 다 같음은 彼此一般 (피차일반). 어떤 일이나 부문에 대하여 그것에 관계되는 전체, 또는 통틀어서 모두는 全般 (전반).

> 한자+ 出(나올 출, 나갈 출), 搬(옮길 반), 今(이제 금, 오늘 금), 古(오랠 고, 옛 고), 彼(저 피), 此(이 차 - 이쪽을 가리키는 지시대명사), 全(온전할 전)

盤

3급Ⅱ 총15획

부수 皿

tray, support

- 자그마한 밥상은 小盤 (소반). 허리 부분에 있는 크고 넓적한 뼈는 骨盤 (골반). '기초가 되는 쟁반'으로, 기초가 되는 바탕, 또는 사물의 토대는 基盤 (기반). 전축이나 오디오 따위의 회전판에 걸어 소리를 들을 수 있게 만든 동그란 물건은 音盤 (음반). 땅의 표면, 또는 일을 이루는 기초나 근거가 될 만한 바탕은 地盤 (지반).

- 한 덩어리로 된 넓고 평평한 바위는 盤石 (반석). '편안하기가 반석 같음'으로, 편안하고 끄떡없기가 반석 같아서, 제아무리 수단을 써서 건드려 봐도 흔들리지 않음은 安如盤石 (안여반석)이네요.

> 한자+ 小(작을 소), 骨(뼈 골), 基(터 기, 기초 기), 音(소리 음), 地(땅 지, 처지 지), 石(돌 석), 安(편안할 안), 如(같을 여), 반석(盤石) - 쟁반처럼 넓적한 돌

0 7 8 설역투(設役投)

設	役	投
세울 설, 베풀 설	부릴 역	던질 투, 버릴 투

여기도 칠 수, 창 수, 몽둥이 수(殳)가 공통으로 들어간 글자들.
칠 수, 창 수, 몽둥이 수(殳) 앞에 부수만 바꿔보면 다른 뜻의 글자가 되네요.
이렇게 공통 부분을 이용하여 어원을 생각하며 익히면 복잡하고 어려운
글자도 쉽게 익혀지고, 오래도록 잊히지 않으며, 두뇌에 생각의 나이테도
더욱 늘겠지요.

設
말(言)로 상대의 주장을 치며(殳) 자기주장을 세우고 베푸니
세울 설, 베풀 설
⊕ 言 (말씀 언)

役
가도록(彳) 치면서(殳) 부리니 **부릴 역**
⊕ 彳(조금 걸을 척)

投
손(扌)으로 창(殳)을 던져 버리니 **던질 투, 버릴 투**

> 한자
> 구조　**설역투**(設役投) - 殳로 된 글자
> 칠 수, 창 수, 몽둥이 수(殳) 앞에 말씀 언(言)이면 **세울 설, 베풀 설**(設), 조금 걸을 척(彳)이
> 면 **부릴 역**(役), 손 수 변(扌)이면 **던질 투, 버릴 투**(投)

設

4급 II 총11획
부수 言
establish, give

- (기관이나 조직체 등을 새로) 세움(만듦)은 設立(설립). (시설을) 베풀어 갖춤은 設備(설비). 베풀어서 둠은 設置(설치). 도구 · 기계 · 장치 따위를 베풀어 설비함, 또는 그런 설비는 施設(시설).
- 어떤 사람을 위하여 벼슬자리를 새로 베풂(마련함)은 爲人設官(위인설관).

> 한자➕ 立(설 립), 備(갖출 비), 置(둘 치), 施(베풀 시), 爲(할 위, 위할 위), 官(관청 관, 벼슬 관)

役

3급 II 총7획
부수 彳
employ

- 자기가 마땅히 하여야 할 맡은 바 직책이나 임무는 役割(역할). 몹시 힘들고 고되어 견디기 어려운 일은 苦役(고역). (연극 등에서) 아이의 역은 兒役(아역). 주된 역할, 또는 주된 역할을 하는 사람은 主役(주역). '쓰는 역할'로, 생산과 소비에 필요한 노무를 제공하는 일은 用役(용역). 현재 어떠한 직무에 종사하고 있는 사람, 또는 현재 종사하고 있는 일은 現役(현역).
- '한 몸이 많은 역할을 함'으로, 혼자서 여러 역할을 맡음은 一身多役(일신다역), 한 몸으로 두 가지 역할을 한다는 一身兩役(일신양역)과 一人二役(일인이역)도 있네요.

> 한자➕ 割(벨 할, 나눌 할), 苦(쓸 고, 괴로울 고), 兒(아이 아), 主(주인 주), 用(쓸 용), 現(이제 현, 나타날 현), 身(몸 신), 多(많을 다), 兩(둘 량, 짝 량, 냥 냥)

投

4급 총7획
부수 手(扌)
throw,
throw away

- (야구에서 타자가 칠 공을) 던지는 선수, 즉 피처(PITCHER)는 投手(투수).
- ① 기회를 틈타 큰 이익을 보려고 함, 또는 그 일. ② 시세 변동을 예상하여 차익을 얻기 위하여 하는 거래는 投機(투기), 내던져버림은 投棄(투기). '던져 팖'으로, 손해를 무릅쓰고 주식이나 채권을 싼값에 팔아버리는 일은 投賣(투매). 이익을 얻기 위하여 어떤 일이나 사업에 자본을 대거나 시간이나 정성을 쏟음은 投資(투자).
- 던져 넣음, 또는 사람이나 물자, 자본 따위를 필요한 곳에 넣음은 投入(투입). 선거하거나 가부를 결정할 때 투표용지에 의사를 표시하여 일정한 곳에 내는 일, 또는 그런 표는 投票(투표)지요.

> 한자➕ 手(손 수, 재주 수, 재주 있는 사람 수), 機(베틀 기, 기계 기, 기회 기), 棄(버릴 기), 賣(팔 매), 資(재물 자, 신분 자), 票(표시할 표, 표 표)

⓪⑦⑨ 유주의(酉酒醫)

酉	酒	醫
술그릇 유, 술 유, 닭 유, 열째 지지 유	술 주	의원 의

의원 의(醫) = 匚 (상자 방) + 矢(화살 시) + 殳 + 酉
복잡한 글자 같지만 부수나 독립되어 쓰이는 글자로 나눠서 해석해보니,
아래처럼 바로 어원이 나오네요. 술은 알코올 성분이 있어서 소독약 대신
사용하기도 하지요.

酉
술 담는 그릇(🏺)을 본떠서 **술그릇 유, 술 유**
또 술 마시듯 고개를 쳐들고 물을 마시는 닭이니 **닭 유**
또 닭은 열째 지지니 **열째 지지 유**

酒
물(氵)처럼 술그릇(酉)에 있는 술이니 **술 주**

醫
상자(匚)처럼 패이고 화살(矢)과 창(殳)에 다친 곳을 약술(酉)
로 소독하고 치료하는 의원이니 **의원 의**
⑭ 医 – 약상자(匚)를 들고 화살(矢)처럼 달려가 치료하는 의원이니
'의원 의'

> **한자구조** **유주의**(酉酒醫) - 酉로 된 글자
>
> 술 담는 그릇(🏺)을 본떠서 **술그릇 유, 술 유**(酉), 또 술 마시듯 고개를 쳐들고 물을 마시는
> 닭이니 **닭 유**(酉), 또 닭은 열째 지지니 **열째 지지 유**(酉), 술그릇 유, 술 유, 닭 유, 열째 지
> 지 유(酉) 앞에 삼 수 변(氵)이면 **술 주**(酒), 위에 상자 방(匚)과 화살 시(矢), 칠 수, 창 수, 몽
> 둥이 수(殳)면 **의원 의**(醫)

酉

3급 총7획
부수 酉
pot, liquor,
hen, cock

- 오후 5시부터 7시까지의 시간은 酉時(유시).

한자＋ 時(때 시)

酒

4급 총10획
부수 酉
liquor

- 마시고 견딜 정도의 술의 양은 酒量(주량). 술을 파는 가게는 酒店(주점). 약으로 마시는 술, 또는 '술'을 점잖게 이르는 말은 藥酒(약주). 술을 마심은 飮酒(음주). 술 마시고 노래 부르면서 춤을 추는 일은 飮酒歌舞(음주가무).
- '엷은 술(도수가 낮고 맛이 좋지 않은 술)과 산나물'로, 자기가 내는 술과 안주를 겸손하게 이르는 말은 薄酒山菜(박주산채).

한자＋ 量(헤아릴 량, 용량 량), 店(가게 점), 藥(약 약), 飮(마실 음), 歌(노래 가), 舞(춤출 무), 薄(엷을 박), 菜(나물 채)

醫

6급 총18획
부수 酉
doctor

- 일정한 자격을 가지고 병을 고치는 것을 직업으로 삼는 사람은 醫師(의사).
- 진료를 할 수 있는 시설을 갖추고 의사가 의료 행위를 하는 집은 醫院(의원), 국회나 지방의회의 구성원으로서 의결권을 지닌 사람인 의원(議員)과 동음이의어. 병이나 상처를 고치는 기술은 醫術(의술). 의술로 병을 고침, 또는 그런 일은 醫療(의료).
- '먼저 병을 앓아본 사람이 의원'으로, 경험 있는 사람이 남을 인도할 수 있다는 말은 先病者醫(선병자의), '병은 자랑하라'는 속담처럼, 병을 자랑해야 그 병에 대하여 경험이 있는 사람을 만날 수도 있고, 뜻밖에 좋은 치료법도 알게 되지요.

한자＋ 師(스승 사, 전문가 사, 군사 사), 院(집 원, 관청 원), 議(의논할 의), 員(사람 원, 인원 원), 術(재주 술, 기술 술), 療(병 고칠 료), 先(먼저 선), 病(병들 병, 근심할 병), 者(놈 자, 것 자)

酋	猶	尊
우두머리 **추**	같을 **유**, 오히려 **유**, 머뭇거릴 **유**	높일 **존**

우두머리 추(酋) = 八 (여덟 팔, 나눌 팔) + 酉
어찌 이런 구조로 '우두머리'라는 글자를 만들었을까요?
'향기 나는(八) 술(酉)이 술 중에 우두머리니 우두머리 추'라는 말일까?
우두머리는 업무뿐만 아니라 식사나 술자리도 주관함을 생각하니 이해되네요.

酋 나누어(八) 술(酉)까지 주는 우두머리니 **우두머리 추**

猶 개(犭) 같이 행동하면 우두머리(酋)라도 오히려 머뭇거리니
같을 유, 오히려 유, 머뭇거릴 유
⊕ 犭(큰 개 견, 개 사슴 록 변)

尊 우두머리(酋)에게처럼 말 한마디(寸)라도 높이니 **높일 존**
⊕ 寸(마디 촌, 법도 촌)

한자구조 **추유존**(酋猶尊) - 酋로 된 글자

여덟 팔, 나눌 팔(八) 아래에 술그릇 유, 술 유, 닭 유, 열째 지지 유(酉)면 **우두머리 추**(酋),
우두머리 추(酋) 앞에 큰 개 견, 개 사슴 록 변(犭)이면 **같을 유, 오히려 유, 머뭇거릴 유**(猶),
아래에 마디 촌, 법도 촌(寸)이면 **높일 존**(尊)

酋

1급 총9획
부수 酉
boss

- 원시사회에서, 생활공동체를 통솔하고 대표하던 우두머리는 酋長(추장)이지요.

> 한자+ 長(길 장, 어른 장)

猶

3급Ⅱ 총12획
부수 犬(犭)
similar, rather,
hesitate

- '(정도를) 지나침(過)은 미치지 못함(不及)과 같음(猶)'으로, 중용(中庸)이 중요함을 이르는 말은 過猶不及(과유불급).
- 오히려 부족함은 猶不足(유부족).
- (할까 말까 하고) 망설임은 猶豫(유예).

> 한자+ 過(지날 과, 지나칠 과, 허물 과), 及(이를 급, 미칠 급), 中(가운데 중, 맞힐 중), 庸(떳떳할 용, 어리석을 용), 중용(中庸) - 지나치거나 모자라지 아니하고, 한쪽으로 치우치지도 아니한, 떳떳하며 변함이 없는 상태나 정도. 足(발 족, 넉넉할 족), 豫(미리 예, 망설일 예)

尊

4급Ⅱ 총12획
부수 寸
respect

- 높여서 공경함은 尊敬(존경). 높이어 귀중하게 대함은 尊重(존중). 높여서 부르는 칭호는 尊稱(존칭).
- '오직 나만 홀로 높임'으로, 이 세상에 나보다 존귀한 것은 없음, 또는 자기만 잘났다고 자부하는 독선적인 태도를 이르는 말은 唯我獨尊(유아독존)으로, 천상천하 유아독존(天上天下 唯我獨尊)이라고도 하지요.

> 한자+ 敬(공경할 경), 重(무거울 중, 귀중할 중, 거듭 중), 稱(일컬을 칭), 唯(오직 유, 대답할 유), 我(나 아), 獨(홀로 독, 자식 없을 독), 天(하늘 천)

戶	所	啓
문 호, 집 호	장소 소, 바 소	열 계, 일깨울 계

장소 소, 바 소(所) = 戶 + 斤(도끼 근, 저울 근)
도끼처럼 위험한 것이나 저울처럼 중요한 것은 특별한 장소에 보관하였음을
생각하고 만든 글자네요.
'바'는 앞에서 말한 내용 그 자체나, 일 따위를 나타내는 말, 또는 (어미 '~을'
뒤에 쓰여) 일의 방법이나 방도를 말합니다.

戶
한 짝으로 된 문을 본떠서 **문 호**
또 (옛날에는 대부분) 문이 한 짝씩 달린 집이었으니
집도 나타내어 **집 호**
⑨ 尸(주검 시, 몸 시) - 2권 제목번호[082] 참고

所
집(戶)에 도끼(斤)를 두는 장소니 **장소 소**
또 장소처럼, 앞에서 말한 내용을 이어받는 '바'로도 쓰여 **바 소**

啓
마음의 문(戶)이 열리도록 치면서(攵) 말하여(口) 열게 일깨우니
열 계, 일깨울 계
⊕ 攵(칠 복, = 攴), 口(입 구, 말할 구, 구멍 구)
⊕ 문 같은 물질적인 것을 열면 열 개(開),
　　마음의 문이 열리도록 일깨우면 열 계, 일깨울 계(啓)입니다.

> **한자구조** **호소계**(戶所啓) - 戶로 된 글자
>
> 한 짝으로 된 문을 본떠서 **문 호**(戶), 또 (옛날에는 대부분) 문이 한 짝씩 달린 집이었으니
> **집 호**(戶), 문 호, 집 호(戶) 뒤에 도끼 근, 저울 근(斤)이면 **장소 소, 바 소**(所), 뒤에 칠 복
> (攵), 아래에 입 구, 말할 구, 구멍 구(口)면 **열 계, 일깨울 계**(啓)

- 집으로 드나드는 문, 또는 외부와 교류하기 위한 통로나 수단을 비유적으로 이르는 말은 門戶(문호). 온갖 창문과 문을 통틀어 이르는 말은 窓戶(창호).
- 한 집안의 주인으로서 가족을 거느리며 부양할 의무가 있는 사람은 戶主(호주). 한 집 한 집. 집집마다는 家家戶戶(집집이).

한자➕ 門(문 문), 窓(창문 창), 主(주인 주), 家(집 가, 전문가 가)

- 어떤 일이 이루어지거나 일어나는 곳은 場所(장소). 사는 장소는 住所(주소).
- '얻은 바'로, 일한 결과로 얻은 이익은 所得(소득). 바라는 바는 所望(소망). 능통하지 않은 바(것)가 없음은 無所不能(무소불능). 하지 못할 바(일)가 없음은 無所不爲(무소불위).

한자➕ 場(마당 장, 상황 장), 住(살 주, 사는 곳 주), 得(얻을 득), 望(바랄 망, 보름 망), 無(없을 무), 能(능할 능), 爲(할 위, 위할 위)

- 일깨워 이끌어 줌은 啓導(계도). '어리석음을 일깨움'으로, 지식수준이 낮거나 인습에 젖은 사람을 가르쳐서 깨우침은 啓蒙(계몽). 일깨워 더 나은 상태가 되게 함은 啓發(계발)로, 개발(開發)과는 약간 다른 뜻이네요.

한자➕ 導(이끌 도), 蒙(어리석을 몽, 어릴 몽), 發(쏠 발, 일어날 발), 開(열 개), 개발(開發) - ① 천연자원 따위를 유용하게 만듦. ② 지식이나 재능 따위를 발달하게 함. ③ 산업이나 경제 따위를 발전하게 함

尸	尺	局
주검 **시**, 몸 **시**	자 **척**	판 **국**, 관청 **국**, 상황 **국**

앞에 나왔던 문 호, 집 호(戸)와 비슷한 주검 시, 몸 시(尸)가 들어간 글자들.
자 척(尺) = 尸 + ㇏ ('파일 불'이지만 여기서는 구부리는 모양으로 봄)
요즘은 길이를 재는 도구도 많고, 길이도 cm나 m, km로 나타내지만, 옛날에
는 자로 재어 자의 숫자로 길이를 나타냈지요. 1자는 약 30.3cm였네요.

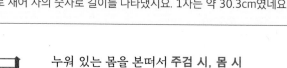

尸 누워 있는 몸을 본떠서 **주검 시, 몸 시**
⊕ 사람이나 집과 관련된 글자에 부수로도 쓰입니다.

尺 몸(尸) 구부리고(㇏) 길이를 재는 자니 **자 척**

局 자(月)로 재어 말(口)로 구역을 확정지은 판이나 관청이니
판 국, 관청 국
또 어떤 판 같은 상황이니 **상황 국**
⊕ 月[자 척(尺)의 변형], 口(입 구, 말할 구, 구멍 구), 판 – 일이
벌어진 자리. 또는 그 장면

한자
구조 **시 척국**(尸 尺局) - 尸와 尺으로 된 글자

사람이 누워있는 모양을 본떠서 **주검 시, 몸 시**(尸), 주검 시, 몸 시(尸)에 파임 불(㇏)이면
자 척(尺), 자 척(尺)의 변형(月)에 입 구, 말할 구, 구멍 구(口)면 **판 국, 관청 국, 상황 국**(局)

尸

특급 총3획
부수 尸
corpse, body

- '걸어 다니는 주검이요, 달리는 고깃덩어리'로, 배운 것이 없어서 아무 쓸모가 없는 사람을 이르는 말로 行尸走肉(행시주육)도 있네요.

> 한자+ 行(다닐 행, 행할 행, 항렬 항), 走(달릴 주, 도망갈 주), 肉(고기 육)

尺

3급II 총4획
부수 尸
ruler

- 자로 재는 길이의 표준, 또는 무엇을 평가하거나 판단할 때의 기준은 尺度(척도). 아주 가까운 거리는 咫尺(지척).
- '백 자 높이의 장대 머리(끝)'로, 위험이나 곤란이 극도에 달한 상태를 이르는 말 百尺竿頭(백척간두)는 '바람 앞의 등불'로, 사물이 매우 위태로운 처지에 놓여 있음을 비유적으로 이르는 말인 풍전등화(風前燈火)와 비슷한 뜻.

> 한자+ 度(법도 도, 정도 도, 헤아릴 탁), 咫(아주 짧은 거리 지), 百(일백 백, 많을 백), 竿(장대 간), 頭(머리 두, 우두머리 두), 風(바람 풍, 풍속 · 경치 · 모습 · 기질 · 병 이름 풍), 前(앞 전), 燈(등불 등), 火(불 화)

局

5급 총7획
부수 尸
place,
department

- 어떤 판(부분)에만 한정함은 局限(국한). (관청이나 회사 등의) 한 국(局)의 우두머리는 局長(국장). '당한 관청'으로, 어떤 일을 직접 맡아서 하는 기관은 當局(당국).
- 어떤 일이 벌어진 장면이나 상황은 局面(국면).
- '맺어지는 상황'으로, 일이 마무리되는 마당이나, 일의 결과가 그렇게 돌아가는 상황은 結局(결국). 일의 결말을 짓는 데 가장 가까운 원인은 結局原因(결국원인)이네요.

> 한자+ 限(한계 한), 長(길 장, 어른 장), 當(마땅할 당, 당할 당), 面(얼굴 면, 향할 면, 볼 면, 행정구역의 면), 結(맺을 결), 原(언덕 원, 근원 원), 因(말미암을 인, 의지할 인)

083 운운음(云雲陰)

云	雲	陰
이를 운, 말할 운	구름 운	그늘 음

이를 운, 말할 운(云)이 공통으로 들어간 글자들.
구름 운(雲) = 雨(비 우) + 云
비(雨)가 오리라고 말해(云) 주는 구름이니 '구름 운'
하늘에 구름이 끼면 비가 올 것을 알게 되니, 구름이 비가 올 것을 말해주는
셈이네요.

云
둘(二)이 사사롭게(厶) 이르니(말하니) **이를 운, 말할 운**
⊕ 이르다 – 무엇이라고 말하다.

雲
비(雨)가 오리라고 말해(云) 주는 구름이니 **구름 운**

陰
언덕(阝) 아래는 지금(今)도 말하자면(云) 그늘이니 **그늘 음**
⊕阝(언덕 부 변), 今(이제 금, 오늘 금)

한자
구조 **운운음**(云雲陰) - 云으로 된 글자
둘 이(二) 아래에 사사로울 사, 나 사(厶)면 **이를 운, 말할 운**(云), 이를 운, 말할 운(云) 위에
비 우(雨)면 **구름 운**(雲), 위에 이제 금, 오늘 금(今), 앞에 언덕 부 변(阝)이면 **그늘 음**(陰)

3급 총4획
부수 二
say, speak

- 이러저러함, 또는 여러 가지 말은 云云(운운). 일러 말함은 云謂(운위).
- 혹자(어떠한 사람)가 말하는 바는 或云(혹운).

한자+ 謂(이를 위), 或(혹시 혹)

5급 총12획
부수 雨
cloud

- 구름다리, 즉 도로나 계곡 따위를 건너질러 공중에 걸쳐 놓은 다리는 雲橋(운교). 구름처럼 많이 모임은 雲集(운집). 바다처럼 널리 깔린 구름은 雲海(운해).
- 푸른빛의 구름, 또는 (높고 푸른 하늘을 푸른 구름으로 보아) 높은 지위나 벼슬을 비유적으로 이르는 말은 靑雲(청운). '구름과 비의 정'으로, 남녀 사이에 육체적으로 어울리는 정은 雲雨之情(운우지정)이라 하네요.

한자+ 橋(다리 교), 集(모일 집, 모을 집, 책 집), 海(바다 해), 靑(푸를 청, 젊을 청), 雨(비 우), 之(갈 지, ~의 지, 이 지), 情(뜻 정, 정 정)

4급Ⅱ 총11획
부수 阜(阝)
shade

- 그늘진 곳은 陰地(음지), 볕이 바로 드는 곳은 양지(陽地). 몰래 흉악한 일을 꾸밈, 또는 그런 꾀는 陰謀(음모). (마음이) 음침하고 흉악함은 陰凶(음흉). '음지가 굴러(바뀌어) 양지로 변함'으로, 운이 나쁜 사람도 좋은 운을 만날 때가 있음을 이르는 말은 陰地轉陽地變(음지전양지변)으로, 속담 '쥐구멍에도 볕 들 날 있다'와 비슷하네요.

한자+ 地(땅 지, 처지 지), 陽(볕 양, 드러날 양), 謀(꾀할 모, 도모할 모), 凶(흉할 흉, 흉년 흉), 轉(구를 전), 變(변할 변)

유의어[類義語(同義語·同意語)] 1

- 한자로 된 단어에는 다음처럼 비슷한 뜻을 가진 글자로 결합한 단어도 많습니다.
- 歌曲(가곡) 街路(가로) 歌樂(가악) 家屋(가옥) 歌謠(가요) 歌唱(가창) 家宅(가택) 簡略(간략) 感覺(감각) 監督(감독) 監査(감사) 監視(감시) 監察(감찰) 康健(강건) 改革(개혁) 巨大(거대) 擧動(거동) 居留(거류) 拒絕(거절) 居住(거주) 健康(건강) 등

巨	臣	互
클 거	신하 신	서로 호

클 거(巨)는 어떻게 만들어진 글자일까요?
아무리 생각해도 어원이 잡히지 않아 옛날 문헌을 살펴보니, 여러 말 중에 'ㄷ자형의 큰 자를 손에 든 모양을 본떠서 클 거(巨)'라는 어원이 가장 좋네요.
요즘에도 큰 작업을 하는 분들은 ㄷ자나 T자 모양의 큰 자를 사용하지요.
원래는 '큰 자'라는 뜻이었는데, 후대로 내려오면서 '크다'의 뜻으로 쓰이게 되었고, 자를 뜻하는 글자는 尺(자 척 - 2권 제목번호[082] 참고)을 따로 만들어 쓰게 되었지요.

巨　　ㄷ 자형의 큰 자를 손에 든 모양을 본떠서 **클 거**

臣　　임금 앞에 엎드려 눈을 크게 뜬 신하를 본떠서 **신하 신**

互　　새끼줄이 서로 번갈아 꼬이는 모양을 본떠서 **서로 호**

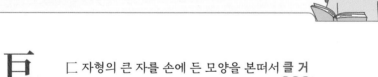

한자
구조　**거신호(巨臣互) - 巨와 비슷한 글자**

ㄷ자형의 큰 자를 손에 든 모양을 본떠서 **클 거**(巨), 임금 앞에 엎드려 눈을 크게 뜬 신하를 본떠서 **신하 신**(臣), 새끼줄이 서로 번갈아 꼬이는 모양을 본떠서 **서로 호**(互)

4급 총5획
부수 工
big, large

• 엄청나게 큰은 巨大(거대). 큰 부자는 巨富(거부). (몸이나 어느 분야에서 업적이) 큰 사람은 巨人(거인). 일의 규모나 형태가 매우 크고 넓음은 巨創(거창). 높고 크게 지은 집은 高樓巨閣(고루거각). '이름난 가문과 크게 번창한 겨레'로, 이름나고 크게 번창한 집안은 名門巨族(명문거족).

한자+ 大(큰 대), 富(부자 부, 넉넉할 부), 創(비롯할 창, 시작할 창), 高(높을 고), 樓(누각 루), 閣(누각 각, 내각 각), 名(이름 명, 이름날 명), 門(문 문), 族(겨레 족)

5급 총6획
부수 臣
vassal

• 공을 세운 신하는 功臣(공신). 임금과 신하 사이에는 의리가 있어야 함은 君臣有義(군신유의). 임금이나 국가의 명령을 받고 외국에 사절로 가는 신하는 使臣(사신). 충성하는 신하는 忠臣(충신)이지요.

한자+ 功(공 공, 공로 공), 君(임금 군, 남편 군, 그대 군), 有(가질 유, 있을 유), 義(옳을 의, 의로울 의), 使(하여금 사, 부릴 사), 忠(충성 충)

3급 총4획
부수 二
each other

• '서로 뿔을 맞대고 있는 기세'로, 역량이 서로 비슷비슷한 위세를 이르는 말은 互角之勢(호각지세). 서로 특별한 혜택을 주고받는 일은 互惠(호혜). 서로 바꿈은 互換(호환). 상대가 되는 이쪽과 저쪽 모두는 相互(상호).

한자+ 角(뿔 각, 모날 각, 겨룰 각), 勢(기세 세), 惠(은혜 혜), 換(바꿀 환), 相(서로 상, 모습 상, 상 볼 상, 재상 상)

유의어[類義語(同義語·同意語)] 2

• 한자로 된 단어에는 다음처럼 비슷한 뜻의 단어도 많습니다.

• 家訓(가훈) – 庭訓(정훈), 各別(각별) – 特別(특별), 看病(간병) – 看護(간호), 改良(개량) – 改善(개선), 拒否(거부) – 拒絕(거절), 去就(거취) – 進退(진퇴), 儉約(검약) – 節約(절약), 決心(결심) – 決意(결의), 缺點(결점) – 短點(단점), 經驗(경험) – 體驗(체험), 計劃(계획) – 意圖(의도), 故國(고국) – 祖國(조국) 등

085 거거 와(拒距 臥)

拒	距	臥
막을 거, 물리칠 거	떨어질 거, 거리 거	엎드릴 와, 누울 와

바로 앞에 나왔던 클 거(巨)와 신하 신(臣)이 들어간 글자들이네요.
이 책은 다른 제목으로 나뉘어 있어도, 서로 관련지어 익힐 수 있도록
이웃에 관련된 글자들로 구성했습니다.

拒 손(扌)을 크게(巨) 벌려 막거나 물리치니 **막을 거, 물리칠 거**
⊕ 扌(손 수 변)

距 발(𧾷)로 크게(巨) 걸어야 할 정도로 떨어진 거리니 **떨어질 거, 거리 거**
⊕ 𧾷 [발 족, 넉넉할 족(足)의 변형]

臥 임금 앞에서 몸을 굽히는 신하(臣)처럼 사람(人)이 엎드리거나 누우니 **엎드릴 와, 누울 와**
⊕ 人(사람 인)

> 한자구조 **거거 와(拒距 臥)** - 巨로 된 글자와 臥
> 클 거(巨) 앞에 손 수 변(扌)이면 **막을 거, 물리칠 거(拒)**, 발 족(足)의 변형(𧾷)이면 **떨어질 거, 거리 거(距)**, 신하 신(臣) 뒤에 사람 인(人)이면 **엎드릴 와, 누울 와(臥)**

拒

4급 총8획
부수 手(扌)
reject, resist

- 문을 막고 안에 들이지 않음은 拒門不納 (거문불납).
- 승낙하지 않고 물리침은 拒否 (거부). (윗사람의 뜻이나 명령을) 물리쳐 거스름은 拒逆 (거역). 상대편의 요구 · 제안 · 선물 · 부탁 따위를 받아들이지 않고 물리침은 拒絶 (거절). 순종하지 아니하고 맞서서 반항함은 抗拒 (항거).

> 한자+ 門(문 문), 納(들일 납, 바칠 납), 否(아닐 부, 막힐 비), 逆(거스를 역), 絶(끊을 절, 죽을 절, 가장 절), 抗(겨룰 항, 대항할 항)

距

3급Ⅱ 총12획
부수 足(⻊)
distant,
distance

- (두 곳 사이의) 떨어진 길이는 距離 (거리). 짧은 거리는 短距離 (단거리), 가까운 거리는 近距離 (근거리), 먼 거리는 長距離 (장거리)나 遠距離 (원거리). '날아간 거리'로, ① 야구나 골프에서, 친 볼이 날아간 거리. ② 스키의 점프 경기에서, 점프대에서 착지한 지점까지의 거리는 飛距離 (비거리).
- '가히 볼 수 있는 거리'로, 맨눈으로 볼 수 있는 목표물까지의 수평거리, 또는 방송전파가 방해받지 않고 텔레비전 방송을 시청할 수 있는 거리는 可視距離 (가시거리)네요.

> 한자+ 離(헤어질 리, 떨어질 리), 短(짧을 단, 모자랄 단), 近(가까울 근, 비슷할 근), 長(길 장, 어른 장), 遠(멀 원), 飛(날 비, 높을 비, 빠를 비), 可(옳을 가, 가히 가, 허락할 가), 視(볼 시)

臥

3급 총8획
부수 臣
lie down,
prostrate
oneself

- 병들어 누워 있음은 臥病 (와병). 누워있는 부처는 臥佛 (와불). 눕는 침상(寢床)은 臥床 (와상).
- '땔나무에 눕고 쓸개를 맛봄'으로, (몸이 편하면 마음이 약해지기 쉬우니) 원수를 갚으려고 온갖 괴로움을 참고 견딤을 이르는 말은 臥薪嘗膽 (와신상담). 오(吳)나라 임금 부차(夫差)가 월(越)나라 임금 구천(句踐)에게 아버지가 살해당한 원수를 갚겠다고 땔나무에 누워 자며 맹세했고, 또 구천(句踐)이 쓴 쓸개를 핥으면서 자신에게 치욕적인 패배를 안긴 부차(夫差)에게 복수할 것을 잊지 않았다는 데서 유래된 말이지요.

> 한자+ 病(병 병, 근심할 병), 佛(부처 불, 프랑스 불), 寢(잠잘 침), 床(평상상), 薪(땔나무 신), 嘗(맛볼 상, 일찍 상), 膽(쓸개 담, 담력 담)

斤	析	祈
도끼 근, 저울 근	쪼갤 석, 가를 석	빌 기

도끼 모양을 본떠서, 그리고 물건을 들어 올려 달던 옛날 저울을 본떠서 도끼 근, 저울 근(斤)을 만들었네요.

지금은 무게 단위가 g이나 kg으로 통일되었지만, 옛날에는 근(斤)을 사용했고, 지금까지도 고기를 살 때 한 근, 두 근 등으로 쓰지요. 한 근은 보통 600g이지만, 약재 같은 것은 375g이지요.

斤 도끼나 옛날 저울을 본떠서 **도끼 근, 저울 근**

析 나무(木)를 도끼(斤)로 쪼개고 가르니 **쪼갤 석, 가를 석**
⊕ 木(나무 목)

祈 신(示) 앞에 두 손을 도끼(斤)날처럼 모으고 비니 **빌 기**
⊕ 示(보일 시, 신 시)

한자구조 **근석기(斤析祈) - 斤으로 된 글자**

도끼나 저울을 본떠서 **도끼 근, 저울 근(斤)**, 도끼 근, 저울 근(斤) 앞에 나무 목(木)이면 **쪼갤 석, 가를 석(析)**, 보일 시, 신 시(示)면 **빌 기(祈)**

斤

3급 총4획
부수 斤
ax, steelyard

- 저울에 단 무게는 斤量(근량). '(무게가) 천근만근'으로, (물건이나 어떤 일을 감당함이) 아주 무거움을 이르는 말은 千斤萬斤(천근만근).

> 한자+ 量(헤아릴 량, 용량 량), 千(일천 천, 많을 천), 萬(많을 만, 일만 만)

析

3급 총8획
부수 木
divide, analyse

- 나누고 쪼개서 그 속의 개별적 성분 · 요소 따위를 찾아냄은 分析(분석). '해부하여 쪼갬'으로, 자세히 분석하여 이론적으로 연구함은 解析(해석)인데, 풀어서 이해하거나 설명한다는 해석(解釋)과는 약간 다르네요.

> 한자+ 分(나눌 분, 단위 분, 단위 푼, 신분 분, 분별할 분, 분수 분), 解(해부할 해, 풀 해), 釋(풀 석)

祈

3급Ⅱ 총9획
부수 示
pray

- (바라는 바가 이루어지기를) 빎은 祈禱(기도). 복을 빎은 祈福(기복), 복 받기를 기원하는 신앙은 祈福信仰(기복신앙). 소원이 이루어지기를 빎은 祈願(기원). 비 오기를 빌던 제사는 祈雨祭(기우제).

> 한자+ 禱(빌 도), 福(복 복), 信(믿을 신, 소식 신), 仰(우러를 앙, 믿을 앙), 願(원할 원), 雨(비 우), 祭(제사 제, 축제 제)

반대어(反對語) · 상대어(相對語) 1

- 한자어에는 다음처럼 반대되는 뜻을 가진 글자로 결합한 단어도 많습니다.
- 加減(가감) 可否(가부) 江山(강산) 強弱(강약) 去來(거래) 輕重(경중) 京鄕(경향) 苦樂(고락) 高低(고저) 功過(공과) 攻防(공방) 公私(공사) 攻守(공수) 教學(교학) 勤怠(근태) 起伏(기복) 吉凶(길흉) 南北(남북) 男女(남녀) 內外(내외) 多少(다소) 등

丘	岳	兵
언덕 구	큰 산 악	군사 병

언덕 구(丘) = 斤(도끼 근, 저울 근) + 一(한 일)
무기가 별로 없었던 옛날에는 도끼로도 싸웠고, 언덕은 평지보다 높으니
숨어서 적을 지켜보기에 좋으므로 이런 구조로 글자를 만들었네요.

丘 도끼(斤)를 하나(一)씩 들고 지키는 언덕이니 **언덕 구**

岳 언덕(丘)처럼 넓고 높게 솟은 큰 산(山)이니 **큰 산 악**
⊕ 山(산 산)

兵 언덕(丘) 밑에 여덟(八) 명씩 있는 군사니 **군사 병**
⊕ 八(여덟 팔, 나눌 팔), 지금도 군대의 작은 단위인 1개 분대는
약 8~9명으로 편성되지요.

한자 구조 구악병(丘岳兵) - 丘로 된 글자

도끼 근, 저울 근(斤) 아래에 한 일(一)이면 **언덕 구**(丘), 언덕 구(丘) 아래에 산 산(山)이면
큰 산 악(岳), 여덟 팔, 나눌 팔(八)이면 **군사 병**(兵)

丘

3급 II 총5획

부수 一

hill

- 언덕은 丘陵(구릉).
- '머리를 언덕으로 두르고 처음(고향)을 그리워하는 마음'으로, (여우가 죽을 때 머리를 자기가 태어났던 굴 쪽으로 두르고 죽는다는 데서) 근본을 잊지 않음, 또는 죽어서라도 고향 땅에 묻히고 싶어 하는 마음을 이르는 말은 首丘初心(수구초심).

> 한자+ 陵(임금 무덤 릉, 큰 언덕 릉), 首(머리 수, 우두머리 수), 初(처음 초), 心(마음 심, 중심 심)

岳

3급 총8획

부수 山

vast mountain

- 높고 큰 산은 山岳(산악).
- 관악산(冠岳山), 치악산(雉嶽山), 설악산(雪岳山), 운악산(雲岳山), 모악산(母岳山)처럼 산 이름에 岳이 들어가면 대부분 험한 바위산이지요.

兵

5급 총7획

부수 八

soldier

- ① 예전에, 군인이나 군대를 이르던 말. ② 부사관 이하의 군인은 軍士(군사)나 兵士(병사). 장교가 아닌 부사관과 병사를 통틀어 이르는 말은 士兵(사병). 장교와 부사관, 사병을 통틀어 이르는 말은 將兵(장병). (나라를 위하여 스스로 일어난) 의로운 군사는 義兵(의병). 군대를 파견함은 派兵(파병).
- '병가(兵家)에는 항상 있는 일'로, 전쟁에서 이기고 지는 일은 흔한 일이므로 지더라도 낙담하지 말라는 말, 또는 실패는 흔히 있는 일이니 낙심할 것 없다는 말은 兵家常事(병가상사)지요.

> 한자+ 士(선비 사, 군사 사, 칭호나 직업 이름에 붙이는 말 사), 將(장수 장, 장차 장, 나아갈 장), 義(옳을 의, 의로울 의), 派(물갈래 파, 파벌 파), 家(집 가, 전문가 가), 常(항상 상, 보통 상, 떳떳할 상), 事(일 사, 섬길 사), 병가(兵家) – 군대, 군비(軍備), 전쟁 등 군에 관한 일에 종사하는 사람. 備(갖출 비)

익대 과벌(弋代 戈伐)

弋	代	戈	伐
주살 익	대신할 대, 세대 대, 대금 대	창 과	칠 벌

한자가 만들어지던 시절에 사용했던 무기와 관련되어 만들어진 글자도 많은데, 주살 익(弋), 창 과(戈)도 당시 전쟁에 쓰였던 무기를 본떠 만든 글자네요.

弋
주살을 본떠서 **주살 익**
⊕ 주살 – 줄을 매어 쏘는 화살. 원래 '줄살'에서 ㄹ이 빠져 이루어진 말

代
(전쟁터에서) 사람(亻)이 할 일을 주살(弋)이 대신하니 **대신할 대**
또 할아버지, 아버지를 대신하는 세대니 **세대 대**
또 물건을 대신하여 치르는 대금이니 **대금 대**
⊕ 亻(사람 인 변), 화살이나 주살은 멀리 떨어져 있는 적을 향해 쏠 수도 있고, 글이나 불을 묶어 보낼 수도 있으니, 사람이 할 일을 대신하는 셈이지요.

戈
몸체가 구부러지고 손잡이 있는 창을 본떠서 **창 과**

伐
사람(亻)이 창(戈) 들고 적을 치니 **칠 벌**

한자구조 **익대 과벌**(弋代 戈伐) - 弋, 戈로 된 글자
주살을 본떠서 **주살 익**(弋), 주살 익(弋) 앞에 사람 인 변(亻)이면 **대신할 대, 세대 대, 대금 대**(代), 몸체가 구부러지고 손잡이 있는 창을 본떠서 **창 과**(戈), 창 과(戈) 앞에 사람 인 변(亻)이면 **칠 벌**(伐)

특급 총3획

부수 弋

an arrow with a string attached to its nock

- 남을 대리함은 代身(대신). 다른 것으로 대신함은 代替(대체).
- 대대로 내려오는 자손은 代代孫孫(대대손손). 물건의 값으로 치르는 돈은 代金(대금), 음식에 대한 값은 食代(식대)

6급 총5획

부수 人(亻)

instead of,
generation

> 한자+ 身(몸 신), 替(바꿀 체), 孫(손자 손, 자손 손), 金(쇠 금, 금 금, 돈 금, 성씨 김), 食(밥 식, 먹을 식)

2급 총4획

부수 戈

spear

- 나무를 침(벰)은 伐木(벌목). 죄 있는 무리를 군대로 침은 征伐(정벌). 무력으로 쳐 없앰은 討伐(토벌).
- '열 번 침의 나무'로, 속담 '열 번 찍어 안 넘어가는 나무 없다'처럼, 쉬지 않고 계속하면 마침내 이루어진다는 말은 十伐之木(십벌지목)이네요.

4급Ⅱ 총6획

부수 人(亻)

cut down,
attack

> 한자+ 木(나무 목), 征(칠 정), 討(칠 토, 토론할 토), 之(갈 지, ~의 지, 이 지)

반대어(反對語) · 상대어(相對語) 2

- 한자어에는 다음처럼 반대되는 뜻의 단어도 많습니다.
- 可決(가결) ↔ 否決(부결), 簡單(간단) ↔ 複雜(복잡), 感情(감정) ↔ 理性(이성), 個別(개별) ↔ 全體(전체), 客觀(객관) ↔ 主觀(주관), 客體(객체) ↔ 主體(주체), 結果(결과) ↔ 原因(원인), 輕減(경감) ↔ 加重(가중) 등

혹혹국(或惑國)

或	惑	國
혹시 **혹**	유혹할 **혹**, 미혹할 **혹**	나라 **국**

혹시 혹(或) = 戈(창 과) + 口('입 구, 말할 구, 구멍 구'지만 여기서는 식구로 봄) + 一('한 일'
이지만 여기서는 땅으로 봄)
유혹할 혹, 미혹할 혹(惑) = 或 + 心(마음 심, 중심 심)
나라 국(國) = 口(에운 담) + 或
아무리 복잡한 글자라도 부수나 독립되어 쓰이는 글자로 나누어 풀어보면,
어원이 쉽게 나오고, 쉽게 익혀지지요.

或	창(戈) 들고 식구(口)와 땅(一)을 지키며 혹시라도 있을지 모르는 적의 침입에 대비하니 **혹시 혹**
惑	혹시(或)나 하는 마음(心)으로 유혹하면 미혹하니 **유혹할 혹,** **미혹할 혹**
國	사방을 에워싸고(口) 혹시(或)라도 쳐들어올 것을 지키는 나라니 **나라 국** ⑫ 国 – 사방을 에워싸고(口) 구슬(玉)처럼 소중히 국민을 지키는 나라니 '나라 국' ⊕ 玉(구슬 옥)

한자
구조 **혹혹국(或惑國) - 或으로 된 글자**

창 과(戈) 아래에 입 구, 말할 구, 구멍 구(口)와 한 일(一)이면 **혹시 혹**(惑), 혹시 혹(惑) 아
래에 마음 심, 중심 심(心)이면 **유혹할 혹, 미혹할 혹**(惑), 에운담(口)이면 **나라 국**(國)

或

4급 총8획

부수 戈

perhaps

- 만일에, 행여나는 或是(혹시). 혹시, 설혹은 或如(혹여). 어떤 사람은 或者(혹자). 어쩌다가, 가끔, 이따금, 간간이는 間或(간혹).

  한자+ 是(옳을 시, 이 시, ~이다 시), 如(같을 여), 者(놈 자, 것 자), 間(사이 간)

惑

3급Ⅱ 총12획

부수 心

bewitch, dizzy

- 남을 꾀어서 정신을 어지럽게 함. 그릇된 길로 꾐은 誘惑(유혹). 무엇에 홀려 정신을 차리지 못함, 또는 정신이 헷갈리어 갈팡질팡 헤맴은 迷惑(미혹). 미혹되지 아니함, 또는 마흔 살을 달리 이르는 말은 不惑(불혹). 의심하여 수상히 여김, 또는 그런 마음은 疑惑(의혹). 정신을 빼앗겨 해야 할 바를 잊어버림, 또는 그렇게 되게 함은 眩惑(현혹).
- 세상 사람을 어지럽게 하고 백성을 속임은 惑世誣民(혹세무민)이네요.

  한자+ 誘(꾈 유), 迷(미혹할 미), 疑(의심할 의), 眩(어지러울 현), 世(세대 세, 세상 세), 誣(속일 무), 民(백성 민)

國

8급 총11획

부수 口

nation

- 일정한 영토와 거기에 사는 사람들로 구성되고, 주권(主權)에 의한 하나의 통치 조직이 있는 사회집단은 國家(국가). 나라를 대표하고 상징하는 노래는 國歌(국가). 나라를 대표하고 상징하는 기는 國旗(국기). 국가를 구성하는 사람, 또는 그 나라의 국적을 가진 사람은 國民(국민). 나라를 사랑함은 愛國(애국).
- 국가의 이익과 백성의 행복은 國利民福(국리민복). '나라를 다스려 세상을 구제함'으로, 나라를 잘 다스려 도탄에 빠진 백성을 구함은 經國濟世(경국제세) 또는 경세제민(經世濟民)이지요.

  한자+ 主(주인 주), 權(권세 권), 家(집 가, 전문가 가), 歌(노래 가), 旗(기 기), 民(백성 민), 愛(사랑 애, 즐길 애, 아낄 애), 利(이로울 리, 날카로울 리), 福(복 복), 經(날 경, 지낼 경, 경서 경, 다스릴 경), 濟(건널 제, 구제할 제), 世(세대 세, 세상 세, 여러 대에 걸칠 세)

⓪⑨⓪ 재재재(㦉栽載)

㦉	栽	載
끊을 재	심을 재, 기를 재	실을 재, 해 재

끊을 재(㦉)는 실제 쓰이는 글자는 아니지만, 이 글자가 공통으로 들어간 글자들을 참고하여 추정해본 글자예요.

이렇게 실제 쓰이지는 않지만 많은 글자에 공통으로 들어간 부분이 있으면, 그 공통 부분을 뽑아서 나름대로 어원을 추정해보는 것도 어원 풀이의 한 방법이 지요.

+ 十(열 십, 많을 십), 戈(창 과)

㦉   많이(十) 창(戈)으로 찍어 끊으니 **끊을 재**

栽   나무(木)를 잘라(㦉) 심고 기르니 **심을 재, 기를 재**
         ⊕ 木(나무 목)

載   수레(車)에 물건을 잘라(㦉) 실으니 **실을 재**
         또 모든 것을 싣고 가는 해(年)의 뜻도 있어서 **해 재**
         ⊕ 車(수레 거, 차 차), 年(해 년, 나이 년)

[한자구조] 재재재(㦉栽載) - 㦉로 된 글자

열 십, 많을 십(十)에 창 과(戈)면 **끊을 재**(㦉), 끊을 재(㦉) 아래에 나무 목(木)이면 **심을 재, 기를 재**(栽), 수레 거, 차 차(車)면 **실을 재, 해 재**(載)

㦰

참고자 총6획
cut

栽

3급Ⅱ 총10획
부수 木
plant, bring up

- 나무를 심고 북돋워 가꿈은 栽培(재배). (화초, 나무 등을) 동이(화분)에 기름은 盆栽(분재). 초목(草木)을 심어 가꿈은 植栽(식재).

한자＋ 培(북돋을 배), 盆(동이 분), 草(풀 초), 木(나무 목), 植(심을 식)

載

3급Ⅱ 총 13획
부수 車
load, year

- 글이나 그림 따위를 신문이나 잡지 따위에 실음은 揭載(게재). 문서 따위에 기록하여 올림은 記載(기재). 일정한 사항을 장부나 대장에 올림, 또는 서적이나 잡지 따위에 실음은 登載(등재).

- 배, 비행기, 차 따위에 물건을 실음은 搭載(탑재). 선박이나 차 따위에 물건을 쌓아 실음은 積載(적재). 실을 수 있는 짐의 정량은 積載定量(적재정량).

- '천 년에 한 번 만남'으로, 아주 소중한 기회를 말함은 千載一遇(천재일우).

한자＋ 揭(걸 게), 記(기록할 기, 기억할 기), 登(오를 등, 기재할 등), 搭(탑 탑), 積(쌓을 적), 定(정할 정), 量(헤아릴 량, 용량 량), 千(일천 천, 많을 천), 遇(만날 우)

⓪⑨① 이치섭(耳恥攝)

耳	恥	攝
귀 이	부끄러울 치	끌어 잡을 섭, 다스릴 섭

부끄러움을 한자로 어떻게 나타낼까?
부끄러울 치(恥) = 耳 + 心(마음 심, 중심 심)의 구조로 만들었고, 아래 어원처럼 풀어지네요.
이처럼 생각을 나타내는 글자도 주변의 것을 이용하여 만들었네요.

耳 귀를 본떠서 **귀 이**

恥 잘못을 귀(耳)로 들은 마음(心)처럼 부끄러우니 **부끄러울 치**

攝 손(扌)으로 소곤거리는(聶) 것을 끌어 잡아 다스리니
끌어 잡을 섭, 다스릴 섭
⊕ 聶 – 귀들(聶)을 대고 소곤거리니 '소곤거릴 섭'

한자
구조 **이치섭**(耳恥攝) - 耳로 된 글자
귀를 본떠서 **귀 이**(耳), 귀 이(耳) 뒤에 마음 심, 중심 심(心)이면 **부끄러울 치**(恥), 귀 이(耳)
셋(聶) 앞에 손 수 변(扌)이면 **끌어 잡을 섭, 다스릴 섭**(攝)

5급 총6획
부수 耳
ear

- 귀 · 눈 · 입 · 코는 耳目口鼻 (이목구비). '귀가 순함'으로, 무슨 말을 들어도 거리낌 없고 순해진다는 뜻에서 60세의 나이를 일컫는 말은 耳順 (이순).
- '귀로 들은 대로 이야기하는 학문'으로, 깊이 새겨보지도 않고 남에게 전하기만 하는 학문 口耳之學 (구이지학)은, '길에서 듣고 길에서 말한다'로, 길거리에 퍼져 돌아다니는 뜬소문을 이르는 말인 도청도설(道聽塗說)과 비슷한 말이네요.
- 무엇을 듣고 보아도 본질을 꿰뚫어 보는 지혜가 필요합니다. 대중들의 지식은 대부분 길거리나 신문, TV에서 보고 들은 口耳之學 이니까요.

> 한자+ 鼻(코 비, 비롯할 비), 順(순할 순), 學(배울 학), 道(길 도, 도리도, 말할 도, 행정구역의 도), 聽(들을 청), 塗(바를 도, 진흙도, 길 도), 說(말씀 설)

3급 II 총 10획
부수 心
shame

- 남에게 드러내고 싶지 아니한 부끄러운 부분은 恥部 (치부). 수치와 모욕을 아울러 이르는 말은 恥辱 (치욕). 다른 사람들을 볼 낯이 없거나 스스로 떳떳하지 못함, 또는 그런 일은 羞恥 (수치). 청렴하고 (잘못을) 부끄러워함은 廉恥 (염치). 두꺼운 낯가죽이라(뻔뻔하여) 부끄러움을 모름은 厚顔無恥 (후안무치). (지위 · 학식 · 나이 따위가 자기보다) 아래인 사람에게 묻는 것을 부끄럽게 여기지 아니함은 不恥下問(불치하문).

> 한자+ 部(나눌 부, 마을 부, 거느릴 부), 辱(욕될 욕, 욕 욕), 羞(맛있는 음식 수, 부끄러울 수), 廉(청렴할 렴, 값쌀 렴), 厚(두터울 후), 顔(얼굴 안), 無(없을 무), 下(아래 하, 내릴 하), 問(물을 문)

3급 총21획
부수 手(扌)
hold up

- 좋은 요소를 받아들임, 또는 생물체가 양분 따위를 몸속에 빨아들이는 일은 攝取 (섭취). 상대를 자기편으로 끌어당김은 包攝 (포섭).
- (건강을 위하여) 삶을 알맞게 조절함은 攝生 (섭생).
- 얼음의 녹는점을 0℃, 물의 끓는점을 100℃로 하여, 그 사이를 100등분한 온도 단위의 하나는 攝氏溫度 (섭씨온도), 줄여서 攝氏 (섭씨)라 하지요.

> 한자+ 取(취할 취, 가질 취), 包(쌀 포), 生(날 생, 살 생, 사람을 부를 때 쓰는 접사 생), 氏(성 씨, 뿌리 씨), 溫(따뜻할 온, 익힐 온), 度(법도 도, 정도 도, 헤아릴 탁), 섭씨(攝氏) - 섭씨온도의 원리를 고안한 사람인 스웨덴의 셀시우스(Celsius)의 중국 음역어 '섭이사(攝爾思)'에서 유래

ⓞⓨⓩ 취취최(取趣最)

取	趣	最
취할 취, 가질 취	재미 취, 취미 취	가장 최

취할 취, 가질 취(取) = 耳 + 又(오른손 우, 또 우)
귀(耳)로 듣고 손(又)으로 취하여 가지니 '취할 취, 가질 취'
위처럼 나눠지고 풀어지는데, 원래는 적군을 죽이고 그 전공을 알리기 위하여
귀(耳)를 잘라 손(又)으로 취하여 가져온다는 데서 만들어진 글자라네요.

取
귀(耳)로 듣고 손(又)으로 취하여 가지니 **취할 취, 가질 취**

趣
달려(走)가 취할(取) 정도로 느끼는 재미와 취미니
재미 취, 취미 취
⊕ 走(달릴 주, 도망갈 주) - 1권 제목번호[086] 참고

最
(무슨 일을 결정할 때) 여러 사람의 말(曰)을 취하여(取)
들음이 가장 좋으니 **가장 최**
⊕ 曰(가로 왈, 말할 왈)

> 한자구조 **취취최**(取趣最) - 取로 된 글자
> 귀 이(耳) 뒤에 오른손 우, 또 우(又)면 **취할 취, 가질 취**(取), 취할 취, 가질 취(取) 앞에 달릴
> 주, 도망갈 주(走)면 **재미 취, 취미 취**(趣), 위에 가로 왈(曰)이면 **가장 최**(最)

取

4급II 총8획
부수 又
gain, take

- 물건을 사용하거나 소재나 대상으로 삼음, 또는 사람이나 사건을 어떤 태도로 대하거나 처리함은 取扱(취급). (어떤 물건이나 자격 등을 자기 것으로) 가짐은 取得(취득). 발표한 의사를 거두어들이거나, 예정된 일을 없애버림은 取消(취소). 작품이나 기사에 필요한 재료나 제재(題材)를 조사하여 얻음은 取材(취재). (여럿 가운데서) 취하고 버릴 것을 선택함은 取捨選擇(취사선택). 단점은 버리고 장점은 취함은 捨短取長(사단취장).

> 한자+ 扱(거둘 급, 처리할 급), 得(얻을 득), 消(끌 소, 삭일 소, 물러설 소), 題(제목 제, 문제 제), 材(재목 재, 재료 재), 捨(버릴 사), 選(가릴 선), 擇(가릴 택), 短(짧을 단, 모자랄 단), 長(길 장, 어른 장)

趣

4급 총15획
부수 走
interest, hobby

- (마음에 끌려 일정한 방향으로 쏠리는) 흥미는 趣味(취미). 어떤 일의 근본이 되는 목적이나 긴요한 뜻은 趣旨(취지). 취미가 쏠리는 방향은 趣向(취향). 깊은 정서를 자아내는 흥취는 情趣(정취)네요.

> 한자+ 味(맛 미), 旨(맛 지, 뜻 지), 向(향할 향, 나아갈 향), 情(뜻 정, 정 정)

最

5급 총12획
부수 曰
most, best, number one

- 가장 높음, 또는 제일임은 最高(최고). 가장 오래됨은 最古(최고). ① 얼마 되지 않은 바로 직전까지의 기간. ② 거리 따위가 가장 가까움은 最近(최근). 수나 양, 정도 따위가 가장 큰 最大(최대). ① 가장 좋고 훌륭함, 또는 그런 일. ② 온 정성과 힘은 最善(최선). 맨 마지막, 또는 삶의 마지막 순간은 最後(최후). 맨 나중은 最終(최종).

> 한자+ 高(높을 고), 古(오랠 고, 옛 고), 近(가까울 근, 비슷할 근), 大(큰 대), 善(착할 선, 좋을 선, 잘할 선), 後(뒤 후), 終(마칠 종)

丁	訂	打
고무래 **정**, 못 **정**, 장정 **정**, 넷째 천간 **정**	바로잡을 **정**	칠 타

고무래 정, 못 정, 장정 정(丁)으로 된 글자들.
고무래는 곡식을 말릴 때 곡식을 넓게 펴서 고르는 도구로, 단단한 나무로
튼튼하게 만들어 지금도 농촌에서 사용하지요.

丁　고무래나 못을 본떠서 **고무래 정, 못 정**
　　또 고무래처럼 튼튼한 장정도 가리켜서 **장정 정, 넷째 천간 정**

訂　말(言)을 고무래(丁)로 곡식을 펴듯 바로잡으니 **바로잡을 정**
　　⊕ 言 (말씀 언)

打　손(扌)에 망치 들고 못(丁)을 치듯이 치니 **칠 타**
　　⊕ 扌(손 수 변)

한자
구조 **정정타**(丁訂打) - 丁으로 된 글자

고무래나 못을 본떠서 **고무래 정, 못 정**(丁), 또 고무래처럼 튼튼한 장정도 가리켜서 **장정 정, 넷째 천간 정**(丁), 고무래 정, 못 정, 장정 정, 넷째 천간 정(丁) 앞에 말씀 언(言)이면 **바로잡을 정**(訂), 손 수 변(扌)이면 **칠 타**(打)

丁

4급 총2획
부수 一
rake, nail,
youth

- 나이가 젊고 기운이 좋은 남자는 壯丁 (장정). 병역에 복무하는 장정은 兵丁 (병정). '고무래를 보고도 고무래 정(丁) 자를 모른다'로, 글자를 전혀 모름, 또는 그러한 사람을 이르는 말은 目不識丁 (목불식정), 속담 '낫 놓고 기역 자도 모른다'와 같네요.

> 한자✦ 壯(굳셀 장, 장할 장), 兵(군사 병), 目(눈 목, 볼 목, 항목 목), 識(알 식, 기록할 지)

訂

3급 총9획
부수 言
correct

- 바르게 고침은 改訂 (개정). 글이나 글자의 잘못된 점을 고침은 修訂 (수정)으로, 바로잡아 고친다는 수정(修正)과는 약간 다르네요. 잘못을 고쳐 바로잡음은 訂正 (정정). 두 번째로 고쳐서 바로잡음은 再訂 (재정).

> 한자✦ 改(고칠 개), 修(닦을 수, 다스릴 수), 正(바를 정), 再(다시 재, 두 번 재)

打

5급 총5획
부수 手(扌)
strike

- ① 때려 침. ② 어떤 일에서 크게 기를 꺾음, 또는 그로 인한 손해·손실은 打擊 (타격). 사람이나 동물을 때리고 침은 打撲 (타박). (규정이나 관습, 제도 등을) 쳐 깨뜨림은 打破 (타파). 사람이나 짐승을 함부로 치고 때림은 毆打 (구타). 치명적인, 즉 죽을 지경에 이를 정도의 타격은 致命打 (치명타).

- 이익과 손해를 쳐 셈함, 즉 이모저모 따져 헤아림은 利害打算 (이해타산). '한 번 그물을 쳐서 고기를 다 잡음'으로, 어떤 무리를 한꺼번에 모조리 다 잡음은 一網打盡 (일망타진).

> 한자✦ 擊(칠 격), 撲(두드릴 박), 破(깨질 파, 다할 파), 毆(때릴 구), 致(이룰 치, 이를 치), 命(명령할 명, 목숨 명, 운명 명), 利(이로울 리, 날카로울 리), 害(해칠 해, 방해할 해), 算(셈할 산), 網(그물 망), 盡(다할 진), 타진(打盡) - 모조리 잡음

可	河	歌
옳을 **가**, 가히 **가**, 허락할 **가**	내 **하**, 강 **하**	노래 **가**

옳을 가, 가히 가, 허락할 가(可) = 丁 + 口(입 구, 말할 구, 구멍 구)
장정처럼 씩씩하고 당당하게 말할 수 있는 것은 옳은 것이지요.
옳으니까 가히 허락하고요.

可

장정(丁)처럼 씩씩하게 말할(口) 수 있는 것은 옳으니 **옳을 가**

또 옳으면 가히 허락하니 **가히 가, 허락할 가**

⊕ 가히 – ('~ㄹ 만하다, ~ㄹ 수 있다, ~ㅁ직하다' 따위와 함께 쓰여)
'능히', '넉넉히'의 뜻을 나타내어, 영어의 can과 비슷한 뜻입니다.

河

물(氵)이 가히(可) 틀을 잡고 흘러가는 내나 강이니 **내 하, 강 하**

⊕ 氵(삼 수 변)

歌

옳다(可) 옳다(可) 하며 하품(欠)하듯 입 벌리고 부르는 노래니

노래 가

⊕ 欠 – 기지개 켜며(⺈) 사람(人)이 하품하는 모양에서 '하품 흠'
　　　또 하품하며 나태하면 능력이 모자라니 '모자랄 흠'

한자
구조　**가하가**(可河歌) - 可로 된 글자

고무래 정, 못 정, 장정 정, 넷째 천간 정(丁) 안에 입 구, 말할 구, 구멍 구(口)면 **옳을 가, 가
히 가, 허락할 가**(可), 옳을 가, 가히 가, 허락할 가(可) 앞에 삼 수 변(氵)이면 **내 하, 강 하**
(河), 옳을 가, 가히 가, 허락할 가(可) 둘(哥) 뒤에 하품 흠, 모자랄 흠(欠)이면 **노래 가**(歌)

- 옳고 그름의 여부, 또는 찬성과 반대의 여부는 可否(가부).
- '가히 능함'으로, 할 수 있거나 될 수 있는 것은 可能(가능), 반대말은 不可能(불가능). 만족할 줄 알면 가히 즐거움은 知足可樂(지족가락).
- 행동이나 일하도록 허용함은 認可(인가). 인정하여 허락함은 許可(허가)지요.

5급 총5획
부수 口
right, enable, allow

> 한자★ 否(아닐 부, 막힐 비), 能(능할 능), 知(알 지), 足(발 족, 넉넉할 족), 樂(풍류 악, 즐거울 락, 좋아할 요), 認(알 인, 인정할 인), 許(허락할 허)

- 강과 시내를 아울러 이르는 말은 河川(하천). ① 오랜 세월 쌓인 눈이 얼음덩어리로 변하여 그 자체의 무게로 압력을 받아 이동하는 현상, 또는 그 얼음덩어리. ② 얼어붙은 큰 강은 氷河(빙하). 선박의 통행이나 농지에 물을 대기 위하여, 육지를 파서 만든 수로는 運河(운하).
- '걸어놓은 냇물 같은 구변'으로, 물이 거침없이 흐르듯 줄줄 잘하는 말은 懸河口辯(현하구변)이나 懸河之辯(현하지변)이라 하네요.

5급 총8획
부수 水(氵)
stream, river

> 한자★ 川(내 천), 氷(얼음 빙), 運(운전할 운, 옮길 운, 운수 운), 懸(매달 현, 멀 현), 辯(말 잘할 변, 따질 변), 구변(口辯) - 말을 잘하는 재주나 솜씨. 언변(言辯). 言(말씀 언)

歌

- (대중들이 부르는) 노래는 歌謠(가요). 노래 부르는 일을 직업으로 삼는 사람은 歌手(가수). 학교를 상징하는 노래는 校歌(교가). 군대의 사기를 북돋우기 위하여 부르는 노래는 軍歌(군가). '소리를 높게 놓아 노래 부름'으로, 술에 취하여 거리에서 높은(큰) 소리로 떠들고 마구 노래 부름은 高聲放歌(고성방가).

7급 총14획
부수 欠
song

> 한자★ 謠(노래 요), 手(손 수, 재주 수, 재주 있는 사람 수), 校(학교 교, 교정볼 교, 장교 교), 軍(군사 군), 高(높을 고), 聲(소리 성), 放(놓을 방)

기기기(奇騎寄)

奇	騎	寄
기이할 기, 홀수 기	말 탈 기	붙어 살 기, 부칠 기

기이할 기, 홀수 기(奇) = 大(큰 대) + 可(옳을 가, 가히 가, 허락할 가)
크게 옳으면 기이하다? 홀수는 어떻게 붙은 뜻일까요?
무슨 일이 크게 옳아서 기이할 때도 있고, 세상에 둘도 없을 정도로 아주
기이한 일도 있음을 생각하고 만든 글자네요.

奇
크게(大) 옳으면(可) 기이하니 **기이할 기**
또 기이함이 짝도 없는 홀수니 **홀수 기**

騎
말(馬)을 기이하게(奇) 두 다리 벌리고 타니 **말 탈 기**
⊕ 馬(말 마)
⊕ 말·소·낙타·자전거·오토바이 등과 같이 두 다리를 벌려서 타
는 것을 말합니다.

寄
집(宀)에 기이하게(奇) 붙어 사니 **붙어 살 기**
또 붙어 살도록 부치니 **부칠 기**
⊕ 宀(집 면)

[한자구조] **기기기**(奇騎寄) - 奇로 된 글자
옳을 가, 가히 가, 허락할 가(可) 위에 큰 대(大)면 **기이할 기**, **홀수 기**(奇), 기이할 기, 홀수 기
(奇) 앞에 말 마(馬)면 **말 탈 기**(騎), 위에 집 면(宀)이면 **붙어 살 기**, **부칠 기**(寄)

奇

4급 총8획
부수 大
novel, an
odd(uneven)
number

- 기괴하고 이상함은 奇異(기이). 생김새 따위가 이상하고 묘함은 奇妙 (기묘), 몹시 기이하고 묘함은 奇奇妙妙(기기묘묘). 유달리 재치가 뛰어남은 奇拔(기발). 세상에 드문 신기로운 공적은 奇蹟(기적), 상식으로는 생각할 수 없는 기이한 일은 奇跡·奇迹(기적). 기이한 것을 좋아하는 마음은 好奇心(호기심). 홀수는 奇數(기수). 기묘한 전술을 내어 승리를 얻음, 또는 기묘한 계략을 써서 승리함은 出奇制勝(출기제승).

> 한자+ 異(다를 이), 妙(묘할 묘, 예쁠 묘), 拔(뽑을 발), 蹟(자취 적), 跡(발자국 적), 迹(자취 적), 好(좋을 호), 心(마음 심, 중심 심), 數(셀 수, 두어 수, 운수 수), 出(나올 출, 나갈 출), 制(제도 제, 억제할 제), 勝(이길 승, 나을 승)

騎

3급 II 총18획
부수 馬
ride

- 말을 탄 무사, 또는 중세 유럽의 무인(武人)을 이르는 말은 騎士(기사). 말을 타는 군인이나 경관의 무리는 騎馬隊(기마대). '범을 타고 가는 형세'로, (범을 타고 가다 내리면 잡아먹히니 그냥 가야 한다는 데서) 이미 한 일이라 중도에서 그만두기 어려움을 이르는 말은 騎虎之勢(기호지세)나 騎虎難下(기호난하)네요.

> 한자+ 士(선비 사, 군사 사, 칭호나 직업 이름에 붙이는 말 사), 馬(말 마), 隊(무리 대, 군대 대), 虎(범 호), 勢(기세 세), 難(어려울 난, 비난할 난), 下(아래 하, 내릴 하)

寄

4급 총11획
부수 宀
lodge, attach

- (홀로 살 수 없는 생물이 다른 생물에) 붙어 삶은 寄生(기생). ① 다른 동물체에 붙어서 양분을 빨아 먹고 사는 벌레. ② 스스로 노력하지 않고 남에게 덧붙어서 살아가는 사람을 낮잡아 이르는 말은 寄生蟲(기생충). 학교나 회사 따위에 딸려 있어 학생이나 사원에게 숙식을 제공하는 시설은 寄宿舍(기숙사).
- 자선사업이나 공공사업을 돕기 위하여 돈이나 물건 따위를 대가 없이 내놓음은 寄附(기부). 선물이나 기념으로 남에게 물품을 거저 줌은 寄贈(기증). 도움이 되도록 이바지함은 寄與(기여).

> 한자+ 生(날 생, 살 생, 사람을 부를 때 쓰는 접사 생), 蟲(벌레 충), 宿(잘 숙, 오랠 숙, 별자리 수), 舍(집 사), 附(붙을 부, 가까이할 부), 贈(줄 증), 與(줄 여, 더불 여, 참여할 여)

⓪⑨⑥ 무무술(戊茂戌)

戊	茂	戌
무성할 **무**, 다섯째 천간 **무**	무성할 **무**	구월 **술**, 개 **술**, 열한 번째 지지 **술**

무성할 무, 다섯째 천간 무(戊) = ノ('삐침 별'이지만 여기서는 서 있는 초목의 모양으로 봄)
+ 戈(창 과)
ノ(삐침 별)을 서 있는 초목의 모양으로 보니 바로 풀어지네요.
戊는 주로 다섯째 천간으로 쓰이고, '무성하다' 뜻으로는 위에 초 두(艹)를
붙인 茂(무성할 무)를 쓰지요.

戊   초목(ノ)이 창(戈)처럼 자라 무성하니 **무성할 무, 다섯째 천간 무**

茂   풀(艹)이 무성하니(戊) **무성할 무**

戌
무성하던(戊) 잎 하나(一)까지 떨어지는 구월이니 **구월 술**
또 무성하게(戊) 잎 하나(一)를 보고도 짖는 개니 **개 술**
또 개는 열한 번째 지지니 **열한 번째 지지 술**
⊕ 한자 어원에 나오는 달(月)이나 날(日)은 모두 음력이고, 7, 8,
9월이 가을이니, 9월은 늦가을이지요.

> **한자구조** **무무술(戊茂戌)** - 戊로 된 글자
> 삐침 별(ノ)에 창 과(戈)면 **무성할 무, 다섯째 천간 무(戊)**, 무성할 무, 다섯째 천간 무(戊) 위
> 에 초 두(艹)면 **무성할 무(茂)**, 안에 한 일(一)이면 **구월 술, 개 술, 열한 번째 지지 술(戌)**

3급 총5획
부수 戈
flourishing

戊

茂

3급 II 총9획
부수 草(⺿)
flourishing,
exuberant

- 풀이나 나무 따위가 자라서 우거짐은 茂盛(무성).

- '소나무가 무성하면 잣나무가 기뻐함'으로, 소나무와 잣나무는 닮아 형제 같으니, 벗이나 형제가 잘됨을 기뻐한다는 말은 松茂栢悅(송무백열)이라 하네요.

> 한자➕ 盛(성할 성), 松(소나무 송), 栢(잣 백, 측백나무 백), 悅(기쁠 열)

戌

3급 총6획
부수 戈
dog

- 오후(午後) 7시~9시 사이는 戌時(술시).

- 하루 24시간을 두 시간씩 12등분하여 12 지지로 나타낼 때, '자축인묘진사오미신유술해'의 처음인 자시(子時)는 밤 11시부터 새벽 1시까지니, 11번째는 오후 7시부터 오후 9시까지의 2시간이 술시(戌時)지요.

> 한자➕ 午(말 오, 일곱째 지지 오, 낮 오), 後(뒤 후), 時(때 시), 子(아들 자, 첫째 지지 자, 자네 자, 접미사 자), 12 지지는 2권 제목번호[108] 아래 내용 참고

⓪⑨⑦ 성성성(成城誠)

成	城	誠
이룰 성	성 성	정성 성

誠於中(성어중)이면 形於外(형어외)라는 말이 있어요.
가운데에(일의 중심에, 심중에, 밖으로 드러내지 않고) 정성을 다하면 밖으로 드러난다(저절로 겉으로 드러난다)는 뜻이지요.
입소문이 최고의 광고이듯이 저절로 드러나 알려지는 것이 최고의 광고.
묵묵히 자기 일에 최선을 다하면 언젠가는 크게 알려지겠지요.
+ 誠(정성 성), 於(어조사 어, 탄식할 오), 中(가운데 중, 맞힐 중), 形(모양 형), 外(밖 외)

成
무성하게(戊) 장정(丁)처럼 일하여 이루니 **이룰 성**
⊕ 戊(무성할 무), 丁[고무래 정, 못 정, 장정 정, 넷째 천간 정(丁)의 변형]

城
흙(土)을 쌓아 이룬(成) 성이니 **성 성**
⊕ 土(흙 토)

誠
말(言)한 대로 이루려고(成) 들이는 정성이니 **정성 성**
⊕ 言(말씀 언)

> 한자구조 **성성성**(成城誠) - 成으로 된 글자
> 무성할 무, 다섯째 천간 무(戊) 안에 고무래 정, 못 정, 장정 정, 넷째 천간 정(丁)의 변형(丁)
> 이면 **이룰 성**(成), 이룰 성(成) 앞에 흙 토(土)면 **성 성**(城), 말씀 언(言)이면 **정성 성**(誠)

成

6급 총7획
부수 戈
accomplish

- 목적하는 바를 이룸은 成功(성공). (일이) 이루어진 결과는 成果(성과). 몸과 마음이 자라서 어른스럽게 됨은 成熟(성숙). 하여 온 일의 결과로 얻은 실적, 또는 학생들이 배운 지식·기능·태도 따위를 평가한 결과는 成績(성적).
- 완전히 다 이룸은 完成(완성). '작은 것으로 써 큰 것을 이룸'으로, 작은 일에서부터 시작해서 큰일을 이룸은 以小成大(이소성대). 작은 것도 쌓이면 큰 것을 이룸은 積小成大(적소성대).

> 한자+ 功(공 공, 공로 공), 果(과실 과, 결과 과), 熟(익을 숙), 積(쌓을 적), 完(완전할 완), 以(써 이, 까닭 이)

城

4급Ⅱ 총10획
부수 土
castle

- 산 위에 쌓은 성은 山城(산성). '밤이 없는 성'으로, 등불이 많아 밤에도 대낮처럼 밝은 곳은 不夜城(불야성).
- ① 적에게 둘러싸여 성문을 굳게 닫고 성을 지킴. ② 어떤 목적을 이루기 위하여 한자리를 떠나지 않고 시위함은 籠城(농성).
- '성이 무너지는 아픔'으로, 남편이 죽은 슬픔을 이르는 말은 崩城之痛(붕성지통),
- '하늘이 무너지는 아픔'으로, 임금이나 아버지를 잃은 슬픔을 이르는 말은 천붕지통(天崩之痛)이지요.

> 한자+ 夜(밤 야), 籠(바구니 롱), 崩(무너질 붕), 痛(아플 통), 天(하늘 천)

誠

4급Ⅱ 총14획
부수 言
sincerity, believe

- 온갖 힘을 다하려는 참되고 성실한 마음은 精誠(정성). 정성으로 내는 돈은 誠金(성금). 정성스럽고 참됨은 誠實(성실). 정성스러운 뜻은 誠意(성의). 지극한 정성은 至誠(지성). 진정에서 우러나오는 정성은 忠誠(충성). 진심으로 기뻐하며 정성을 다하여 복종함은 心悅誠服(심열성복).
- 정성스러운 마음과 정성스러운 뜻은 誠心誠意(성심성의), 지극한 정성이면 하늘도 감동한다는 至誠感天(지성감천).

> 한자+ 精(정밀할 정, 찧을 정), 金(쇠 금, 금 금, 돈 금, 성씨 김), 實(열매 실, 실제 실), 意(뜻 의), 至(이를 지, 지극할 지), 忠(충성 충), 悅(기쁠 열), 服(옷 복, 먹을 복, 복종할 복), 感(느낄 감), 天(하늘 천)

⓪⑨⑧ 함감감(咸減感)

咸	減	感
다 **함**	줄어들 **감**, 덜 **감**	느낄 **감**, 감동할 **감**

느낄 감, 감동할 감(感) = 咸(다 함) + 心(마음 심, 중심 심)
(정성을) 다하여(咸) 마음(心) 쓰면 느끼고 감동하니 '느낄 감, 감동할 감'
느낄 감, 감동할 감(感)의 어원도 감동을 주네요.
정성을 다하면 느껴서 감동하고, 감동하면 영원히 잊지 못하는 법이니,
영원하려면 감동을 주어야 하고, 감동을 주려면 정성을 다해야 하네요.

咸
개(戌)는 한(一) 마리만 짖어도(口) 다 짖으니 **다 함**
⊕ 口(입 구, 말할 구, 구멍 구)

減
물(氵)기가 다하여(咸) 줄어들듯 더니 **줄어들 감, 덜 감**
㋐ 減 – 얼음(冫)이 다(咸) 녹아가며 줄어들듯 더니 '줄어들 감, 덜 감'
⊕ 氵(삼 수 변), 冫(이 수 변) - 1권 제목번호[003] 주 참고

感
(정성을) 다하여(咸) 마음(心) 쓰면 느끼고 감동하니 **느낄 감,
감동할 감**

 함감감(咸減感) - 咸으로 된 글자

구월 술, 개 술, 열한 번째 지지 술(戌) 안에 입 구, 말할 구, 구멍 구(口)면 **다 함**(咸), 다 함
(咸) 앞에 삼 수 변(氵)이면 **줄어들 감, 덜 감**(減), 아래에 마음 심, 중심 심(心)이면 **느낄 감,
감동할 감**(感)

咸

3급 총9획
부수 口
all

- 다 기뻐함은 咸悅(함열). 모두가 평화로움은 咸平(함평).
- '함흥으로 심부름 간 차사(差使)'로, ① 심부름꾼이 가서 소식이 없거나 회답이 더딜 때, ② 한번 간 사람이 돌아오지 않거나 소식이 없을 때를 이르는 말은 咸興差使(함흥차사), 조선시대 태조(太祖) 이성계가 왕위를 물려주고 함흥에 가 있을 때, 태종이 태조의 노여움을 풀기 위해 여러 번 차사(差使)를 보냈으나, 그때마다 죽고 돌아오지 않았다는 데서 유래되었지요.

> 한자➕ 悅(기뻐할 열), 平(평평할 평, 평화 평), 差(다를 차, 어긋날 차, 사신 보낼 차), 使(하여금 사, 시킬 사), 興(흥할 흥, 흥겨울 흥), 차사(差使) - 임금이 중요한 임무를 위하여 파견하던 임시 벼슬, 또는 그런 벼슬아치.

減

4급 II 총12획
부수 水(氵)
diminish,
decrease

- 매겨야 할 부담 따위를 덜어 주거나 면제함은 減免(감면). 양이나 수치가 줄어듦, 또는 양이나 수치를 줄임은 減少(감소). 빠르기(속도)를 줄임은 減速(감속). 인원을 줄임은 減員(감원). 덜어서 줄임은 減縮(감축). 깎아서 줄임은 削減(삭감).

> 한자➕ 免(면할 면), 少(적을 소, 젊을 소), 速(빠를 속), 員(사람 원, 인원 원), 縮(줄일 축), 削(깎을 삭)

感

6급 총13획
부수 心
feel, be
impressed

- 느끼어 일어나는 심정, 마음, 기분은 感情(감정). 정이 많고 감정이 풍부함은 多情多感(다정다감). ① 고마움을 나타내는 인사. ② 고맙게 여김, 또는 그런 마음은 感謝(감사). 깊이 느끼어 마음이 움직임은 感動(감동).
- '감사하고 덕스럽게 생각함'으로, 대단히 고맙게 여김은 感之德之(감지덕지)네요.

> 한자➕ 情(뜻 정, 정 정), 多(많을 다), 謝(사례할 사, 사절할 사, 빌 사), 動(움직일 동), 德(덕 덕, 큰 덕), 之(갈 지, ~의 지, 이 지), 之는 바로 앞에 있는 글자의 뜻을 강조하기도 합니다.

0 9 9 궁 제제(弓 弟第)

弓	弟	第
활 궁	아우 제, 제자 제	차례 제

아우 제, 제자 제(弟)의 어원을 생각하니, 정지용 시인의 시 '향수' 한 구절이 생각나네요. 놀이기구가 없었던 옛날에는 직접 활을 만들어 쏘며 놀기도 했지요.
- 흙에서 자란 내 마음 / 파아란 하늘빛이 그리워 / 함부로 쏜 화살을 찾으러 / 풀섶 이슬에 함초롬 휘적시던 곳 / 그곳이 차마 꿈엔들 잊힐 리야 -

弓 등이 굽은 활을 본떠서 **활 궁**

弟 머리를 땋고(丫) 활(弓)과 화살(丿)을 가지고 노는 아우나 제자니 **아우 제, 제자 제**
⊕ 丫 – 나뭇가지의 갈라진 부분(가장 귀)을 본떠서 만든 상형문자로 '가장 귀 아'. 또 가장 귀 모양으로 묶은 모양을 본떠서 '가장 귀 모양으로 묶은 머리 아'
⊕ 丿('삐침 별'이지만 여기서는 화살의 모양으로 봄)

第 대(竹) 마디나 아우(弟)들처럼 있는 차례니 **차례 제**
⊕ 弔 [아우 제, 제자 제(弟)의 변형]

> **한자구조** 궁 제제(弓 弟第) - 弓과 弟로 된 글자
>
> 등이 굽은 활을 본떠서 **활 궁**(弓), 활 궁(弓)에 가장 귀 아, 가장 귀지게 묶은 머리 아(丫)와 삐침 별(丿)이면 **아우 제, 제자 제**(弟), 아우 제, 제자 제(弟)의 변형(弔) 위에 대 죽(竹)이면 **차례 제**(第)

弓

3급 II 총3획
부수 弓
bow

- 활 쏘는 기술을 닦는 일, 또는 활 쏘는 데 지켜야 할 도리는 弓道(궁도).
- 우리나라의 활은 國弓(국궁). 서양식 활은 洋弓(양궁).
- '화살에 맞아 상처를 입었던 새'로, (활에 상처를 입은 새는 굽은 나무만 보아도 놀란다는 데서) ① 한번 놀란 사람이 조그만 일에도 겁을 내어 위축됨. ② 어떤 일에 봉변당한 뒤에는 뒷일을 경계함을 이르는 말은 傷弓之鳥(상궁지조), 속담 '자라 보고 놀란 가슴 소댕(솥뚜껑) 보고 놀란다'와 비슷한 뜻이네요.

> 한자 ╋ 道(길 도, 도리 도, 말할 도, 행정구역의 도), 國(나라 국), 洋(큰 바다 양, 서양 양), 傷(상할 상), 鳥(새 조)

弟

8급 총7획
부수 弓
younger
brother,
disciple

- 형과 동생은 兄弟(형제). '형이라 부르고 동생이라 부름'으로, 형이니 아우니 할 정도로 썩 가까운 친구 사이를 이르는 말은 呼兄呼弟(호형호제).
- 스승의 가르침을 받거나 받은 사람은 弟子(제자). ① 스승과 제자를 아울러 이르는 말. ② 한 스승의 제자로 다른 사람보다 늦게 제자가 된 사람은 師弟(사제).

> 한자 ╋ 兄(형 형, 어른 형), 呼(부를 호), 子(아들 자, 첫째 지지 자, 자네 자, 접미사 자), 師(스승 사, 전문가 사, 군사 사)

第

8급 총11획
부수 竹(⺮)
order

- 여럿 가운데서 첫째가는 것, 또는 여럿 가운데 가장은 第一(제일).
- '차례로 세 번째 사람'으로, 직접 관계없는 남을 말함은 第三者(제삼자).
- '차례에 이름(오름)'으로, 과거나 시험에 합격함은 及第(급제), '차례에 떨어짐'으로, 시험이나 검사 따위에 떨어짐은 落第(낙제).

> 한자 ╋ 者(놈 자, 것 자), 及(이를 급, 미칠 급), 落(떨어질 락)

① ⓪ ⓪ 불불비(弗佛費)

弗	佛	費
아닐 **불**, 달러 **불**	부처 **불**, 프랑스 **불**	쓸 **비**, 비용 **비**

아닐 불(弗) = 弓 + 丿丨

丿丨 중 丿은 '삐침 별', 丨은 '뚫을 곤'이지만, 여기서는 둘 다 화살로 보고 어원을 풀었어요.
하나의 활로 동시에 두 개의 화살을 쏘면 힘이 약하고 조준도 어려우니 잘 쏘지
않겠지요.
弗은 아닐 불·부(不)와 같은 뜻의 부정사지만, 아닐 불·부(不)를 많이 사용
하는 것은 습관 때문이지요.

弗
하나의 활(弓)로 동시에 두 개의 화살(丿丨)은 쏘지 않으니
아닐 불, 또 글자가 미국 돈 달러($)와 비슷하니 **달러 불**

佛
사람(亻)이 아닌(弗) 듯 도를 깨친 부처니 **부처 불**
또 발음이 프랑스와 비슷하니 **프랑스 불**
옐 仏 - 사람(亻)이 사사로이(厶) 모시는 부처니 '부처 불'
⊕ 厶(사사로울 사, 나 사), 부처 - 큰 도를 깨친 불교의 성자. 또
는 화낼 줄 모르고 자비심이 두터운 사람을 비유하여 이르는 말

費
귀하지 않게(弗) 재물(貝)을 쓰니 **쓸 비**
또 쓰는 비용이니 **비용 비**
⊕ 貝(조개 패, 재물 패, 돈 패)

한자 구조 **불불비**(弗佛費) - 弗로 된 글자

활 궁(弓)에 삐침 별(丿)과 뚫을 곤(丨)이면 **아닐 불, 달러 불**(弗), 아닐 불, 달러 불(弗) 앞에
사람 인 변(亻)이면 **부처 불, 프랑스 불**(佛), 아래에 조개 패, 재물 패, 돈 패(貝)면 **쓸 비, 비**
용 비(費)

224 PART 15 (099~105)

弗

2급 총5획
부수 弓
not, dollar

- 보통 사람은 이기지(감당하지) 못한다는 말은 中人弗勝(중인불승).

  한자＋ 中(가운데 중, 맞힐 중), 勝(이길 승, 나을 승)

佛

4급Ⅱ 총7획
부수 人(亻)
buddha,
France

- ① 부처의 가르침. ② 수행을 쌓아 부처가 되는 길은 佛道(불도). ① 절, 즉 승려가 불상을 모시고 佛道를 닦으며 교법을 펴는 집. ② 불교를 믿는 사람, 또는 그들의 사회는 佛家(불가). 부처의 가르침은 佛敎(불교).
- '마음이 곧 부처'로, 마음을 어떻게 쓰느냐에 따라 부처도 될 수 있다는 말 心卽是佛(심즉시불)은, '심즉시불(心卽是佛) 심외무불(心外無佛) - 마음이 곧 부처요, 마음밖에는 부처가 없다'에서 온 말입니다.
- 부처님 말씀, 또는 프랑스 말은 佛語(불어).

  한자＋ 道(길 도, 도리 도, 말할 도, 행정구역의 도), 家(집 가, 전문가 가), 敎(가르칠 교), 心(마음 심, 중심 심), 卽(곧 즉), 是(옳을 시, 이 시, ~이다 시), 外(밖 외), 無(없을 무), 語(말씀 어)

費

5급 총12획
부수 貝
consume,
spend, cost

- 시간이나 재물 따위를 헛되이 헤프게 씀은 浪費(낭비)나 虛費(허비). 돈이나 물자·시간·노력 따위를 들이거나 써서 없앰은 消費(소비). 공부하며 학문을 닦는 데에 드는 비용은 學費(학비). 여행에 드는 비용은 旅費(여비).
- '한갓 입술과 혀만 소비함(수고롭게 함)'으로, ① 공연히 말만 많이 하고 아무 보람이 없음. ② 부질없이 보람 없는 말을 늘어놓음은 徒費脣舌(도비순설)이네요.

  한자＋ 浪(물결 랑, 함부로 랑), 虛(빌 허, 헛될 허), 消(끌 소, 삭일 소, 물러설 소), 學(배울 학), 旅(군사 려, 나그네 려), 徒(한갓 도, 걸을 도, 무리 도), 脣(입술 순), 舌(혀 설)

矢	失	知
화살 시	잃을 실	알 지

잃을 실(失) = 矢 + ㅣ
알 지(知) = 矢 + 口(입 구, 말할 구, 구멍 구)
화살과 입이라, 어찌 이런 구조로 안다는 것을 나타냈을까요?
아하! 失과 知를 만든 아이디어가 빛나네요.

矢 화살을 본떠서 **화살 시**

失 화살 시(矢)의 위를 연장하여 이미 쏘아버린 화살을 나타내어,
쏜 화살은 잃어버린 것이란 데서 **잃을 실**

知 (과녁을 맞히는) 화살(矢)처럼,
사실에 맞추어 말할(口) 정도로 아니 **알 지**

한자
구조 **시실지**(矢失知) - 矢로 된 글자

화살을 본떠서 **화살 시**(矢), 화살 시(矢) 위를 연장하여 이미 쏜 화살을 나타내어, 쏜 화살은
잃어버린 것이란 데서 **잃을 실**(失), 화살 시(矢) 뒤에 입 구, 말할 구, 구멍 구(口)면 **알 지**(知)

矢

3급 총5획
부수 矢
arrow

- 활과 화살은 弓矢(궁시). '이미 쏘아 놓은 화살'로, 이미 시작한 일이라 중도에 그만두기 어려운 형편을 비유적으로 이르는 말은 已發之矢(이발지시).
- ① 우는 살(소리를 내면서 날아가는 화살로, 옛날 전쟁 때에 신호로 쓰던 화살의 하나). ② (화살을 쏘아 싸움을 시작하는 신호를 했다는 데서) 어떤 사물이나 현상이 시작되어 나온 맨 처음을 비유적으로 이르는 말은 嚆矢(효시)지요.

한자+ 弓(활 궁), 已(이미 이, 따름 이), 發(쏠 발, 일어날 발), 嚆(울 효)

失

6급 총5획
부수 大
lose

- 종적을 잃어 간 곳이나 생사를 알 수 없게 됨은 失踪(실종). 일을 잘못하여 뜻한 대로 되지 아니하거나 그르침은 失敗(실패). 부주의나 태만 따위에서 비롯된 잘못이나 허물은 過失(과실), 일부러 하는 생각이나 태도는 고의(故意).
- 어떤 사람과 관계가 끊어지거나 헤어지게 됨, 또는 어떤 것이 아주 없어지거나 사라짐은 喪失(상실). 잃어버리거나 축이 나서 손해를 봄, 또는 그 손해는 損失(손실).
- 생업을 잃음은 失業(실업)으로, 직업을 잃는다는 失職(실직)과 비슷한 말이고, 반대말은 취직(就職). 이익과 손해, 얻음과 잃음을 아울러 이르는 말은 利害得失(이해득실).

한자+ 踪(발자취 종), 敗(패할 패), 過(지날 과, 지나칠 과, 허물 과), 故(연고고, 옛 고), 喪(초상날 상, 잃을 상), 損(덜 손), 業(업 업, 일 업), 職(벼슬직, 맡을 직), 就(나아갈 취, 이룰 취), 利(이로울 리, 날카로울 리), 害(해칠 해, 방해할 해), 得(얻을 득)

知

5급 총8획
부수 矢
know

- 지혜와 재능을 통틀어 이르는 말은 知能(지능). 알고 있는 내용이나 사물은 知識(지식). 사물의 이치를 빨리 깨닫고 사물을 정확하게 처리하는 정신적 능력은 知慧(지혜). (어떤 사실을) 인정하여 앎은 認知(인지). 여러 사람이 두루 앎은 周知(주지). 친하게 알고 지내는 사람은 親知(친지). 기별을 보내어 알게 함은 通知(통지).

한자+ 能(능할 능), 識(알 식, 기록할 지), 慧(지혜 혜), 認(알 인, 인정할 인), 周(두루 주), 親(어버이 친, 친할 친), 通(통할 통)

102 편 장장(片 爿將)

片	爿	將
조각 **편**	나무 조각 **장**	장수 **장**, 장차 **장**, 나아갈 **장**

한자가 만들어지던 시절에는 생활 도구를 대부분 나무나 대로 만들어 썼지요. 조각 편(片)과 나무 조각 장(爿)도 나무를 세로로 나눈 오른쪽 조각 모양과 왼쪽 조각 모양을 본떠서 만들었네요.

片   나무를 세로로 나눈 오른쪽 조각을 본떠서 <u>조각 **편**</u>

爿   나무를 세로로 나눈 왼쪽 조각을 본떠서 <u>나무 조각 **장**</u>
       ⑱ 爿

將   (전쟁에 나가기 전에) 나무 조각(爿)에 고기(夕)를 차려 놓고,
법도(寸)에 따라 제사 지냈던 장수니 <u>장수 **장**</u>
또 장수는 장차 전쟁이 나면 나아가 싸워야 하니
장차 장, 나아갈 장
⊕ 夕 [달 월, 육 달 월(月)의 변형], 寸(마디 촌, 법도 촌)

> **한자구조** **편 장장**(片 爿將) - 片과 爿으로 된 글자
> 나무를 세로로 나눈 오른쪽 조각을 본떠서 **조각 편**(片), 왼쪽 조각을 본떠서 **나무 조각 장**(爿), 나무 조각 장(爿) 뒤에 달 월, 육 달 월(月)의 변형(夕)과 마디 촌, 법도 촌(寸)이면 **장수 장, 장차 장, 나아갈 장**(將)

片

3급Ⅱ 총4획
부수 片
splinter

- 조각조각 얇게 썬 수육은 片肉(편육). 안부, 소식, 용무 따위를 적어 보내는 글은 片紙 · 便紙(편지). 깨어지거나 부서진 조각은 破片(파편).
- 끊어지거나 쪼개진 조각, 또는 전반에 걸치지 않고 한 부분에만 국한된 조각은 斷片(단편)으로, 짤막하게 지은 글이나 길이가 짧은 형태의 소설인 단편(短篇)과는 동음이의어(同音異義語)네요.
- '한 조각의 붉은 마음'으로, 진심에서 우러나오는 변치 아니하는 마음을 이르는 말은 一片丹心(일편단심).

> 한자╋ 肉(고기 육), 紙(종이 지), 便(편할 편, 똥오줌 변), 破(깨질 파, 다할 파), 斷(끊을 단, 결단할 단), 短(짧을 단, 모자랄 단), 篇(책 편), 丹(붉을 단, 모란 란), 心(마음 심, 중심 심)

爿

총4획
부수자
a piece of tree

將

4급Ⅱ 총11획
부수 寸
general,
someday,
advance

- 장교와 병사를 함께 일컬어 將兵(장병). '혼자서는 장군이 아님(될 수 없음)'으로, ① 혼자서는 다 잘할 수 없으므로 남과 협조해야 한다는 말. ② 저 혼자 잘난 체하며 뽐내다가 따돌림 받고 외톨이가 된 사람. ③ 남의 의견을 무시하고 혼자 모든 일을 처리하는 사람을 비꼬아 이르는 말은 獨不將軍(독불장군).
- '앞으로'로, 미래의 어느 때를 나타내는 말은 將次(장차).
- '날로 나아가고 달로 나아감'으로, 계속 발전해 나아감은 日就月將(일취월장)이지요.

> 한자╋ 兵(병사 병), 獨(홀로 독, 자식 없을 독), 軍(군사 군), 次(다음 차, 차례 차, 번 차), 就(나아갈 취, 이룰 취)

① ⓪ ③ 녁병질(疒病疾)

疒	病	疾
병들 녁	병들 병, 근심할 병	병 질, 빠를 질

병들 녁(疒) = 亠(머리 부분 두) + 丬[나무 조각 장(爿)의 약자(丬)의 변형]

아파서 머리 부분을 나무 조각에 기대고 있는 모양으로 글자를 만들었군요.

병들 녁(疒)은 병과 관련된 글자에 쓰이는 부수자입니다.

疒
병들어 머리 부분(亠)을 나무 조각(丬)에 기대고 있는 모양에서 **병들 녁**

病
병들어(疒) 밤새 불 밝혀(丙) 놓고 간호하며 근심하니 **병들 병, 근심할 병**
⊕ 丙(남쪽 병, 밝을 병, 셋째 천간 병), 병이 심하면 저녁에도 불 켜놓고 간호하며 근심하지요.

疾
병(疒) 중 화살(矢)처럼 빨리 번지는 병이니 **병 질, 빠를 질**
⊕ 병들 병(病)은 걸리기도 어렵고 낫기도 어려운 고질병을, 병 질 (疾)은 화살 시(矢)가 들어갔으니 걸리기도 쉽고 낫기도 쉬운 가벼 운 병을 뜻하지만, 보통 같이 쓰입니다.

한자 구조 **녁병질**(疒病疾) - 疒으로 된 글자

머리 부분 두(亠)에 나무 조각 장(爿)의 약자(丬)의 변형(丬)이면 **병들 녁**(疒), 병들 녁(疒) 아래에 남쪽 병, 밝을 병, 셋째 천간 병(丙)이면 **병들 병, 근심할 병**(病), 화살 시(矢)면 **병 질, 빠를 질**(疾)

疒

5획
부수자
be sick

病

6급 총10획
부수 疒
disease,
anxiety

- 병으로 인한 괴로움은 病苦(병고). 병자(病者)를 진찰 · 치료하는 데에 필요한 설비를 갖추어 놓은 곳은 病院(병원). 병으로 인한 아픔과 폐단을 아울러 이르는 말은 病弊(병폐), 병으로 인하여 몸을 제대로 쓰지 못하게 됨은 病廢(병폐). (오랫동안 낫지 않아) 늘 가지고 있는 병은 持病(지병).
- '같은 병의 환자끼리는 서로 가엽게 여김'으로, 어려운 처지에 있는 사람끼리 서로 동정하고 도움은 同病相憐(동병상련).

> 한자 ✦ 苦(쓸 고, 괴로울 고), 者(놈 자, 것 자), 院(집 원, 관청 원), 弊(폐단 폐), 廢(폐할 폐), 持(가질 지, 잡을 지), 同(한 가지 동, 같을 동), 相(서로 상, 모습 상, 볼 상, 재상 상), 憐(불쌍히 여길 련)

疾

3급II 총10획
부수 疒
disease, quick

- 몸의 온갖 병은 疾病(질병)이나 疾患(질환). 오랫동안 앓고 있어 고치기 어려운 병, 또는 오래되어 바로잡기 어려운 나쁜 버릇은 痼疾病(고질병).
- 빨리 달림은 疾走(질주). '몹시 빠르게 부는 바람과 무섭게 소용돌이치는 성난 물결'로, 무엇이 무섭게 밀려오거나 밀려감을 이르는 말은 疾風怒濤(질풍노도). "기세 오른 적군이 疾風怒濤처럼 밀려오고 있다.", "세계는 지금 무엇인가를 향해 疾風怒濤와 같이 달리고 있다." 처럼 쓰이지요.

> 한자 ✦ 患(근심 환, 병 환), 痼(고질 고), 走(달릴 주, 도망갈 주), 風(바람 풍, 풍속 · 경치 · 모습 · 기질 · 병 이름 풍), 怒(성낼 노), 濤(물결 도)

方	訪	防
모 **방**, 방향 **방**, 방법 **방**	찾을 **방**, 방문할 **방**	둑 **방**, 막을 **방**

모, 즉 모서리와 방향을 한자로 어떻게 나타냈을까?
한자가 만들어진 시절에는 대부분 농사를 지었으니, 농사와 관련되어 만들어진 한자가 많지요. 모서리와 방향을 나타내는 모 방, 방향 방(方)도 쟁기로 논 밭을 갈 때를 생각하면서 만들었네요.

方
(쟁기로 갈아지는 흙이 모나고, 넘어가는 방향이 일정하니)
쟁기로 밭 가는 모양을 본떠서 **모 방, 방향 방**
또 쟁기질은 밭을 가는 중요한 방법이니 **방법 방**

訪
좋은 말씀(言)을 듣기 위해 어느 방향(方)으로 찾아 방문하니
찾을 방, 방문할 방

防
언덕(阝)처럼 일정한 방향(方)에 쌓은 둑이니 **둑 방**
또 둑을 쌓아 막으니 **막을 방**
⊕阝(언덕 부 변)

한자구조 **방방방**(方訪防) - 方으로 된 글자

(쟁기로 갈아지는 흙이 모나고, 넘어가는 방향이 일정하니) 쟁기로 밭 가는 모양을 본떠서 **모 방, 방향 방**(方), 또 쟁기질은 밭을 가는 중요한 방법이니 **방법 방**(方), 모 방, 방향 방, 방법 방(方) 앞에 말씀 언(言)이면 **찾을 방, 방문할 방**(訪), 언덕 부 변(阝)이면 **둑 방, 막을 방**(防)

方

7급 총4획
부수 方
square,
direction,
method

- 모난 것과 둥근 것은 方圓(방원). 어떤 방향의 위치는 方位(방위). 어떤 뜻이나 현상이 일정한 목표를 향하여 나아가는 쪽은 方向(방향). 방위를 가리키는 자석의 바늘, 또는 앞으로 일을 치러 나갈 방향과 계획은 方針(방침).
- 어떤 일을 해 나가거나, 목적을 이루기 위하여 취하는 수단이나 방식은 方法(방법). 일을 처리하거나 해결하여 나갈 방법이나 계획은 方案(방안). '처리하는 방법'으로, 약재를 배합하는 방법은 處方(처방)이네요.

> 한자＋ 圓(둥글 원, 화폐 단위 원), 位(자리 위), 向(향할 향, 나아갈 향), 針(바늘 침), 法(법 법), 案(책상 안, 생각 안, 계획 안), 處(곳 처, 살 처, 처리할 처)

訪

4급Ⅱ 총11획
부수 言
visit

- '찾아서 물음'으로, 어떤 사람이나 장소를 찾아가서 만나거나 봄은 訪問(방문). 어떤 사람이나 장소를 찾아오는 손님은 訪問客(방문객). 예를 갖추는 의미로 인사차 방문함은 禮訪(예방). 돌면서(차례로) 방문하는 것은 巡訪(순방). 어떤 사실이나 소식 따위를 알아내기 위하여 사람이나 장소를 찾아감, 또는 명승고적 따위를 구경하기 위하여 찾아감은 探訪(탐방).

> 한자＋ 問(물을 문), 客(손님 객), 禮(예도 례), 巡(돌 순), 探(찾을 탐)

防

4급Ⅱ 총7획
부수 阜(阝)
bank, protect

- (물이 다른 곳으로 흐르지 못하도록 쌓은) 둑은 堤防(제방).
- 범죄를 막음은 防犯(방범). 상대편의 공격을 막음은 防禦(방어). 어떤 일이나 현상이 일어나지 못하게 막음은 防止(방지). 서로 공격하고 방어함은 攻防(공방).
- '익숙해진 습관은 막기 어려움(자신도 모르게 나옴)'으로, 나쁜 습관은 처음부터 들이지 말아야 함을 이르는 말은 熟習難防(숙습난방)이네요.

> 한자＋ 堤(제방 제), 犯(범할 범), 禦(말 몰 어, 다스릴 어, 임금 어), 止(그칠 지), 攻(칠 공, 닦을 공), 熟(익을 숙, 익숙할 숙), 習(익힐 습), 難(어려울 난, 비난할 난)

匕	旨	指
비수 **비**, 숟가락 **비**	맛 **지**, 뜻 **지**	손가락 **지**, 가리킬 **지**

맛 지, 뜻 지(旨) = 匕(비수 비, 숟가락 비) + 日(해 일, 날 일)
손가락 지, 가리킬 지(指) = 扌(손 수 변) + 旨

匕
비수를 본떠서 **비수 비**
또 비수로 찌르듯 입에 넣어 먹는 숟가락이니 **숟가락 비**

旨
비수(匕)로 햇빛(日)에 익은 과일을 잘라 먹어보는 맛이니 **맛 지**
또 말이나 글에 담긴 맛은 뜻이니 **뜻 지**

指
손(扌)으로 맛(旨)볼 때 쓰는 손가락이니 **손가락 지**
또 손가락으로 무엇을 가리키니 **가리킬 지**
⊕ 扌(손 수 변)

[한자구조] 비 지지(匕 旨指) - 匕와 旨로 된 글자
비수를 본떠서 **비수 비(匕)**, 또 비수로 찌르듯 입에 넣어 먹는 숟가락이니 **숟가락 비(匕)**,
비수 비, 숟가락 비(匕) 아래에 해 일, 날 일(日)이면 **맛 지, 뜻 지(旨)**, 맛 지, 뜻 지(旨) 앞에
손 수 변(扌)이면 **손가락 지, 가리킬 지(指)**

匕

1급 총2획
부수 匕
dagger, spoon

- 짧고 날이 날카로운 칼은 匕首(비수). 숟가락과 젓가락을 아울러 이르는 말은 匕箸(비저).

한자+ 首(머리 수, 우두머리 수, 칼자루 수), 箸(젓가락 저)

旨

2급 총6획
부수 日
taste, meaning

- 단맛은 甘旨(감지)로, 느끼어 안다는 감지(感知)와 동음이의어(同音異議語).
- 말이나 글 따위에서 핵심이 되는 중요한 내용은 要旨(요지). 어떤 일의 근본이 되는 목적이나 긴요한 뜻은 趣旨(취지).
- '말은 가까우나 뜻이 멂'으로, 말은 알아듣기 쉬우나 내용은 깊고 오묘함은 言近旨遠(언근지원)이네요.

한자+ 甘(달 감, 기쁠 감), 感(느낄 감, 감동할 감), 知(알 지), 要(중요할 요, 필요할 요), 趣(재미 취, 취미 취), 言(말씀 언), 近(가까울 근, 비슷할 근), 遠(멀 원)

指

4급 II 총9획
부수 手(扌)
finger, point

- (질병의 치료나 건강을 위해) 손가락으로 누르거나 두드림은 指壓(지압).
- 가리켜 보이거나 시킴은 指示(지시). 꼭 집어서 가리킴, 또는 허물 따위를 드러내어 폭로함은 指摘(지적). 가리키어 확실하게 정함, 또는 관공서·학교·회사·개인 등이 어떤 것에 특정한 자격을 줌은 指定(지정). 목적을 효과적으로 이루기 위하여 단체의 행동을 통솔함은 指揮(지휘). 가르쳐 이끌기 위하여 채찍으로 매질함은 指導鞭撻(지도편달).

한자+ 壓(누를 압), 示(보일 시, 신 시), 摘(딸 적), 定(정할 정), 揮(휘두를 휘, 지휘할 휘), 導(이끌 도), 鞭(채찍 편), 撻(매질할 달), 편달(鞭撻) - ① 채찍으로 때림. ② 종아리나 볼기를 침. ③ 경계하고 격려함

한자+ 가리키다 - 손가락 따위로 어떤 방향이나 대상을 집어서 보이거나 말하거나 알리다.

한자+ 가르치다 - ① 지식이나 기능, 이치 따위를 깨닫거나 익히게 하다. ② 그릇된 버릇 따위를 고치어 바로잡는다.

1 0 6 화화화(化花貨)

化	花	貨
될 화, 변화할 화, 가르칠 화	꽃 화	재물 화, 물품 화

변화할 화, 될 화(化) = 亻(사람 인 변) + 匕(비수 비, 숟가락 비)
변화할 화, 될 화(化)의 어원도 마음을 울리네요.
그래요. 기필코 하리라 단단히 마음먹고 정진하면 반드시 이루어지겠지요.

化   사람(亻)이 비수(匕) 같은 마음을 품고 일하면,
안 되던 일도 되고 변화하니 <u>될 화, 변화할 화</u>
또 되도록 가르치니 <u>가르칠 화</u>

花   풀(艹)의 일부가 변하여(化) 피는 꽃이니 <u>꽃 화</u>
⊕ 艹(초 두)

貨   변하여(化) 돈(貝)이 되는 재물이나 물품이니 <u>재물 화, 물품 화</u>
⊕ 貝(조개 패, 재물 패, 돈 패)

> **한자구조** **화화화**(化花貨) - 化로 된 글자
> 비수 비, 숟가락 비(匕) 앞에 사람 인 변(亻)이면 **될 화, 변화할 화, 가르칠 화**(化), 될 화, 변화할 화, 가르칠 화(化) 위에 초 두(艹)면 **꽃 화**(花), 아래에 조개 패, 재물 패, 돈 패(貝)면 **재물 화, 물품 화**(貨)

化

5급 총4획
부수 匕
become, change, teach

- 변해서 돌처럼 된 것은 化石(화석). (더러움을 털어 버리고) 깨끗하게 됨은 淨化(정화). 사물의 성질·모양·상태 따위가 바뀌어 달라짐은 變化(변화). ① 세력이나 힘을 더 강하고 튼튼하게 함. ② 수준이나 정도를 더 높임은 強化(강화). 일의 형세가 나쁜 쪽으로 바뀜, 또는 병의 증세가 나빠짐은 惡化(악화).
- 가르치고 이끌어서 좋은 방향으로 나아가게 함은 敎化(교화).

> 한자＋ 石(돌 석), 淨(깨끗할 정), 變(변할 변), 強(강할 강, 억지 강), 惡(악할 악, 미워할 오), 敎(가르칠 교)

花

7급 총8획
부수 草(艹)
flower, bloom

- 꽃을 심어 가꾸는 동이는 花盆(화분). 꽃이 피는 풀과 나무, 또는 꽃이 없더라도 관상용이 되는 모든 식물을 통틀어 이르는 말은 花草(화초).
- 살아 있는 꽃은 生花(생화), 만든 꽃은 造花(조화). 생화십일홍(生花十日紅) 조화십년홍(造花十年紅)이라는 말도 있네요.
- '말을 푸는(알아듣는) 꽃'으로, 미인(美人)을 이르는 말은 解語花(해어화), 중국 당나라 때에 현종이 양귀비를 가리켜 말했다는 데서 유래되었지요.

> 한자＋ 盆(동이 분), 草(풀 초), 生(날 생, 살 생, 사람을 부를 때 쓰는 접사 생), 造(지을 조, 만들 조), 美(아름다울 미), 解(해부할 해, 풀 해), 語(말씀 어)

貨

4급Ⅱ 총11획
부수 貝
wealth, article

- 상품 교환가치의 척도가 되며, 그것의 교환을 매개하는 일반화된 수단, 즉 돈은 貨幣(화폐). 금으로 만든 돈은 金貨(금화). 은으로 만든 돈은 銀貨(은화).
- 물품, 또는 차 따위로 옮기는 물건은 貨物(화물). 사람이 바라는 바를 충족시켜 주는 모든 물건은 財貨(재화). 외국의 돈, 또는 외국에서 들여오는 화물은 外貨(외화). 유통수단이나 지불수단으로서 구실이나 작용하는 화폐는 通貨(통화).

> 한자＋ 幣(돈 폐, 폐백 폐), 金(쇠 금, 금 금, 돈 금, 성씨 김), 銀(은 은), 物(물건 물), 財(재물 재), 外(밖 외), 通(통할 통)

能	罷	態
능할 **능**	파할 **파**, 마칠 **파**	모양 **태**, 태도 **태**

능할 능(能) = 厶(사사로울 사, 나 사) + 月(달 월, 육 달 월) + 匕 둘

나눠진 글자대로 해석하면 '능할 능'이 되지 않는데….

이처럼 글자대로 해석해서 바라는 어원이 나오지 않으면, 나눠진 글자가 원래 의 뜻이 아닌 다른 뜻으로 사용되었는가도 생각해보세요.

여기서 사사로울 사, 나 사(厶)는 곰의 주둥이로, 비수 비, 숟가락 비(匕) 둘(比) 은 곰의 네 발로 보았네요.

能
곰은 주둥이(厶)와 몸뚱이(月), 그리고 네 발(匕)로 재주 부림이 능하니 **능할 능**

罷
법망(罒)에 걸리면 유능한(能) 사람도 파하여 마치니 **파할 파, 마칠 파**
⊕ 법망(法網) – 범죄자에 대한 제재를 물고기에 대한 그물로 비 유하여 이르는 말
⊕ 파(罷)하다 – 어떤 일을 마치거나 그만두다.
⊕ 罒 (그물 망, = 网, 罓), 網(그물 망)

態
능히(能) 할 수 있다는 마음(心)이 얼굴에 나타나는 모양이나 태도니 **모양 태, 태도 태**
㊌ 熊(곰 웅) ⊕ 心(마음 심, 중심 심)

> **한자 구조** **능파태**(能罷態) - 能으로 된 글자
>
> 사사로울 사, 나 사(厶) 아래에 달 월, 육 달 월(月), 뒤에 비수 비, 숟가락 비(匕) 둘(比)이면 **능할 능**(能), 능할 능(能) 위에 그물 망(罒)이면 **파할 파, 마칠 파**(罷), 아래에 마음 심, 중심 심(心)이면 **모양 태, 태도 태**(態)

能

5급 총10획
부수 肉(月)
ability

- 어떤 일을 제대로 할 수 있는 힘은 能力(능력). 할 수 있거나 될 수 있음은 可能(가능). 재능이 있음은 有能(유능), 재능이 없음은 無能(무능).
- '능숙한 재주가 능숙하게 무르익음'으로, 일 따위에 익숙하고 솜씨가 좋음은 能手能爛(능수능란).

> [한자+] 力(힘 력), 可(옳을 가, 가히 가, 허락할 가), 有(가질 유, 있을 유), 無(없을 무), 手(손 수, 재주 수, 재주 있는 사람 수), 爛(무르익을 란)

罷

3급 총15획
부수 网(罒)
stop, cease

- 잘못을 저지른 사람에게 직무나 직업을 그만두게 함은 罷免(파면). 하던 일을 중지함은 罷業(파업). 관직에서 물러나게 함은 罷職(파직). ① 백일장·시장(市場) 따위가 끝남, 또는 그런 때. ② 여러 사람이 모여 벌이던 판이 거의 끝남, 또는 그 무렵은 罷場(파장).
- '고쳐 마침'으로, 묵은 기구·제도·법령 따위를 없앰은 革罷(혁파)네요.

> [한자+] 免(면할 면), 業(업 업, 일 업), 職(벼슬 직, 맡을 직), 市(시장 시, 시내 시), 場(마당 장, 상황 장), 革(가죽 혁, 고칠 혁)

態

4급 II 총14획
부수 心
figure, manner

- 움직이는 모양은 動態(동태). 일이 되어 가는 형편이나 상황, 또는 벌어진 일의 상태는 事態(사태). 사물이나 현상이 놓여 있는 모양이나 형편은 狀態(상태). 세상이 돌아가는 모양은 世態(세태). ① 몸의 동작이나 몸을 가누는 모양새. ② 어떤 일이나 상황을 대하는 마음가짐, 또는 그 마음가짐이 드러난 자세는 態度(태도).
- '천 가지 모양 만 가지 모습'으로, 세상 사물이 한결같지 아니하고 각각 다른 모양임을 이르는 말은 千態萬象(천태만상).

> [한자+] 動(움직일 동), 事(일 사, 섬길 사), 狀(모습 상, 문서 장), 世(세대 세, 세상 세), 度(법도 도, 정도 도, 헤아릴 탁), 千(일천 천, 많을 천), 萬(많을 만, 일만 만), 象(코끼리 상, 모습 상, 본뜰 상)

108 충충소(虫蟲騷)

虫	蟲	騷
벌레 충	벌레 충	시끄러울 소, 글 지을 소

시끄러울 소, 글 지을 소(騷)는 아주 복잡한 글자지만 다음처럼 풀어지고, 어원도 재미있네요. 옛날에는 말을 많이 탔으니 주변에 있는 것으로 글자를 만들었군요.

虫　벌레 충(蟲)이 부수로 쓰일 때의 모양으로 벌레 충

蟲　(벌레는 원래 한 마리가 아니니)
　　　많은 벌레가 모인 모양을 본떠서 벌레 충

騷　말(馬)이 벼룩(蚤)처럼 날뛰면 시끄러우니 시끄러울 소
　　　또 시끄럽게 없던 일도 꾸며서 글 지으니 글 지을 소
　　　⊕ 蚤 – 또(又) 자꾸 콕콕(丶丶) 쏘는 벌레(虫)는 벼룩이니 '벼룩 조'
　　　⊕ 馬(말 마), 又(오른손 우, 또 우), 丶('점 주, 불똥 주'지만 여기
　　　서는 여기저기 콕콕 쏘는 모양으로 봄)

> **한자구조** **충충소**(虫蟲騷) - 虫으로 된 글자
> 벌레 충(蟲)이 부수로 쓰일 때의 모양으로 **벌레 충**(虫), (벌레는 원래 한 마리가 아니니) 많은 벌레가 모인 모양을 본떠서 **벌레 충**(蟲), 말 마(馬) 뒤에 벼룩 조(蚤)와 벌레 충(虫)이면 **시끄러울 소, 글 지을 소**(騷)

虫 특급 총6획
부수 虫
insect

蟲 4급 II 총18획
부수 虫
insect

- 벌레 먹은 이는 蟲齒(충치). ① 다른 동물체에 붙어서 양분을 빨아 먹고 사는 벌레. ② 남에게 덧붙어서 살아가는 사람을 낮잡아 이르는 말은 寄生蟲(기생충).
- (인간 생활에) 이익을 주는 벌레는 益蟲(익충), 해를 끼치는 벌레는 害蟲(해충).

한자⁺ 齒(이치, 나이 치), 寄(붙어살 거, 부칠 거), 生(날 생, 살 생, 사람을 부를 때 쓰는 접사 생), 益(더할 익, 유익할 익), 害(해칠 해, 방해할 해)

騷 3급 총 20획
부수 馬
noisy, write

- 시끄러운 소리는 騷音(소음).
- 시인이나 풍류객은 騷人(소인). '글 짓는 사람과 서예 하는 사람'으로, 시인·문사·서예가·화가 등 풍류를 아는 사람을 이르는 말은 騷人墨客(소인묵객)이지요.

한자⁺ 音(소리 음), 墨(먹 묵), 客(손님 객)

간지(干支)

- 여기서 干은 천간(天干)의 약칭이고, 支는 지지(地支)의 약칭이며, 干支는 天干과 地支를 합해서 일컫는 말이지요.
- 천간(天干): 甲(갑) 乙(을) 丙(병) 丁(정) 戊(무) 己(기) 庚(경) 辛(신) 壬(임) 癸(계)
- 지지(地支): 子(자) 丑(축) 寅(인) 卯(묘) 辰(진) 巳(사) 午(오) 未(미) 申(신) 酉(유) 戌(술) 亥(해)
- 干과 支는 따로 쓰일 때도 있고, 위아래로 짝을 지어 쓰일 때도 있어요. 干과 支를 차례로 짝지어 놓으면, 육십 개의 각각 다른 짝이 되는데, 이것을 六十甲子라고 하지요. 또 천간은 10개이므로 十干, 지지는 12개이므로 十二支라 부르기도 하고요.

한자⁺ 干(방패 간, 범할 간, 얼마 간, 마를 간), 支(다룰 지, 가를 지, 지출할 지)

① ⓪ ⑨ 간근한(艮根限)

艮	根	限
멈출 간, 어긋날 간	뿌리 근	한계 한

멈출 간, 어긋날 간(艮)은 부수나 독립된 글자로 나눠지지 않고, 무엇을 본뜨거나 생각하여 만든 글자인지도 잘 떠오르지 않지요?

일단 다음처럼 나누고 어원을 생각해보세요.

멈출 간, 어긋날 간(艮) = 彐 [눈 목(目)의 변형] + ㄑ [비수 비, 숟가락 비(匕)의 변형]

艮   눈(彐)에 비수(ㄑ)를 품고, 멈추어 바라볼 정도로 어긋나니
멈출 간, 어긋날 간

根   나무(木)를 머물러(艮) 있게 하는 뿌리니 **뿌리 근**
⊕ 木(나무 목)

限   언덕(阝) 같은 장애물에 막혀 멈춰야(艮) 하는 한계니 **한계 한**
⊕ 阝(언덕 부 변)

간근한(艮根限) - 艮으로 된 글자

눈 목, 볼 목, 항목 목(目)의 변형(彐)에 비수 비, 숟가락 비(匕)의 변형(ㄑ)이면 **멈출 간, 어긋날 간**(艮), 멈출 간, 어긋날 간(艮) 앞에 나무 목(木)이면 **뿌리 근**(根), 언덕 부 변(阝)이면 **한계 한**(限)

242   PART 16 (106~112)

艮

2급 총6획

부수 艮

stop, go wrong

根

6급 총10획

부수 木

root, origin

- 뿌리와 줄기, 또는 사물의 바탕이나 중심이 되는 중요한 것은 根幹(근간). ① 근본이 되는 거점. ② 어떤 일이나 의논, 의견에 그 근본이 됨, 또는 그런 까닭은 根據(근거). '뿌리와 뿌리'로, 사물의 본질이나 본바탕은 根本(근본). (다시 살아날 수 없도록 아주) 뿌리째 없애 버림은 根絶(근절).
- '사실이라는 근거가 없음'으로, 전혀 사실과 다름은 事實無根(사실무근).

> 한자+ 幹(간부 간, 줄기 간), 據(의지할 거), 本(뿌리 본, 근본 본, 책 본), 絶(끊을 절, 죽을 절, 가장 절), 事(일 사, 섬길 사), 實(열매 실, 실제 실), 無(없을 무)

限

4급 II 총9획

부수 阜(阝)

limit, be stoped up

- 땅의 경계, 또는 사물의 정하여진 범위는 限界(한계). 어떤 사람이나 기관의 권리나 권력이 미치는 범위는 權限(권한). 어떤 일을 하는 데 주어진 시간의 한계는 時限(시한).
- 가장 적게 잡아도, 또는 일정한 조건에서 가능한 한 가장 적게는 最小限(최소한), 일정한 조건에서 가능한 한 가장 많이는 最大限(최대한)이지요.

> 한자+ 界(경계 계, 세계 계), 權(권세 권), 時(때 시), 最(가장 최), 小(작을 소), 大(큰 대)

良	浪	朗
좋을 **량**, 어질 **량**	물결 **랑**, 함부로 **랑**	밝을 **랑**

이번에는 좋을 량, 어질 량(良)으로 된 글자.
좋을 량, 어질 량(良)은 멈출 간, 어긋날 간(艮) 위에 점 주, 불똥 주(丶)를 더한
모양이니, 다음처럼 자연스럽게 풀어지네요.

良   점(丶) 같은 작은 잘못도 그쳐(艮) 좋고 어지니 **좋을 량, 어질 량**

浪   물(氵)이 보기 좋게(良) 출렁이는 물결이니 **물결 랑**
          또 물결치듯 함부로 하니 **함부로 랑**

朗   어짊(良)이 달(月)처럼 밝으니 **밝을 랑**
          ⊕ 月(달 월, 육 달 월)

> 한자
> 구조   **량랑랑(良浪朗)** - 良으로 된 글자
>
> 멈출 간, 어긋날 간(艮) 위에 점 주, 불똥 주(丶)면 **좋을 량, 어질 량(良)**, 좋을 량, 어질 량(良)
> 앞에 삼 수 변(氵)이면 **물결 랑, 함부로 랑(浪)**, 뒤에 달 월, 육 달 월(月)이면 **밝을 랑(朗)**

良

• 사물의 선악을 판단하는 능력은 良心(양심)으로, 두 마음, 즉 겉 다르고 속 다른 마음이라는 양심(兩心)과는 동음이의어(同音異義語). (나쁜 점을) 고쳐 좋게 함은 改良(개량). 행실이나 성질이 착함은 善良(선량), ① 좋은 인물을 뽑음, 또는 그렇게 뽑힌 인물. ② '국회의원'을 달리 이르는 말은 選良(선량).

• '좋은 약은 입에 쓰다'로, 좋은 약은 입에는 쓰나 병에는 이롭다는 말은 良藥苦口(양약고구)로, '충언역이이어행(忠言逆耳利於行) 양약고구익어병(良藥苦口益於病) - 충고의 말은 귀에는 거슬리나 행동에는 이롭고, 좋은 약은 입에는 쓰나 병에는 이롭다'에서 나온 말이지요.

> 한자+ 兩(둘 량, 짝 량, 냥 냥), 改(고칠 개), 善(착할 선, 좋을 선, 잘할 선), 選(뽑을 선), 藥(약 약), 苦(쓸 고, 괴로울 고), 忠(충성 충), 言(말씀 언), 逆(거스를 역), 耳(귀 이), 利(이로울 리, 날카로울 리), 於(어조사 어, 탄식할 오), 行(다닐 행, 행할 행, 항렬 항), 益(더할 익, 유익할 익), 病(병들 병, 근심할 병)

浪

• 거센 파도, 또는 모질고 어려운 시련을 비유적으로 이르는 말은 激浪(격랑). 바람으로 일어나는 물결은 風浪(풍랑).

• (돈이나 시간을) 함부로 씀은 浪費(낭비). '허무(虛無)하고 맹랑(孟浪)함'으로, 터무니없이 허황하고 실상이 없음은 虛無孟浪(허무맹랑).

> 한자+ 激(격할 격, 부딪칠 격), 風(바람 풍, 풍속 · 경치 · 모습 · 기질 · 병 이름 풍), 費(쓸 비, 비용 비), 虛(빌 허, 헛될 허), 無(없을 무), 孟(맏 맹, 맹자 맹), 맹랑(孟浪) - ① 생각하던 바와는 달리 아주 허망(虛妄)함. ② 처리하기가 매우 어렵고 딱함. ③ 만만하게 볼 수 없을 만큼 똘똘하고 깜찍함. 여기서는 ①의 뜻

朗

• 반가운 소식, 즉 good news는 朗報(낭보). (소리 높여) 밝게 읽음은 朗讀(낭독). 소리 내어 글을 읽음은 朗誦(낭송). (우울한 빛이 없이 활발하여) 밝음은 明朗(명랑).

> 한자+ 報(알릴 보, 갚을 보), 讀(읽을 독, 구절 두), 誦(외울 송), 明(밝을 명)

식음반(食飲飯)

食	飮	飯
밥 식, 먹을 식	마실 음	밥 반

밥 식, 먹을 식(食) = 人(사람 인) + 良
사람에게 좋은 것은 밥이고, 그래서 밥을 먹지요.
밥 식, 먹을 식(食)은 글자의 왼쪽에 붙는 부수인 변으로 쓰일 때는 飠모양으로 '밥 식, 먹을 식 변'이라 부르지요.

食 사람(人)의 몸에 좋은(良) 밥이니 **밥 식**
또 밥 같은 음식을 먹으니 **먹을 식**

飮 먹을(飠) 때 하품(欠)하듯 입 벌리고 마시니 **마실 음**
⊕ 欠 - 기지개를 켜며(𠂉) 사람(人)이 하품하는 모양에서 '하품 흠'
또 하품하며 나태하면 능력이 모자라니 '모자랄 흠'

飯 먹을(飠) 때 혀로 이리저리 뒤집으며(反) 씹는 밥이니 **밥 반**
⊕ 反(거꾸로 반, 뒤집을 반) - 1권 제목번호[015] 참고

한자구조 **식음반**(食飲飯) - 食으로 된 글자
좋을 량, 어질 량(良) 위에 사람 인(人)이면 **밥 식, 먹을 식**(食), 밥 식, 먹을 식 변(飠) 뒤에 하품 흠, 모자랄 흠(欠)이면 **마실 음**(飮), 거꾸로 반, 뒤집을 반(反)이면 **밥 반**(飯)

7급 총9획
부수 食
food, eat

- 밥을 파는 집(가게)은 食堂(식당). 생존을 위한 사람의 먹을거리는 食糧(식량)이나 糧食(양식). 사람이 일상적으로 섭취하는 음식물을 통틀어 이르는 말은 食品(식품). 마시고 먹는 것은 飮食(음식).
- '먹을 것은 적은데 할 일은 많음'으로, 수고는 많이 하나 얻을 것이 적음은 食少事煩(식소사번). '말을 먹어버림'으로, 앞서 한 말을 번복하거나 약속을 지키지 않고 거짓말하는 경우를 이르는 말은 食言(식언)이지요.

> 한자➕ 堂(집 당, 당당할 당), 糧(양식 량), 品(물건 품, 등급 품, 품위 품), 飮(마실 음), 少(적을 소, 젊을 소), 事(일 사, 섬길 사), 煩(번거로울 번), 言(말씀 언)

6급 총13획
부수 食(飠)
drink

- 술을 마심은 飮酒(음주). (술을) 지나치게 마심은 過飮(과음). 사람이 마실 수 있도록 만든 액체를 통틀어 이르는 말은 飮料(음료).
- '물을 마시면서 그 근원을 생각함'으로, 무슨 일을 하든지 그 근본을 잊지 않음을 이르는 말은 飮水思源(음수사원)으로, 음방천이부지기원[飮芳泉而不知其源 - '꽃다운 샘물(芳泉)을 마시면서도 그 근원(根源)을 모름'으로, 오늘날 윤택하게 사는 것이 할아버지, 아버지의 피나는 노력으로 된 줄을 모르고, 자기가 잘나서 그런 줄로만 안다는 말]에서 나온 말이지요.

> 한자➕ 酒(술 주), 過(지날 과, 지나칠 과, 허물 과), 料(헤아릴 료, 재료 료, 값 료), 思(생각할 사), 源(근원 원), 芳(꽃다울 방), 泉(샘 천), 而(말 이을 이), 知(알 지), 其(그 기), 根(뿌리 근)

3급II 총13획
부수 食(飠)
meal

- 밥에 곁들여 먹는 술은 飯酒(반주). 밥에 곁들여 먹는 음식, 즉 side dish는 飯饌(반찬). 아침밥(아침 끼니로 먹는 밥)은 朝飯(조반).
- '차 마시고 밥 먹는 일'로, 항상 있어서 이상하거나 신통한 것이 없는 일은 茶飯事(다반사), "공부에 열중하느라 밤새우는 일이 茶飯事였다."처럼 쓰이지요.

> 한자➕ 酒(술 주), 饌(반찬 찬), 朝(아침 조, 조정 조, 뵐 조), 茶(차 다·차), 事(일 사, 섬길 사)

比	批	皆
나란할 비, 견줄 비	비평할 비	다 개

나란할 비, 견줄 비(比)가 공통으로 들어간 한자들.
한자 3박자 연상 학습법은 어렵고 복잡한 글자를 무조건 통째로 익히지 않고, 부수나
독립된 글자로 나누어 ① 머리에 쏙쏙 들어오는 생생하고 명쾌한 어원으로,
② 동시에 관련된 글자들도 익히면서, ③ 그 글자가 쓰인 단어들까지 생각해보
는 방법이라고 반복하여 말씀드리니, 이 방법을 익혀서 한자 학습에 잘 적용
하여 보세요.

比
두 사람이 나란히 앉은 모양을 본떠서 **나란할 비**
또 나란히 앉혀놓고 견주니 **견줄 비**

批
손(扌)으로 견주어(比) 비평하니 **비평할 비**
⊕ 扌(손 수 변)

皆
나란히(比) 앉아 말하는(白) 모두 다니 **다 개**
⊕ 白(흰 백, 밝을 백, 깨끗할 백, 아뢸 백)

한자
구조 **비비개**(比批皆) - 比로 된 글자

두 사람이 나란히 앉은 모양을 본떠서 **나란할 비**(比), 또 나란히 앉혀놓고 견주니 **견줄 비**
(比), 나란할 비, 견줄 비(比) 앞에 손 수 변(扌)이면 **비평할 비**(批), 아래에 흰 백, 밝을 백,
깨끗할 백, 아뢸 백(白)이면 **다 개**(皆)

比

5급 총4획
부수 比

be in a line,
compare

- 빗살처럼 **빽빽**하고 나란히 섬은 櫛比(즐비). 견주어 봄은 比較(비교). 다른 수나 양에 대한 어떤 수나 양의 비(比)는 比率(비율). 다른 것과 비교할 때 차지하는 중요도는 比重(비중). '연리지(連理枝)'와 비익조(比翼鳥)를 합친 말로, 부부 사이가 화목함을 이르는 말은 連理比翼(연리비익)이라 하지요.

> 한자＋ 櫛(빗 즐), 較(견줄 교), 率(비율 률, 거느릴 솔, 솔직할 솔), 重(무거울 중, 귀중할 중, 거듭 중), 連(이을 련), 理(이치 리, 다스릴 리), 枝(가지 지), 翼(날개 익), 鳥(새 조), 연리지(連理枝) - 두 나무의 가지가 맞닿아서 결이 서로 통한 것으로, 화목한 부부 사이를 이르는 말. 비익조(比翼鳥) - 암컷과 수컷이 눈과 날개가 하나씩이라서, 짝을 짓지 않으면 날지 못한다는 새로서, 남녀 사이 혹은 부부애가 두터움을 이르는 말

批

4급 총7획
부수 手(扌)

criticize

- [사물의 미추(美醜)·선악(善惡)·장단(長短)·시비(是非)를] 평가하여 가치를 판단하는 것, 또는 남의 결점을 드러내어 말하는 것은 批評(비평). (사물의 옳고 그름이나 잘되고 못됨을) 검토하여 평가·판정하는 일은 批判(비판). 조약을 헌법상의 조약 체결권자가 최종적으로 확인·동의하는 절차는 批准(비준).

> 한자＋ 美(아름다울 미), 醜(추할 추), 善(착할 선, 좋을 선, 잘할 선), 惡(악할 악, 미워할 오), 長(길 장, 어른 장), 短(짧을 단, 모자랄 단), 是(옳을 시, 이 시, ~이다 시), 非(어긋날 비, 아닐 비, 나무랄 비), 評(평할 평), 判(판단할 판), 准(비준할 준)

皆

3급 총9획
부수 白

all, whole

- '다 일함'으로, 하루도 빠짐없이 출석함은 皆勤(개근). 거의 모두. 대부분은 擧皆(거개).
- '처지를 바꾸면 다 그러함'으로, (사람은 처지에 따라 행동이 달라지니) 처지를 서로 바꾸면 누구나 다 똑같아진다는 말은 易地皆然(역지개연), '처지를 바꾸어 생각함'으로, 상대방의 처지에서 생각해본다는 역지사지(易地思之)와는 다른 뜻이지요.

> 한자＋ 勤(부지런할 근, 일 근), 擧(들 거, 행할 거, 일으킬 거), 易(쉬울 이, 바꿀 역), 地(땅 지, 처지 지), 然(그러할 연), 思(생각할 사)

① ① ③ 배[북]배 차(北背 此)

北	背	此
등질 배, 달아날 배, 북쪽 북	등 배, 등질 배	이 차

바로 앞에 나왔던 나란할 비, 견줄 비(比)와 비슷한 모양의 글자들.
둘이 나란히 앉은 모양인 나란할 비, 견줄 비(比)와 달리, 등질 배, 달아날 배,
북쪽 북(北)은 서로 등지고 달아나는 모양이네요.

北
두 사람이 등지고 달아나는 모양에서 **등질 배, 달아날 배**
또 항상 남쪽을 향하여 앉았던 임금의 등진 북쪽이니 **북쪽 북**
⊕ 옛날에 임금은 항상 북쪽에서 남쪽을 향하고 앉았다지요.

背
등진(北) 몸(月)의 등이니 **등 배, 등질 배**
㉨ 肯(즐길 긍, 긍정할 긍) - 1권 제목번호[085] 참고
⊕ 月(달 월, 육 달 월)
⊕ '북쪽'의 뜻으로는 北을, '등지다'의 뜻으로는 背를 많이
사용합니다.

此
멈추어(止) 비수(匕)로도 찌를 만한 가까운 이것이니 **이 차**
⊕ 止(그칠 지), 匕(비수 비, 숟가락 비 – '비수'는 날카롭고 짧은 칼)

┌한자┐ **배[북]배 차**(北背 此) - 北으로 된 글자와 此
└구조┘

두 사람이 등지고 달아나는 모양에서 **등질 배, 달아날 배**(北), 또 항상 남쪽을 향하여 앉았던 임금의 등진 북쪽이니 **북쪽 북**(北), 등질 배, 달아날 배, 북쪽 북(北) 아래에 달 월, 육 달 월(月)이면 **등 배, 등질 배**(背), 그칠 지(止) 뒤에 비수 비, 숟가락 비(匕)면 **이 차**(此)

北

8급 총5획
부수 匕
turn against,
escape, north

- 패하여 달아남, 또는 싸움에 짐은 敗北(패배).
- 지구의 북쪽 끝은 北極(북극). 남쪽과 북쪽을 아울러 이르는 말은 南北(남북). '북한에 대한'의 뜻을 나타내는 말은 對北(대북).

한자+ 敗(패할 패), 極(끝 극, 다할 극), 南(남쪽 남), 對(상대할 대, 대답할 대)

背

4급Ⅱ 총9획
부수 肉(月)
back, turn
against

- ① 뒤쪽의 경치. ② 사건이나 환경, 인물 따위를 둘러싼 주위의 정경. ③ 앞에 드러나지 아니한 채 뒤에서 돌보아 주는 힘은 背景(배경). 믿음과 의리를 저버리고 돌아섬은 背反 · 背叛(배반). 믿음을 등져버림은 背信(배신).
- '은혜를 등지고 은덕을 잊음'으로, 남에게 받은 덕을 잊고 배반함은 背恩忘德(배은망덕). '얼굴로는 좇는(따르는) 척하나 배(마음)속으로는 배반함'으로, 겉으로는 복종하는 체하면서 속으로는 반대함은 面從腹背(면종복배), 겉으로 드러나는 언행과 속으로 가지는 생각이 다르다는 표리부동(表裏不同)과 비슷하네요.

한자+ 景(볕 경, 경치 경, 클 경), 反(거꾸로 반, 뒤집을 반), 叛(배반할 반), 信(믿을 신, 소식 신), 恩(은혜 은), 忘(잊을 망), 德(덕 덕, 클 덕), 面(얼굴 면, 향할 면, 볼 면, 행정구역의 면), 從(좇을 종, 따를 종), 腹(배 복), 表(겉 표), 裏(속 리, = 裡), 同(한 가지 동, 같을 동)

此

3급Ⅱ 총6획
부수 止
this

- 때마침 주어진 이 기회는 此際(차제). 이렇게 하든지 저렇게 하든지, 또는 이렇게 되든지 저렇게 되든지는 於此彼(어차피). 이와 같음. 이렇게는 如此(여차). 이것과 저것. 이쪽과 저쪽. 서로는 彼此(피차).
- '이날저날'로, 오늘내일하며 기한을 미룸은 此日彼日(차일피일).

한자+ 際(때 제, 사귈 제), 於(어조사 어, 탄식할 오), 彼(저 피), 如(같을 여)

조도도(兆挑逃)

兆	挑	逃
조짐 **조**, 조 **조**	돋을 **도**, 끌어낼 **도**	달아날 **도**

등질 배, 달아날 배, 북쪽 북(北)과 모양이 비슷한 조짐 조, 조 조(兆).
옛날에는 점을 많이 쳐서 조짐 조, 조 조(兆)도 점과 관련되어 만들어진 글자네
요. 거북이 등 껍데기를 태워서 그 갈라진 모양을 보고도 길흉화복의 조짐을
점쳤다고 하지요.

兆   옛날에 점치던 거북이 등 껍데기에 나타난 조짐이니 <u>조짐 조</u>
        또 큰 숫자인 조도 나타내어 <u>조 조</u>

挑   손(扌)으로 조짐(兆)을 보여 돋우고 끌어내니 <u>돋을 도, 끌어낼 도</u>

逃   조짐(兆)을 알아차리고 뛰어(辶) 달아나니 <u>달아날 도</u>
        ⊕ 辶(뛸 착, 갈 착)

한자
구조   **조도도**(兆挑逃) - 兆로 된 글자
옛날에 점치던 거북이 등 껍데기에 나타난 조짐이니 **조짐 조**(兆), 또 큰 숫자인 조도 나타
내어 **조 조**(兆), 조짐 조, 조 조(兆) 앞에 손 수 변(扌)이면 **돋을 도, 끌어낼 도**(挑), 아래에 뛸
착, 갈 착(辶)이면 **달아날 도**(逃)

兆

3급Ⅱ 총6획
부수 人(儿)
symptoms,
billion

- 어떤 일이 일어날 기미가 미리 보이는 변화 현상은 兆朕(조짐).
- 길한(좋은) 징조는 吉兆(길조), 불길한 징조는 凶兆(흉조).
- 수많은 백성(사람)은 億兆蒼生(억조창생)이지요.

> 한자➕ 朕(나 짐, 조짐 짐), 吉(길할 길, 상서로울 길), 凶(흉할 흉, 흉년 흉), 億(억 억), 蒼(푸를 창, 우거질 창), 生(날 생, 살 생, 사람을 부를 때 쓰는 접사 생), 창생(蒼生) - '풀 우거지듯 많은 사람'으로, 세상의 모든 사람

挑

3급 총9획
부수 手(扌)
incite

- 정면으로 맞서 싸움을 걺, 또는 어려운 사업이나 기록 경신 따위에 맞섬을 비유적으로 이르는 말은 挑戰(도전). 상대를 자극함으로써 (전쟁 등을) 일으킴은 挑發(도발). (어떤 사실이나 일에서 결론을) 끌어냄은 挑出(도출)로, '협상은 계속 진행되었지만 결론 挑出은 어려웠다.'처럼 쓰이지요.

> 한자➕ 戰(싸울 전, 무서워 떨 전), 發(쏠 발, 일어날 발), 出(나올 출, 나갈 출)

逃

4급 총10획
부수 辵(辶)
runaway,
escape

- 패하여 달아남은 逃亡(도망)으로, 피하거나 쫓기어 달아난다는 逃走(도주)와 비슷한 말. 도망하여 피함은 逃避(도피). 한밤중에 몰래 도망함은 夜半逃走(야반도주)로, '오죽하면 그 몸으로 夜半逃走를 하였겠소.'처럼 쓰이네요.

> 한자➕ 亡(망할 망, 달아날 망, 죽을 망), 走(달릴 주, 도망갈 주), 避(피할 피), 夜(밤 야), 半(반 반)

① ① ⑤ 비죄비(非罪悲)

非	罪	悲
어긋날 **비**, 아닐 **비**, 나무랄 **비**	죄지을 **죄**, 허물 **죄**	슬플 **비**

슬플 비(悲) = 非 (어긋날 비, 아닐 비, 나무랄 비) + 心 (마음 심, 중심 심)
'아니(非) 된다고 느끼는 마음(心)은 슬프니 슬플 비(悲)'로 풀었는데, '바라는 일이 어긋날
(非) 때의 마음(心)은 슬프니 슬플 비(悲)'라고도 풀어지네요.
한자는 오랜 세월에 걸쳐 만들어져, 어원도 고정된 어느 하나가 아니니, 책에
나온 어원은 참고만 하고, 나름대로 어원을 생각하면서 익히면 더 잘 익혀지
고 오래 잊히지도 않지요.

非
새의 날개가 서로 어긋나 있음을 본떠서 **어긋날 비**
또 어긋나면 아니라고 나무라니 **아닐 비, 나무랄 비**

罪
법망(罒)에 걸리게 어긋나(非) 죄지은 허물이니
죄지을 죄, 허물 죄
⊕ 법망(法網) – 법의 그물. + 罒(그물 망, = 网, 罓), 法(법 법), 網
(그물 망)

悲
아니(非) 된다고 느끼는 마음(心)은 슬프니 **슬플 비**
⊕ '일이 어긋날(非) 때 느끼는 마음(心)은 슬프니 슬플 비(悲)'라
고도 합니다.

 비죄비(非罪悲) - 非로 된 글자

새의 날개가 서로 어긋나 있음을 본떠서 **어긋날 비**(非), 또 어긋나면 아니라고 나무라니 **아**
닐 비, 나무랄 비(非), 어긋날 비, 아닐 비, 나무랄 비(非) 위에 그물 망(罒)이면 **죄지을 죄,**
허물 죄(罪), 아래에 마음 심, 중심 심(心)이면 **슬플 비**(悲)

非

4급Ⅱ 총8획
부수 非
wrong, not, scold

- 어긋난 행동은 非行(비행). 보통이 아님은 非凡(비범). '꿈이 아닌 것 같기도 하고 꿈같기도 함'으로, 꿈인지 생시인지 어렴풋한 상태는 非夢似夢(비몽사몽).
- (남의 잘못이나 흠 따위를) 책잡아 나무람은 非難(비난)으로, '언론이 권력과의 유착으로 인하여 자유로운 비판을 하지 못한다는 非難이 종종 있다.'처럼 쓰이지요.

> 한자+ 行(다닐 행, 행할 행, 항렬 항), 凡(무릇 범, 보통 범), 夢(꿈 몽), 似(같을 사), 難(어려울 난, 비난할 난)

罪

5급 총13획
부수 网(罒)
sin, error

- 죄를 짓고 옥에 갇힌 사람은 罪囚(죄수). 죄스러울 정도로 황송함은 罪悚(죄송). 죄를 범함(지음)은 犯罪(범죄). 책임이나 죄를 없애주는 조치나 일은 免罪符(면죄부). 지은 죄나 잘못에 대하여 용서를 빎은 謝罪(사죄).
- '돈이 있으면 죄가 없고 돈이 없으면 죄가 있음'으로, 법이 제대로 시행되지 않는 사회를 비꼬아 이르는 말은 有錢無罪(유전무죄)나 無錢有罪(무전유죄)네요.

> 한자+ 囚(죄인 수), 悚(두려울 송), 犯(범할 범), 免(면할 면), 符(부절 부, 부호 부, 들어맞을 부), 謝(사례할 사, 사절할 사, 빌 사), 有(가질 유, 있을 유), 錢(돈 전), 無(없을 무)

悲

4급Ⅱ 총12획
부수 心
sad

- 사물을 슬프게 봄은 悲觀(비관), 좋고 희망 있게 봄은 낙관(樂觀).
- 슬프고 애달픈 일을 당하여 불행한 경우를 이르는 말은 悲劇(비극). ① 슬피 욺, 또는 그런 울음소리. ② 일이 매우 위급하거나 몹시 두려움을 느낄 때 지르는 외마디 소리는 悲鳴(비명).
- 남을 깊이 사랑하고 가엾게 여김, 또는 그렇게 여겨서 베푸는 혜택은 慈悲(자비). 중생을 사랑하고 가엾게 여기는 마음은 慈悲心(자비심). 기쁨과 슬픔은 喜悲(희비). '흥겨운 일이 다 하면 슬픈 일이 옴'으로, 세상일은 돌고 돎을 이르는 말은 興盡悲來(흥진비래), 반대말은 고진감래(苦盡甘來)네요.

> 한자+ 觀(볼 관), 樂(풍류 악, 즐길 락, 좋아할 요), 劇(심할 극, 연극 극), 鳴(울 명), 慈(사랑 자, 어머니 자), 喜(기쁠 희), 興(흥할 흥, 흥겨울 흥), 盡(다할 진), 來(올 래), 苦(쓸 고, 괴로울 고), 甘(달 감, 기쁠 감)

罒	罰	署
그물 망	벌할 벌	관청 서, 서명할 서

署(관청 서, 서명할 서) = 罒 + 者(놈 자, 것 자)
어찌 이런 구조가 '관청 서'며, '서명할 서'는 어떻게 붙게 된 뜻일까요?
아하! 세무서, 경찰서처럼 署가 붙은 관청은 그물(罒) 같은 촘촘한 법으로 사람(者)을 관리하는 관청이고, 관청에서 문서를 작성할 때 서명도 하네요!

罒 양쪽 기둥에 그물을 얽어맨 모양을 본떠서 **그물 망** (= 网)

罰 법망(罒)에 걸린 사람을 말(言)로 꾸짖고 칼(刂)로 베어 벌하니
벌할 벌
⊕ 言(말씀 언), 刂(칼 도 방)

署 그물(罒) 같은 촘촘한 법으로 사람(者)을 다스리는 관청이니
관청 서
또 촘촘한 그물(罒)처럼 사람(者)이 철저히 책임진다고 서명하니
서명할 서
㊨ 暑 – 해(日)가 사람(者) 위에 있는 듯 더우니 '더울 서'
⊕ 者 – 노인(耂)이 낮추어 말하는(白) 놈이나 것이니 '놈 자, 것 자'
⊕ 耂(늙을 로 엄), 日(해 일, 날 일), 白(흰 백, 밝을 백, 깨끗할 백, 말할 백)

한자
구조 **망벌서**(罒罰署) - 罒으로 된 글자

양쪽 기둥에 그물을 얽어맨 모양을 본떠서 **그물 망**(罒, = 网), 그물 망(罒) 아래에 말씀 언
(言)과 칼 도 방(刂)이면 **벌할 벌**(罰), 놈 자, 것 자(者)면 **관청 서, 서명할 서**(署)

罒

총5획
부수자
net

罰

4급 II 총14획
부수 网(罒)
punishment

- 벌로 내는 돈은 罰金(벌금). 몸에 직접 고통을 주는 벌은 體罰(체벌). 국가가 법률로 범죄자에게 제재를 가함, 또는 그 제재는 刑罰(형벌).
- '한 사람을 벌하여 백 사람을 경계함'으로, 한 사람을 벌줌으로써 여러 사람의 경각심을 불러일으킨다는 一罰百戒(일벌백계)나 罰一戒百(벌일계백)은 하나로써 뭇사람의 경계가 되게 한다는 이일경백(以一警百)과 같은 뜻이고, '한 사람을 상 주어 백 사람에게 권함'으로, 한 사람의 착한 일을 칭찬하여 뭇사람에게 착한 일을 장려한다는 상일권백(賞一勸百)도 있네요.

> 한자+ 金(쇠 금, 금 금, 돈 금, 성씨 김), 體(몸 체), 刑(형벌 형), 百(일백 백, 많을 백), 戒(경계할 계), 以(써 이, 까닭 이), 警(경계할 경, 깨우칠 경), 賞(상 줄 상, 구경할 상), 勸(권할 권)

署

3급 II 총14획
부수 网(罒)
government
office, sign

- 여러 갈래로 나뉘어 있는 사무의 각 부분은 府署(부서). 서(署)로 끝나는 관청의 우두머리는 署長(서장).
- 서류 등에 책임을 밝히기 위해 직접 이름을 씀은 署名(서명)으로, '계약서에 署名하다'처럼 쓰이지요.

> 한자+ 府(관청 부, 마을 부), 長(길 장, 어른 장), 名(이름 명, 이름날 명)

① ① ⑦ 매 매독[두](買 賣讀)

買	賣	讀
살 매	팔 매	읽을 독, 구절 두

살 매(買) = 罒 + 貝(조개 패, 재물 패)
물건을 사는데 어찌 그물 망(罒)이 들어갈까?
요즘에는 산 물건을 비닐봉지나 상자로 포장하지만, 옛날에는 그물 같은 망에
넣었을 것이니, 그물에 재물을 사서 넣는 것으로 '산다'를 나타냈네요.
하지만 다음처럼 좀 더 쉽게 풀어볼 수 있어요.

買   그물(罒)을 돈(貝) 주고 사니 **살 매**

賣   열(十) 한(一) 배의 이익을 남기고 산(買) 것을 파니 **팔 매**
     ㉓ 売 - 선비(士)가 물건을 덮어(冖)놓고 사람(儿)에게 파니
     '팔 매'
     ⊕ 士(선비 사, 군사 사, 칭호나 직업 이름에 붙이는 말 사),
     冖(덮을 멱), 儿(사람 인 발)

讀   말(言)하여 물건을 팔(賣)듯 소리 내어 읽으니 **읽을 독**
     또 읽을 때 띄어 읽는 글의 구절이니 **구절 두**
     ㉓ 読 ⊕ 言(말씀 언)

> **한자구조** 매 매독[두](買 賣讀) - 買와 賣로 된 글자
>
> 그물 망(罒) 아래에 조개 패, 재물 패, 돈 패(貝)면 **살 매(買)**, 살 매(買) 위에 선비 사(士)면
> **팔 매(賣)**, 팔 매(賣) 앞에 말씀 언(言)이면 **읽을 독, 구절 두(讀)**

買
5급 총12획
부수 貝
buy

- 사고팖은 賣買(매매). 물건 따위를 사들임은 買收(매수), 買入(매입), 購買(구매). 음식을 사서 먹음, 또는 사서 먹는 음식은 買食(매식). 차표나 입장권 따위의 표를 삼은 買票(매표), 표를 팖은 매표(賣票).

  한자+ 賣(팔 매), 收(거둘 수), 購(살 구), 食(밥 식, 먹을 식), 票(표시할 표, 표 표)

賣
5급 총15획
부수 貝
sell

- 팔려고 내놓은 물건은 賣物(매물). 물건 따위를 내다 파는 일은 賣出(매출), 또는 販賣(판매). 물건값이 오를 것을 예상하여 한꺼번에 사서 팔기를 꺼려 쌓아 둠은 買占賣惜(매점매석)으로, '사재기'로 순화하여 쓰지요.

- '이익을 적게 보면서 많이 팖'으로, 이익을 조금 남기고 수량을 많이 판매하여 수입을 올림은 薄利多賣(박리다매).

  한자+ 物(물건 물), 出(나올 출, 나갈 출), 販(팔 판, 장사할 판), 占(점칠 점, 점령할 점), 惜(아낄 석, 가엾을 석), 薄(엷을 박, 적을 박), 利(이로울 리, 날카로울 리), 多(많을 다)

讀
6급 총22획
부수 言
read, paragraph

- 책을 읽음은 讀書(독서). 책 · 신문 · 잡지 따위의 글을 읽는 사람은 讀者(독자).

- 책이나 신문, 잡지 따위를 구매하여 읽음은 購讀(구독). 즐겨 읽음은 愛讀(애독).

- 많이 읽음은 多讀(다독). 뜻을 새겨 가며 자세히 읽음은 精讀(정독). 소리 내어 읽음은 朗讀(낭독).

- '익숙하도록 읽으며 맛을 구경함(뜻을 깊이 음미함)'으로, 문장의 뜻을 잘 생각하면서 차분히 읽고 음미(吟味)한다는 말은 熟讀玩味(숙독완미).

- 글의 뜻을 분명히 밝히기 위하여 찍는 쉼표와 마침표는 句讀點(구두점)이지요.

  한자+ 書(쓸 서, 글 서, 책 서), 者(놈 자, 것 자), 購(살 구), 愛(사랑 애, 즐길 애, 아낄 애), 多(많을 다), 精(정밀할 정, 찧을 정), 朗(밝을 랑), 吟(읊을 음), 味(맛 미), 熟(익을 숙), 玩(노리개 완, 구경할 완), 句(글귀 구), 點(점 점, 불 켤 점). 吟味(음미) - 시가를 읊조리며 그 맛을 감상함

회 증증(會 曾增)

會	曾	增
모일 회	일찍 증, 거듭 증	더할 증

모일 회(會) = 人 + 一 + 🎴(창문 창) + 曰(가로 왈)

일찍 증, 거듭 증(曾) = 八(여덟 팔, 나눌 팔) + 🎴 + 曰(가로 왈, 말할 왈)

창문 창(🎴)은 실제 쓰이는 글자는 아니지만, 창문 모양으로 추측하여 생각해본
글자니, 그물 망(罒)과 혼동하지 마세요. 이렇게 실제 쓰이지는 않지만, 많은 글자
에 공통으로 들어간 부분을 뽑아 추정해보는 것도 어원 풀이의 한 방법이지요.

會 사람(人)이 하나(一) 같이 마음의 창(🎴)을 열고 말하기(曰) 위

해 모이니 **모일 회**

⸨약⸩ 会 – 사람(人)이 말하기(云) 위해 모이니 '모일 회'

⊕ 人(사람 인), 云(이를 운, 말할 운)

曾 열고(八) 창문(🎴) 사이로 말할(曰) 정도로 일찍부터 거듭 만나

던 사이니 **일찍 증, 거듭 증**

⸨약⸩ 曽– 이쪽저쪽(ᐟ ᐠ)의 밭(田)에 날(日)마다 일찍 나가 거듭 일하

니 '일찍 증, 거듭 증'

⊕ 八(여덟 팔, 나눌 팔)

增 흙(土)을 거듭(曾) 더하니 **더할 증**

⸨약⸩ 増 ⊕ 土(흙 토)

⸨한자 구조⸩ **회 증증**(會 曾增) - 會와 曾으로 된 글자

창문 창(🎴)과 가로 왈(曰) 위에 사람 인(人)과 한 일(一)이면 **모일 회**(會), 여덟 팔, 나눌 팔
(八)이면 **일찍 증, 거듭 증**(曾), 일찍 증, 거듭 증(曾) 앞에 흙 토(土)면 **더할 증**(增)

6급 총13획
부수 曰
meet

- (어떤 문제를 가지고 한 자리에) 모여서 말함은 會談(회담). (여러 사람이) 모여 음식을 먹음은 會食(회식). 여럿이 모여 의논함, 또는 그런 모임이나 기관은 會議(회의)로, 의심을 품음(함), 또는 마음속에 품고 있는 의심을 말하는 회의(懷疑)와는 동음이의어. '만남에는 이별이 정해져 있음'으로, 인간의 힘으로는 어찌할 수 없는 이별의 아쉬움을 이르는 말 會者定離(회자정리)는, 간(떠난, 헤어진) 사람은 언젠가 반드시 돌아오게 된다는 거자필반(去者必返)과 반대말이네요.

- 會者定離를 이자정회(離者定會 - 이별에는 만남이 정해져 있음)로 글자 순서를 바꾸어, 이별의 자리에서 써도 좋을 것 같아요. "會者定離라는 말이 있지만 저는 이 말을 뒤집어 離者定會라고 하고 싶습니다. 오늘 우리는 헤어지지만 언젠가 다시 만날 것을 믿기 때문입니다." 라고요.

> 한자+ 談(말씀 담), 食(밥 식, 먹을 식), 議(의논할 의), 懷(품을 회), 疑(의심할 의), 者(놈 자, 것 자), 定(정할 정), 離(헤어질 리), 去(갈 거, 제거할 거), 必(반드시 필), 返(돌이킬 반)

3급 II 총12획
부수 曰
once, again

- 지금까지 일찍 있지 않음은 未曾有(미증유)로, '그 사건은 未曾有의 파문을 일으킨다.'처럼 쓰이지요.
- '거듭 손자'로, 손자의 아들은 曾孫(증손).

> 한자+ 未(아닐 미, 아직 ~ 않을 미, 여덟째 지지 미), 有(가질 유, 있을 유), 孫(손자 손)

4급 II 총15획
부수 土
sum up, add

- 양이나 수치가 늘어남은 增加(증가). 늘어서 많아짐, 또는 늘려서 많게 함은 增殖(증식). 자본금을 늘림은 增資(증자), 자본금을 줄임은 감자(減資). 갑작스럽게 늘어남은 急增(급증), 급작스럽게 줄어듦은 급감(急減). (일정한 값에) 얼마를 더함은 割增(할증).

> 한자+ 加(더할 가), 殖(불릴 식), 資(재물 자), 減(줄어들 감), 急(급할 급), 割(벨 할, 나눌 할)

贈	僧	層
줄 증	중 승	층 층

'저절로(저 절로) 가는 사람은 누굴까?'라는 수수께끼를 듣고 웃은 적이 있어요. 답은 스님이지요.
스님을 나타내는 중 승(僧)에도 일찍 증, 거듭 증(曾)이 들어가네요.

贈   재물(貝)을 거듭(曾) 주니 **줄 증**

僧   사람(亻) 중 거듭(曾) 도를 닦는 중이니 **중 승**

層   지붕(尸) 아래에 거듭(曾) 지은 층이니 **층 층**
⊕ 尸 ('주검 시, 몸 시'지만 여기서는 지붕의 모양으로 봄)

 증승층(贈僧層) - 曾으로 된 글자

일찍 증, 거듭 증(曾) 앞에 조개 패, 재물 패, 돈 패(貝)면 **줄 증(贈)**, 사람 인 변(亻)이면 **중 승(僧)**, 위에 주검 시, 몸 시(尸)면 **층 층(層)**

贈

3급 총19획
부수 貝
give

- (물건을) 줌은 贈與(증여). 증여를 통하여 다른 사람의 권리나 재산을 받은 사람에게 물리는 세금은 贈與稅(증여세). (선물 · 기념품 등을 성의의 표시로) 줌은 贈呈(증정). 선물이나 기념으로 남에게 물품을 거저 줌은 寄贈(기증).

한자◆ 與(줄 여, 더불 여, 참여할 여), 稅(세금 세), 呈(드릴 정), 寄(붙어살 기, 부칠 기)

僧

3급Ⅱ 총14획
부수 人(亻)
monk

- 출가하여 불도를 닦는 사람은 僧侶(승려)로, '중'보다 격식을 갖춘 말로 쓰이지요.
- '중의 춤'으로, 민속무용의 하나는 僧舞(승무).
- '중도 아니고 속인(俗人)도 아님'으로, 어중간한 것을 두고 이르는 말은 非僧非俗(비승비속)으로, 반은 중이고 반은 속인이라는 半僧半俗(반승반속)과 비슷한 뜻이네요.

한자◆ 侶(짝 려), 舞(춤출 무), 非(어긋날 비, 아닐 비, 나무랄 비), 俗(저속할 속, 속세 속, 풍속 속), 半(반 반)

層

4급 총15획
부수 尸
layer

- 집의 층 사이를 오르내리기 위한 계단은 層階(층계). '층층이 모시는 아래'로, 부모 · 조부모 등의 어른들을 모시고 사는 처지는 層層侍下(층층시하). (사회의) 각 방면과 각 계층은 各界各層(각계각층). ① 매우 많은 사물의 구별되는 층, 또는 그런 모양. ② 수없이 많이 겹친 켜는 千層萬層(천층만층).

한자◆ 階(계단 계), 侍(모실 시), 下(아래 하, 내릴 하), 各(각각 각), 界(경계 계, 세계 계), 千(일천 천, 많을 천), 萬(많을 만, 일만 만), 켜 - 포개어진 물건의 하나하나의 층

1 2 0 명혈익(皿血益)

皿	血	益
그릇 **명**	피 **혈**	더할 **익**, 유익할 **익**

目과 비슷한 그물 망(罒)과 또 차(且), 그릇 명(皿)은 이렇게 구분하세요.
둥근 눈은 어디로 길쭉해도 되지만, 양쪽 기둥에 그물을 걸어놓은 모양을 본떠서
만든 그물 망(罒)은 항상 가로로 길쭉하니, 가로로 길면 그물 망(罒), 세로로 길
면 눈 목, 볼 목, 항목 목(目), 세로로 길고 아래 가로획이 긴 것은 또 차, 구차할
차(且), 가로로 길고 아래 가로획이 더 긴 것은 그릇 명(皿)

 받침 있는 그릇을 본떠서 **그릇 명**

 핏방울(丿)이 그릇(皿)에 떨어지는 모양에서 **피 혈**
⊕ 丿 ('삐침 별'이지만 여기서는 핏방울로 봄)

 나누고(八) 한(一) 번 더 나누어(八) 그릇(皿)에 더하니 **더할 익**
또 더하면 유익하니 **유익할 익**
약 益 - 양쪽(丷)으로 한(一) 번 더 나누어(八) 그릇(皿)에 더하니
'더할 익', 또 더하면 유익하니 '유익할 익' + 八(여덟 팔, 나눌 팔)

[한자 구조] **명혈익**(皿血益) - 皿으로 된 글자

받침 있는 그릇을 본떠서 **그릇 명**(皿), 그릇 명(皿) 위에 삐침 별(丿)이면 **피 혈**(血), 여덟 팔,
나눌 팔(八)과 한 일(一), 여덟 팔, 나눌 팔(八)이면 **더할 익, 유익할 익**(益)

1급 총5획
부수 皿
vessel

- 살림살이에 쓰는 그릇을 통틀어 이르는 말은 器皿(기명). 진귀한 그릇 따위를 그린 그림은 器皿圖(기명도).

한자✚ 器(그릇 기, 기구 기), 圖(그림 도, 꾀할 도)

4급 II 총6획
부수 血
blood

- 피, 즉 몸 안의 혈관을 돌며 산소와 영양분을 공급하고, 노폐물을 운반하는 붉은색의 액체는 血液(혈액). 같은 핏줄을 타고 태어난 계통은 血統(혈통). 빈혈이나 그 밖의 치료를 위하여, 건강한 사람의 혈액을 환자의 혈관 내에 주입하는 것은 輸血(수혈). (수혈이 필요한 환자를 위하여 건강한 사람이) 피를 뽑아 바치는(제공하는) 일은 獻血(헌혈). '새 발의 피'로, ① 극히 적은 분량. ② 아주 적어서 비교가 안 됨을 이르는 말은 鳥足之血(조족지혈)이네요.

한자✚ 液(진액 액, 즙 액), 統(거느릴 통), 輸(보낼 수, 나를 수), 獻(바칠 헌), 鳥(새 조), 足(발 족, 넉넉할 족)

4급 II 총10획
부수 皿
increase

- 물질적으로나 정신적으로 보탬이 되는 것은 利益(이익). 나라의 이익은 國益(국익). 사회 전체의 이익은 公益(공익). 사사로운 개인의 이익은 私益(사익).
- 이롭거나 도움이 될 만한 것이 있음은 有益(유익), 없음은 無益(무익).
- ① 이익을 거두어들임, 또는 그 이익. ② 경제활동의 대가로서 얻은 경제 가치는 收益(수익). 손해와 이익은 損益(손익). '널리 인간세계를 이롭게 함'으로, 우리나라의 건국 시조인 단군의 건국이념(建國理念)은 弘益人間(홍익인간)이지요.

한자✚ 利(이로울 리, 날카로울 리), 國(나라 국), 公(공평할 공, 대중 공, 귀공자 공), 私(사사로울 사), 有(가질 유, 있을 유), 無(없을 무), 收(거둘 수), 損(덜 손), 建(세울 건), 理(이치 리, 다스릴 리), 念(생각할 념), 弘(클 홍, 넓을 홍), 間(사이 간)

① ② ① 패구즉[칙] (貝具則)

貝	具	則
조개 **패**, 재물 **패**, 돈 **패**	갖출 **구**, 기구 **구**	곧 **즉**, 법칙 **칙**

인쇄술이 발달하기 전에는, 조개껍데기를 재물 같은 돈으로 썼다고 해요.
그래서 아가미가 나온 조개를 본떠서 만든 조개 패(貝)에 '재물 패, 돈 패'라는 뜻이 붙었네요.
갖출 구, 기구 구(具)는 조개 패, 재물 패(貝)와 비슷하지만, 다음처럼 나눠서
해석해보면 분명히 구분되네요.
갖출 구, 기구 구(具) = 貝 + 一(한 일)

貝	아가미가 나온 조개를 본떠서(→貝) **조개 패** 또 인쇄술이 발달하기 전에는, 조개껍데기를 재물 같은 돈으로 도 썼으니 **재물 패, 돈 패**
具	재물(貝)을 하나(一)씩 갖추니 **갖출 구** 또 갖추어 놓고 쓰는 기구니 **기구 구**
則	재물(貝)을 칼(刂)로 나눌 때 곧 있어야 하는 법칙이니 **곧 즉,** **법칙 칙** ⊕ 刂(칼 도 방)

> **한자구조** 패구즉[칙] (貝具則) - 貝로 된 글자
>
> 아가미가 나온 조개를 본떠서 **조개 패**(貝), 또 인쇄술이 발달하기 전에는 조개껍데기를 재물 같은 돈으로도 썼으니 **재물 패, 돈 패**(貝), 조개 패, 재물 패, 돈 패(貝)에 한 일(一)이면 **갖출 구, 기구 구**(具), 뒤에 칼 도 방(刂)이면 **곧 즉, 법칙 칙**(則)

- 조개 종류는 貝類(패류). 어류(魚類)와 貝類를 아울러 이르는 말은 魚貝類(어패류). '조개 무덤'으로, 고대인이 조개를 까먹고 버린 껍질이 무덤처럼 쌓인 것, 즉 조개무지는 貝塚(패총).

> 한자➕ 類(무리 류, 닮을 류), 魚(물고기 어), 塚(무덤 총)

- (빠짐없이) 갖춤은 具備(구비). 실제적이고 세밀한 부분까지 담고 있는, 또는 그런 것은 具體的(구체적).
- 세간 · 도구 · 기계 따위를 통틀어 이르는 말은 器具(기구). 집안 살림에 쓰이는 기구는 家具(가구).

> 한자➕ 備(갖출 비), 體(몸 체), 的(과녁 적, 맞힐 적, 밝을 적, 접미사 적), 器(그릇 기, 기구 기), 家(집 가, 전문가 가)

- 그런즉은 然則(연즉). '먼저 손을 쓰면 남을 제압할 수 있음'으로, 아무도 하지 않는 일을 남보다 앞서 하면 유리(有利)함을 이르는 말은 先則制人(선즉제인).
- 어떤 행동이나 이론 따위에서 일관되게 지켜야 하는 기본적인 규칙이나 법칙은 原則(원칙). 여러 사람이 다 같이 지키기로 작정한 법칙, 또는 제정된 질서는 規則(규칙). 반드시 지켜야만 하는 규범은 法則(법칙). (규율을 위반할 때) 벌로 적용하는 규칙은 罰則(벌칙).

> 한자➕ 然(그러할 연), 有(가질 유, 있을 유), 利(이로울 리, 날카로울 리), 先(먼저 선), 制(제도 제, 억제할 제), 原(언덕 원, 근원 원), 規(법 규), 法(법 법), 罰(벌할 벌)

원손원(員損圓)

員	損	圓
사람 원, 인원 원	덜 손, 잃을 손	둥글 원, 화폐 단위 원

사람 원, 인원 원(員) = 口(입 구, 말할 구, 구멍 구) + 貝

옛날에는 취직할 곳이 관청밖에 없었으니 '관원 원'이었지만, 지금은 '사람 원'이나, 단체를 이루고 있는 사람들이나 그 수효를 나타내는 '인원 원'으로 쓰이네요.

員 입(口)에 먹고 살기 위하여, 재물(貝)을 받고 일하는 사람이니 **사람 원**
또 사람을 세는 인원이니 **인원 원**

....

損 손(扌)으로 사람(員)이 물건을 덜어낸 듯 잃으니 **덜 손, 잃을 손**

....

圓 사람(員)을 에워싼(口) 모양처럼 둥그니 **둥글 원**
또 옛날 돈은 둥글었으니 화폐 단위로도 쓰여 **화폐 단위 원**
⊕ 圓은 1954년에 행한 통화개혁 전의 화폐 단위의 하나. 1전(錢)의 100배
⊕ 口(에운 담), 錢 (돈 전)

한자
구조 **원손원(員損圓) - 員으로 된 글자**

조개 패, 재물 패, 돈 패(貝) 위에 입 구, 말할 구, 구멍 구(口)면 **사람 원, 인원 원(員)**, 사람 원, 인원 원(員) 앞에 손 수 변(扌)이면 **덜 손, 잃을 손(損)**, 둘레에 에운담(口)이면 **둥글 원, 화폐 단위 원(圓)**

- 관청의 직원은 官員(관원). 국가 또는 지방 공공단체의 사무를 맡아보는 사람은 公務員(공무원). 일정한 직장에 근무하는 사람은 職員(직원).
- 사람이 빠져 정원에 차지 않고 빔, 또는 그런 인원은 缺員(결원). (정한) 인원이 가득 참은 滿員(만원). 인원수를 채움은 充員(충원). 인원수를 줄임은 減員(감원), 어떤 모임을 구성하는 사람들은 會員(회원).

4급Ⅱ 총10획
부수 口
official, number of persons

> [한자＋] 官(관청 관, 벼슬 관), 公(공평할 공, 대중 공, 귀공자 공), 務(일 무, 힘쓸 무), 職(벼슬 직, 맡을 직), 缺(이지러질 결, 빠질 결), 滿(찰 만), 充(가득 찰 충, 채울 충), 減(줄어들 감, 덜 감), 會(모일 회)

- 잃어버리거나 축이 나서 손해를 봄, 또는 그 손해는 損失(손실). 경제적으로 밑지는 일은 損害(손해).
- ① 물체가 깨지거나 상함. ② 병이 들거나 다침. ③ 품질이 변하여 나빠짐은 損傷(손상). 깨어져 못 쓰게 됨은 破損(파손). 체면이나 명예를 손상함, 또는 헐거나 깨뜨려 못 쓰게 만듦은 毀損(훼손).
- '빠지고 덜어진 가정'으로, 부모의 한쪽 또는 양쪽이 죽거나 이혼하거나 따로 살아서, 미성년인 자녀를 제대로 돌보지 못하는 가정은 缺損家庭(결손가정), 또는 缺損家族(결손가족)이지요.

4급 총13획
부수 手(扌)
diminish

> [한자＋] 失(잃을 실), 害(해칠 해, 방해할 해), 傷(상할 상), 破(깨질 파, 다할 파), 毀(헐 훼), 缺(이지러질 결, 빠질 결), 家(집 가, 전문가 가), 庭(뜰 정, 집안 정), 族(겨레 족)

- 둥글둥글하고 부족함이 없이 참은 圓滿(원만). 모난 데가 없고 원만함, 또는 거침없이 잘되어 나감은 圓滑(원활). 둥근 탁자는 圓卓(원탁). 둥근 모양은 圓形(원형).

4급Ⅱ 총13획
부수 口
round, a monetary unit

> [한자＋] 滿(찰 만), 滑(미끄러울 활, 어지러울 골), 卓(높을 탁, 뛰어날 탁, 탁자 탁), 形(모양 형)

① ② ③ 관관실(貫慣實)

貫	慣	實
꿸 관, 무게 단위 관	버릇 관	열매 실, 실제 실

꿸 관, 무게 단위 관(貫) = 毌(꿰뚫을 관) + 貝(조개 패, 재물 패, 돈 패)
옛날 돈인 엽전은 구멍이 있어서 일정한 양만큼 꿰어서 들고 다니거나 보관했
으니, '꿸 관(貫)'이 되었고, 꿰어놓은 일정한 양의 무게로 무게 단위를 정해서
'무게 단위 관'도 되었네요. 1관은 3.75kg입니다.

貫 (옛날 돈인 엽전은 구멍이 있어서 일정한 양만큼 꿰어 보관했으니)
꿰어(毌) 놓은 돈(貝)의 무게 단위를 생각하여 **꿸 관, 무게 단위 관**

慣 마음(忄)에 꿰어져(貫) 버리지 못하는 버릇이니 **버릇 관**

實 수확하여 집(宀)에 꿰어(貫) 놓은 열매니 **열매 실**

또 열매처럼 중요한 실제니 **실제 실**

🅰 実 – 집(宀)에 두(二) 개씩 크게(大) 꿰어놓은 열매니 '열매 실'.
　　　또 열매처럼 중요한 실제니 '실제 실'
⊕ 宀(집 면), 二(둘 이), 大(큰 대)

> **한자 구조** **관관실(貫慣實)** - 貫으로 된 글자
>
> 조개 패, 재물 패, 돈 패(貝) 위에 꿰뚫을 관(毌)이면 **꿸 관, 무게 단위 관(貫)**, 꿸 관, 무게 단위 관(貫) 앞에 마음 심 변(忄)이면 **버릇 관(慣)**, 위에 집 면(宀)이면 **열매 실, 실제 실(實)**

貫

3급Ⅱ 총11획
부수 貝
pierce

- '꿰고 뚫음'으로, 어려움을 뚫고 나아가 목적을 기어이 이룸은 貫徹(관철). '뚫어 통함'으로, 이쪽에서 저쪽 끝까지 꿰뚫음은 貫通(관통). 하나의 방법이나 태도로써 처음부터 끝까지 한결같은 성질은 一貫性(일관성). 길이의 단위는 척(尺), 양의 단위는 승(升), 무게의 단위는 관(貫)으로 정했던 옛날의 도량형법은 尺貫法(척관법)이지요.

> 한자+ 徹(통할 철, 뚫을 철), 通(통할 통), 性(성품 성, 바탕 성, 성별 성), 尺(자 척), 升(되 승, 오를 승), 法(법 법)

慣

3급Ⅱ 총14획
부수 心(忄)
habit

- 어떤 사회에서 오랫동안 지켜 내려와, 그 사회 구성원들이 널리 인정하는 질서나 풍습은 慣習(관습). 늘 해 내려오는 전례(前例), 즉 관습(慣習)이 된 전례(前例)는 慣例(관례). 물체가 외부의 힘을 받지 않는 한, 정지 또는 등속도 운동의 상태를 지속하려는 성질은 慣性(관성). (예전부터) 버릇처럼 늘 행하는 일은 慣行(관행).

> 한자+ 習(익힐 습), 前(앞 전), 例(법식 례, 보기 례), 性(성품 성, 바탕 성, 성별 성), 行(다닐 행, 행할 행, 항렬 항)

實

5급 총14획
부수 宀
fruit, reality

- (사람이 먹을 수 있는 나무의) 열매는 果實(과실)로, '과일'과 같은 말
- 실제로(체험하듯이) 느낌은 實感(실감). 실제로 시행함은 實施(실시). 생각한 바를 실제로 행함은 實踐(실천). 실제로 있었던 일이나 현재 있는 일, 또는 겉으로 드러나지 아니한 일을 솔직하게 말할 때 쓰는 말은 事實(사실).
- '꽃이 피면 능히 열매를 맺어야 함'으로, 무슨 일을 하면 능히 결과가 있어야 함을 이르는 말은 花而能實(화이능실)이네요.

> 한자+ 果(과실 과, 결과 과), 感(느낄 감, 감동할 감), 施(베풀 시), 踐(밟을 천, 행할 천), 事(일 사, 섬길 사), 花(꽃 화), 而(말 이을 이), 能(능할 능)

頁	項	頗
머리 **혈**	목 **항**	자못 **파**, 치우칠 **파**

머리 혈(頁)은 머리에서 목까지의 모양을 본떠서 만든 부수자로, 貝(조개 패, 재물 패, 돈 패)와 見(볼 견, 뵐 현)과 비슷하니 혼동하지 마세요.

頁   머리(一)에서 이마(丿)와 눈(目) 있는 얼굴 아래 목(八)까지를 본떠서 **머리 혈**

項   공(工) 자 모양으로 머리(頁) 아래 있는 목이니 **목 항**
⊕ 工(장인 공, 만들 공, 연장 공)

頗   머리털 없이 살가죽(皮)만 있는 머리(頁)처럼 자못 치우쳐 보이니 **자못 파, 치우칠 파**
⊕ 皮(가죽 피) - 2권 제목번호[057] 破 참고, 자못 – 생각보다 매우

> 한자구조 **혈항파**(頁項頗) - 頁로 된 글자 1
>
> 머리(一)에서 이마(丿)와 눈(目) 있는, 얼굴 아래 목(八)까지를 본떠서 **머리 혈**(頁), 머리 혈(頁) 앞에 장인 공, 만들 공, 연장 공(工)이면 **목 항**(項), 가죽 피(皮)면 **자못 파, 치우칠 파**(頗)

頁

특급Ⅱ 총9획
부수 頁
head

項

3급Ⅱ 총12획
부수 頁
neck

- 일을 세분한 가닥은 項目(항목). 묻는 항목은 問項(문항).
- 일의 항목이나 내용은 事項(사항). 여러 사람에게 널리 알리는 사항은 共知事項(공지사항). 법률이나 규정 따위의 조목이나 항목은 條項(조항).

한자＋ 目(눈 목, 볼 목, 항목 목), 問(물을 문), 事(일 사, 섬길 사), 共(함께 공), 知(알 지), 條(가지 조, 조목 조)

頗

3급 총14획
부수 頁
quite, incline

- 자못 많음. 아주 많음은 頗多(파다)로, '내가 입 한번 벙긋하지 않았는데도 그 소문은 頗多했다'처럼 쓰이고, 치우쳐 공평하지 못함은 偏頗(편파), 사람들을 偏頗적으로 대하면 안 되겠지요.

한자＋ 多(많을 다), 偏(치우칠 편)

以A治A 구문

- A로써 A를 다스린다는 표현입니다. 아래처럼 A에 필요한 말을 넣어, 상황에 맞는 말을 만들어 쓸 수 있습니다.
- 以熱治熱(이열치열): '열로써 열을 다스림'으로, 더위를 뜨거운 차를 마시거나 뜨거운 물로 목욕하여 이기는 것 등
- 以寒治寒(이한치한): '추위로써 추위를 다스림'으로, 겨울인데 일부러 아이스크림을 먹거나 냉수마찰을 하는 것 등으로, 以冷治冷(이랭치랭)으로도 씀
- 以力治力(이력치력): '힘으로써 힘을 다스림'으로, 이치나 정으로 해결하려 하지 않고 힘으로만 나오면 힘으로 대항한다는 말

한자＋ 以(써 이, 까닭 이), 治(다스릴 치), 熱(더울 열), 寒(찰 한), 冷(찰 랭), 力(힘 력)

① ② ⑤ 순수번(順須煩)

順	須	煩
순할 **순**	모름지기 **수**, 잠깐 **수**, 수염 **수**	번거로울 **번**

순할 순(順) = 川(내 천) + 頁
냇물에 씻은 머리?
나눈 글자대로 풀면 바로 '순할 순'이 나오지 않으니, 상상력을 발휘해야 하겠네요.

順 (위에서 아래로 흐르는) 냇물(川)처럼,
우두머리(頁)의 명령을 따름이 순하니 **순할 순**

須 터럭(彡)은 머리(頁)에 모름지기 필요하니 **모름지기 수**
또 터럭(彡) 중 머리(頁) 아래에서, 잠깐 사이에 자라는 수염이
니 **잠깐 수, 수염 수**
⊕ 彡(터럭 삼, 긴 머리 삼), 모름지기 – 사리를 따져 보건대 마땅
히, 또는 반드시

煩 불(火) 난 것처럼 머릿(頁)속이 번거로우니 **번거로울 번**
⊕ 火(불 화)

> 한자구조 순수번(順須煩) - 頁로 된 글자 2
> 머리 혈(頁) 앞에 내 천(川)이면 **순할 순**(順), 터럭 삼, 긴 머리 삼(彡)이면 **모름지기 수, 잠깐 수, 수염 수**(須), 불 화(火)면 **번거로울 번**(煩)

順

5급 총12획
부수 頁
gentle,
obedient

- 순한 이치나 도리, 또는 도리나 이치에 순종함은 順理(순리). 순조롭게 아이를 낳음은 順産(순산). 무슨 일을 행하거나 무슨 일이 이루어지는 차례는 順序(순서). 차례나 순서를 나타내는 위치나 지위는 順位(순위). 순하게 따름은 順從(순종). ① 성질이 까다롭지 않음. ② 길이 험하지 않고 평탄함. ③ 삶 따위가 아무 탈 없이 순조로움은 順坦(순탄).
- 예순 살을 달리 이르는 말은 耳順(이순), 공자가 예순 살부터는 생각하는 것이 원만하여, 어떤 말을 들어도 곧 이해가 된다고 한 데서 유래된 말이지요.

> 한자✦ 理(이치 리, 다스릴 리), 産(낳을 산), 序(먼저 서, 차례 서), 位(자리 위), 從(좇을 종, 따를 종), 坦(평탄할 탄), 耳(귀 이)

須

3급 총12획
부수 頁
certainly,
a little while,
beard

- 반드시(꼭) 필요함. 없어서는 안 됨은 必須(필수). 여러 말을 할 필요가 없음은 不須多言(불수다언). '남자는 모름지기(반드시) 다섯 수레의 책을 읽어야 함'으로, 독서의 필요성을 강조한 말은 男兒須讀五車書(남아수독오거서).
- 잠깐은 須臾(수유).

> 한자✦ 必(반드시 필), 多(많을 다), 言(말씀 언), 男(사내 남), 兒(아이 아), 讀(읽을 독, 구절 두), 五(다섯 오), 車(수레 거, 차 차), 書(쓸 서, 글 서, 책 서), 臾(잠깐 유)

煩

3급 총13획
부수 火
troublesome

- 번거롭고 답답하여 괴로워함은 煩悶(번민). 번거롭게 뒤섞여 어수선함은 煩雜(번잡). 마음이 시달려서 괴로움은 煩惱(번뇌). '사람이 지닌 108가지 번뇌'로, 불교에서 말하는 인간의 과거·현재·미래에 걸친 108가지의 번뇌, 즉 사람 마음속의 수많은 번뇌를 이르는 말은 百八煩惱(백팔번뇌)지요.

> 한자✦ 悶(번민할 민), 雜(섞일 잡), 惱(괴로워할 뇌), 百(일백 백, 많을 백), 八(여덟 팔, 나눌 팔)

① ② ⑥ 경경 류(頃傾 類)

頃	傾	類
잠깐 경, 즈음 경, 이랑 경	기울 경	닮을 류, 무리 류

닮을 류, 무리 류(類) = 米(쌀 미) + 犬(개 견) + 頁
옛날에는 개를 풀어놓고 여러 마리도 길렀는데, 먹을 것이 보이면 여러 마리가
함께 달려옴을 생각하고 만든 글자지요.
약자나 일본 한자는 米 밑에 大가 들어간 촜인데 '쌀(米)을 크게(大) 확대해보
면 둥근 머리(頁)처럼 닮은 무리니 닮을 류, 무리 류'로 풀어지네요.

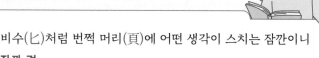

頃
비수(匕)처럼 번쩍 머리(頁)에 어떤 생각이 스치는 잠깐이니
잠깐 경
또 잠깐 사이의 어떤 즈음이나, 잠깐 사이에 만들어지는 이랑
이니 **즈음 경, 이랑 경**
⊕ 匕 (비수 비, 숟가락 비), 이랑 – 갈아 놓은 밭의 한 두둑과 한
고랑을 아울러 이르는 말

傾
사람(亻)은 잠깐(頃) 사이에 어느 쪽으로 기우니 **기울 경**

類
쌀(米)밥을 보고 달려오는 개(犬)들의 머리(頁)처럼 닮으니 **닮을 류**
또 닮은 것끼리 모인 무리니 **무리 류**

> 한자 구조 **경경 류**(頃傾 類) - 頃으로 된 글자와 類
> 머리 혈(頁) 앞에 비수 비, 숟가락 비(匕)면 **잠깐 경, 즈음 경, 이랑 경**(頃), 잠깐 경, 즈음 경, 이
> 랑 경(頃) 앞에 사람 인 변(亻)이면 **기울 경**(傾), 쌀 미(米)와 개 견(犬)이면 **닮을 류, 무리 류**(類)

276 PART 18 (120~126)

頃

3급 II 총11획
부수 頁
moment,
nowadays,
the ridge
and furrow

- 아주 짧은 시각. 눈 깜빡하는 사이는 頃刻(경각). '만 이랑의 푸른 물결'로, 끝없이 너른 바다는 萬頃蒼波(만경창파).

한자+ 刻(새길 각, 시각 각), 萬(많을 만, 일만 만), 蒼(푸를 창), 波(물결 파)

傾

4급 총13획
부수 人(亻)
incline

- 비스듬히 기울어진 상태는 傾斜(경사). 물 따위를 기울여 붓거나 쏟음, 또는 힘이나 정신을 한곳에만 기울임은 傾注(경주). 귀를 기울이고 들음은 傾聽(경청). 마음이나 형세가 어느 한쪽으로 향하여 기울어짐은 傾向(경향).
- '나라도 기울게 할 정도의 여색'으로, 임금이 빠져 나라가 기울어도 모를 만한 미인, 즉 매우 아름다운 여자를 이르는 말은 傾國之色(경국지색).

한자+ 斜(기울 사, 비낄 사), 注(물댈 주, 쏟을 주), 聽(들을 청), 向(향할 향, 나아갈 향), 國(나라 국), 色(빛 색, 여색 색)

類

5급 총19획
부수 頁
class,
resemble

- (서로) 닮고 비슷함은 類似(유사). 닮은 무리끼리 서로 따르며 사귐은 類類相從(유유상종).
- 사물의 부문을 나누는 갈래, 또는 갈래의 수를 세는 단위는 種類(종류). '글의 무리'로, 글자로 기록한 문서를 이르는 말은 書類(서류). 조개의 무리(종류)는 貝類(패류).

한자+ 似(같을 사), 相(서로 상, 모습 상, 볼 상, 재상 상), 從(좇을 종, 따를 종), 種(씨앗 종, 종류 종, 심을 종), 書(쓸 서, 글 서, 책 서), 貝(조개 패, 재물 패, 돈 패)

① ② ⑦ 령랭명(令冷命)

令	冷	命
하여금 령, 명령할 령	찰 랭	명령할 명, 목숨 명, 운명 명

찰 랭(冷) = 冫 + 令(하여금 령, 명령할 령)
얼음(冫)처럼 상관의 명령(令)은 차니 '찰 랭'
어찌 상관의 명령은 얼음처럼 찰까? 다정한 상도도 많지만, 상하관계가 엄격
하여 상관의 명령은 얼음처럼 차게 느껴진다는 데서 만들어진 글자네요.

令
사람(人)으로 하여금, 하나(一) 같이 무릎 꿇게(卩) 명령하니
하여금 령, 명령할 령
⊕ 卩[무릎 꿇을 절, 병부 절(卩)의 변형]

冷
얼음(冫)처럼 상관의 명령(令)은 차니 **찰 랭**
⊕ 冫은 얼음 빙(氷)이 부수로 쓰일 때의 모양으로 '이 수 변'

命
입(口)으로 명령하니(令) **명령할 명**
또 (옛날에) 명령으로 좌우되었던 목숨이나 운명이니 **목숨 명,**
운명 명
⊕ 令은 문서로 내리는 명령, 令에 입 구, 말할 구, 구멍 구(口)를
더한 명령할 명, 목숨 명(命)은 입으로 하는 명령으로 구분됩니다.

> **한자구조** 령랭명(令冷命) - 令으로 된 글자
> 사람 인(人)과 한 일(一) 아래에 무릎 꿇을 절, 병부 절(卩)의 변형(卩)이면 **하여금 령, 명령**
> **할 령**(令), 하여금 령, 명령할 령(令) 앞에 이 수 변(冫)이면 **찰 랭**(冷), 입 구, 말할 구, 구멍
> 구(口)면 **명령할 명, 목숨 명, 운명 명**(命)

令

5급 총5획
부수 人
let, order

- 명령을 기록한 문서는 令狀(영장). 명령을 전함, 또는 전하는 사람은 傳令(전령).
- '맡아 명령함'으로, 군대나 함대 따위를 지휘하고 감독하는 일은 司令(사령). 사령부나 기지를 지휘·통솔하는 최고 지휘관은 司令官(사령관).
- '아침에 명령하고 저녁에 고침(바꿈)'으로, 법령을 자꾸 고쳐서 갈피 잡기가 어려움을 이르는 말은 朝令暮改(조령모개)네요.

> 한자+ 狀(모습 상, 문서 장), 傳(전할 전, 이야기 전), 司(맡을 사, 벼슬 사), 官(관청 관, 벼슬 관), 朝(아침 조, 조정 조, 뵐 조), 暮(저물 모), 改(고칠 개)

冷

5급 총7획
부수 冫
cold

- 식어서 차게 됨, 또는 식혀서 차게 함은 冷却(냉각). 찬 기운은 冷氣(냉기). 매정하고 쌀쌀한 마음은 冷情(냉정). 생각이나 판단 따위가 감정에 치우치지 않고 침착하며 사리에 밝음은 冷徹(냉철). 차갑고 혹독함은 冷酷(냉혹).

> 한자+ 却(물리칠 각), 氣(기운 기, 대기 기), 情(뜻 정, 정 정), 徹(통할 철, 뚫을 철), 酷(심할 혹, 독할 혹)

命

7급 총8획
부수 口
order, life,
destiny

- 윗사람이 시키는 분부는 命令(명령). 일정한 지위나 임무를 남에게 맡김은 任命(임명). 살아있기 위한 힘의 바탕이 되는 것, 즉 목숨은 生命(생명). 모든 것을 지배하는 초인간적인 힘, 또는 그것에 의하여 이미 정해져 있는 목숨이나 처지는 運命(운명)이지요.

> 한자+ 任(맡을 임, 맡길 임), 生(날 생, 살 생, 사람을 부를 때 쓰는 접사 생), 運(운전할 운, 옮길 운, 운수 운)

쇠[치]하동(夂夏冬)

夂	夏	冬
천천히 걸을 쇠, 뒤져 올 치	여름 하	겨울 동

다리를 끌며 천천히 걷는 모양에서 '천천히 걸을 쇠(夂)'
천천히 걸어 뒤져 오니 '뒤져 올 치(夂)'
둘은 원래 다른 글자지만, 이 책에서는 모양과 뜻이 비슷하여 같은 글자로 취급하고 어원을
풀었어요.
여름을 한자로 어떻게 나타낼까요?
여름에는 더워서 조금만 움직여도 땀이 나니, 모두 천천히 걸으려고 함을
생각하고 만들었네요.

夂
사람(ク)이 다리를 끌며(乀) 천천히 걸어 뒤져 오니
천천히 걸을 쇠, 뒤져 올 치
⊕ ク[사람 인(人)의 변형], 乀('파임 불'이지만 여기서는 다리를
끄는 모양으로 봄)

夏
(너무 더워서) 하나(一) 같이 스스로(自) 천천히 걸으려고(夂)
하는 여름이니 **여름 하**
⊕ 自(자기 자, 스스로 자, 부터 자) - 1권 제목번호[022] 참고

冬
(사철 중) 뒤에 와서(夂) 물이 어는(冫) 겨울이니 **겨울 동**
⊕冫['얼음 빙(氷)'이 부수로 쓰일 때의 모양인 이 수 변(冫)의 변형]

[한자구조] **쇠[치]하동(夂夏冬)** - 夂로 된 글자

사람 인(人)의 변형(ク)에 파임 불(乀)이면 **천천히 걸을 쇠, 뒤져 올 치(夂)**, 천천히 걸을 쇠,
뒤져 올 치(夂) 위에 한 일(一)과 자기 자, 스스로 자, 부터 자(自)면 **여름 하(夏)**, 아래에 이
수 변(冫)의 변형(冫)이면 **겨울 동(冬)**

夊

총3획
부수자
walk slow, slow

夏

7급 총10획
부수 夊
summer

- 여름의 시기는 夏期(하기). 이십사절기의 하나이며 양력 6월 21일경으로, 북반구에서 낮이 가장 길고 밤이 가장 짧은 날은 夏至(하지). 여름철에 입는 옷은 夏服(하복). 봄 · 여름 · 가을 · 겨울은 春夏秋冬(춘하추동).

- '여름의 화로와 겨울의 부채'로, 아무 소용없는 말이나 재주, 또는 철에 맞지 않거나 쓸모없는 사물을 이르는 말은 夏爐冬扇(하로동선)인데, 夏扇冬爐로 글자 순서를 바꾸면 반대말이 되네요.

> 한자+ 期(기간 기, 기약할 기), 至(이를 지, 지극할 지), 服(옷 복, 먹을 복, 복종할 복), 春(봄 춘), 秋(가을 추), 冬(겨울 동), 爐(화로 로), 扇(부채 선)

冬

7급 총5획
부수 水(氵)
winter

- 겨울의 시기는 冬期(동기), 같은 시기나 같은 기간은 동기(同期), 형제와 자매, 남매를 통틀어 이르는 말은 동기(同氣), 어떤 일이나 행동을 일으키게 하는 계기는 동기(動機)로 모두 동음이의어(同音異議語).

- 이십사절기의 하나이며 양력 12월 22일경으로, 북반구에서는 연중 밤이 가장 긴 날은 冬至(동지). 엄하게(몹시) 춥고 눈이 오는 겨울은 嚴冬雪寒(엄동설한). 보통과 달리(이상하리만치) 춥지 않고 따뜻한 겨울은 異常暖冬(이상난동).

> 한자+ 同(한 가지 동, 같을 동), 氣(기운 기, 대기 기), 動(움직일 동), 機(베틀 기, 기계 기, 기회 기), 嚴(엄할 엄), 雪(눈 설, 씻을 설), 寒(찰 한), 異(다를 이), 常(항상 상, 보통 상, 떳떳할 상), 暖(따뜻할 난)

夊	故	敗
칠 복	연고 고, 옛 고	패할 패

천천히 걸을 쇠, 뒤져 올 치(夂)와 비슷한 칠 복(夊, = 攴)
천천히 걸을 쇠, 뒤져 올 치(夂)는 3획인데, 칠 복(夊, = 攴)은 4획이네요.
옛날에는 점을 많이 쳐서 칠 복(攴)도 점과 관련되어 만들어졌지요.

夊

사람(𠂉)이 이리(丿)저리(乀) 치니 **칠 복**(= 攴)
⊕ 攴 - 점(卜)칠 때 오른손(又)에 회초리 들고 툭툭 치니 '칠 복'
⊕ 𠂉 [사람 인(人)의 변형], 卜(점 복), 又(오른손 우, 또 우)

故

오래된(古) 일이지만 하나씩 짚으며(夊) 묻는 연고 있는 옛날
이니 **연고 고, 옛 고**
⊕ 오랠 고, 옛 고(古)는 단순히 시간상으로 옛날이고, 연고 고, 옛
고(故)는 연고 있는 옛날, 즉 사연 있는 옛날이라는 뜻입니다.

敗

재물(貝) 때문에 치고(夊) 싸워서 패하니 **패할 패**
⊕ 貝(조개 패, 재물 패, 돈 패)

[한자구조] **복고패**[夊(攴)故敗] - 夊으로 된 글자
사람(𠂉)이 이리(丿)저리(一) 치니 **칠 복**(夊, = 攴), 칠 복(夊) 앞에 오랠 고, 옛 고(古)면 **연고 고, 옛 고**(故), 조개 패, 재물 패, 돈 패(貝)면 **패할 패**(敗)

攵

총4획
부수자
hit

故

4급Ⅱ 총9획
부수 攵
reason,
ancient

- ① 사유(事由). ② 혈통·정분·법률 따위로 맺어진 관계. ③ 인연(因緣)은 緣故(연고).
- '연고 있는 시골'로, 자기가 태어나 자란 곳은 故鄕(고향), 반대말은 타향(他鄕).
- '연고 있는 뜻'으로, 일부러 하는 행동이나 생각은 故意(고의), 반대말은 과실(過失). 새것이 들어오고 묵은 것은 나가 자리가 바뀜은 新入故出(신입고출).

> 한자❖ 事(일 사, 섬길 사), 由(까닭 유, 말미암을 유), 因(말미암을 인, 의지할 인), 緣(인연 연), 鄕(시골 향, 고향 향), 他(다를 타, 남 타), 意(뜻 의), 過(지날 과, 지나칠 과, 허물 과), 失(잃을 실), 新(새로울 신)

敗

5급 총11획
부수 攵
defeat, spoil

- 패하여 달아남, 또는 싸움에 짐은 敗北(패배). (싸움·경쟁·경기 등에서) 지게 된 원인은 敗因(패인). 승리와 패배를 아울러 이르는 말은 勝敗(승패).
- '우수하면 이기고 못 나면 패함'으로, 강한 것이 이기고 약한 것이 패하는 생존경쟁의 법칙을 이르는 말은 優勝劣敗(우승열패), 약한 자는 강한 자에게 먹힌다는 약육강식(弱肉强食), 환경에 적응하는 생물만이 살아남고, 그렇지 못한 것은 도태되어 멸망한다는 적자생존(適者生存)과 비슷한 말이네요.

> 한자❖ 北(등질 배, 달아날 배, 북쪽 북), 因(말미암을 인, 의지할 인), 勝(이길 승, 나을 승), 優(우수할 우, 배우 우, 머뭇거릴 우), 劣(못날 렬), 弱(약할 약), 肉(고기 육), 强(강할 강, 억지 강), 食(밥 식, 먹을 식), 適(알맞을 적, 갈 적), 者(놈 자, 것 자), 生(날 생, 살 생, 사람을 부를 때 쓰는 접사 생), 存(있을 존)

1 3 0 정형형(井形刑)

井	形	刑
우물 정, 우물틀 정	모양 형	형벌 형

샘과 우물은 어원을 알면 쉽게 구분되네요.
요즘처럼 모터나 여러 자재가 없었던 옛날에는, 우물을 파고 흙이 메워지지 않도록 통나무를
井자 모양으로 엇갈려 쌓아 만들었다지요.
'깨끗한(白) 물(水)이 나오는 샘이니 샘 천(泉)'이라고 1권에 나왔지요.
인공적으로 파 만든 것은 우물 정(井), 자연적으로 생긴 것은 샘 천(泉)으로
구분하세요.

井 나무를 엇갈리게 쌓아 만든 우물이나 우물틀을 본떠서
우물 정, 우물틀 정

形 우물(开)에 머리털(彡)이 비친 모양이니 **모양 형**
⊕ 开[우물 정, 우물틀 정(井)의 변형], 彡(터럭 삼, 긴 머리 삼)
⊕ 거울이 없던 옛날에는 우물에 자기의 모양을 비추어보기도 했지요.

刑 우물틀(开) 같은 형틀에 매어 칼(刂)로 집행하는 형벌이니 **형벌 형**
㊒ 刊(책 펴낼 간) - 1권 제목번호[025] 참고. ⊕ 刂(칼 도 방)

> **한자구조** **정형형(井形刑)** - 井과 井의 변형(开)으로 된 글자
> 나무를 엇갈리게 쌓아 만든 우물틀을 본떠서 **우물 정, 우물틀 정**(井), 우물 정, 우물틀 정
> (井)의 변형(开) 뒤에 터럭 삼, 긴 머리 삼(彡)이면 **모양 형**(形), 칼 도 방(刂)이면 **형벌 형**(刑)

3급 II 총4획
부수 二
well

- 둥글게 판 우물, 또는 둘레가 대롱 모양으로 된 우물은 管井(관정). 석유를 채취하기 위해 땅속으로 판 우물은 油井(유정). 이른 새벽에 길은 우물물은 井華水(정화수), 정화수는 가족들의 평안을 빌면서 정성을 들이거나 약을 달이는 데 썼지요.
- '우물 안 개구리'로, 세상 물정을 너무 모르는 사람을 이르는 말 井中之蛙(정중지와)는 '우물 속에 앉아서 하늘을 본다'로, 사람의 견문(見聞)이 매우 좁음을 이르는 말인 坐井觀天(좌정관천)과 통하네요.

한자+ 管(대롱 관, 피리 관, 관리할 관), 油(기름 유), 華(화려할 화, 빛날 화), 蛙(개구리 와), 見(볼 견, 뵐 현), 聞(들을 문), 坐(앉을 좌), 觀(볼 관), 天(하늘 천)

6급 총7획
부수 彡
form, shape

- 일할 때의 일정한 절차나 양식, 또는 한 무리의 사물을 특징짓는 데에 공통으로 갖춘 모양은 形式(형식). 사물의 생김새나 모양은 形態(형태).
- 어떤 형상을 이룸은 形成(형성). 일정한 형체를 만듦, 또는 신체의 어떤 부분을 고치거나 만듦은 成形(성형).
- '모양과 색이 따로따로임'으로, 가지각색의 사물을 뜻하는 形形色色(형형색색)은 '形形色色의 불꽃이 밤하늘을 수놓고 있었다'처럼 쓰이지요.

한자+ 式(법 식, 의식 식), 態(모양 태), 成(이룰 성), 色(빛 색)

- 국가가 법률로 범죄자에게 제재를 가함, 또는 그 제재는 刑罰(형벌). 범죄와 형벌에 관한 법률 체계는 刑法(형법). 형법의 적용을 받는 사건, 또는 범죄의 수사나 범인의 체포를 직무로 하는 사복(私服) 경찰관을 통틀어 이르는 말은 刑事(형사). 불살라 죽이는 형벌은 火刑(화형). 죽을 때까지 감옥에 사는 형은 終身刑(종신형).

4급 총6획
부수 刀(刂)
punishment

한자+ 罰(벌할 벌), 法(법 법), 私(사사로울 사), 服(옷 복, 먹을 복, 복종할 복), 事(일 사, 섬길 사), 火(불 화), 終(다할 종, 마칠 종), 身(몸 신)

시가대(豕家隊)

豕	家	隊
돼지 시	집 가, 전문가 가	무리 대, 군대 대

집 가, 전문가 가(家) = 宀(집 면) + 豕

뱀이 많아서 집안에도 들어왔던 옛날에는 집 아래에 돼지를 키웠답니다. 뱀에게는 돼지가 천적이니 돼지 냄새만 나도 도망가니까요.

家에는 어느 분야에 일가(一家)를 이룬 전문가라는 뜻도 있는데, 一家는 ① 한 집안. ② 성(姓)과 본이 같은 겨레붙이. ③ 학문 · 기술 · 예술 등의 분야에서 독자적인 경지나 체계를 이룬 상태로, 여기서는 ③의 뜻이네요.

豕   서 있는 돼지를 본떠서 **돼지 시**

家   집(宀) 아래에 돼지(豕)를 기르며 살았던 집이니 **집 가**

또 어느 분야에 일가(一家)를 이룬 전문가도 뜻하여 **전문가 가**

隊   언덕(阝)에 여덟(八) 마리의 돼지(豕)처럼 모인 무리니 **무리 대**

또 무리를 이루는 군대도 뜻하여 **군대 대**

⊕ 阝(언덕 부 변), 八(여덟 팔, 나눌 팔)

> 한자 구조 **시가대(豕家隊) - 豕로 된 글자**
>
> 서 있는 돼지를 본떠서 **돼지 시**(豕), 돼지 시(豕) 위에 집 면(宀)이면 **집 가, 전문가 가**(家),
> 위에 여덟 팔, 나눌 팔(八), 앞에 언덕 부 변(阝)이면 **무리 대, 군대 대**(隊)

특급II 총7획
부수 豕
pig

7급 총10획
부수 宀
house,
professional

- 한 가족이 생활하는 집, 또는 가까운 혈연관계에 있는 사람들의 생활공 동체는 家庭(가정). 한 가정을 이루는 사람들은 家族(가족).
- '권세 있는 문중과 세도 있는 집안'으로, 대대로 사회적인 세력이 막강 한 집안은 權門勢家(권문세가)로, 권문세족(權門勢族)과 비슷한 말 이지요.
- 어떤 문제에 대하여 독자적인 경지나 체계를 이룬 견해는 一家見(일 가견). (시·소설 등 예술품을) 창작하는 일에 종사하는 사람은 作家 (작가). 그림 그리는 것을 직업으로 하는 사람은 畫家(화가).

한자+ 庭(뜰 정, 집안 정), 族(겨레 족), 權(권세 권), 門(문 문), 勢(기세 세), 見(볼 견, 뵐 현), 作(지을 작), 畫(그림 화, 그을 획)

4급II 총12획
부수 阜(阝)
group, troop

- 무리의 인원은 隊員(대원). 줄을 지어 늘어선 행렬, 또는 어떤 활동을 목적으로 모인 무리는 隊列(대열). 시위하는 무리는 示威隊(시위대).
- 일정한 규율과 질서를 가지고 조직된 군인의 집단은 軍隊(군대). 일정 한 규모로 편성된 군대조직을 일반적으로 이르는 말은 部隊(부대). 군 대에 들어감은 入隊(입대). 원래의 부대로 돌아감은 原隊復歸(원대 복귀).

한자+ 員(사람 원, 인원 원), 列(벌일 렬, 줄 렬), 示(보일 시, 신 시), 威(위엄 위), 軍(군사 군), 部(나눌 부, 마을 부, 거느릴 부), 原(언덕 원, 근원 원, 원래 원), 復(다시 부, 회복할 복), 歸(돌아올 귀, 돌아갈 귀)

牙	邪	芽
어금니 아	간사할 사	싹 아

어금니는 원래 송곳니의 안쪽에 있는 큰 이로, 가운데가 오목하고 음식물을 잘게 부수는 역할을 하지요.
동물 중 코끼리는 앞니가 두드러지게 드러나니, 어금니는 아니지만, 상징적으로 이것을 본떠서 만든 글자를 어금니 아(牙)라고 했네요.

牙   코끼리 어금니를 본떠서 **어금니 아**

邪   입 속의 어금니(牙)처럼 구석진 고을(阝)에 숨어서 간사하니 **간사할 사**
⊕ 阝(고을 읍 방)

芽   풀(艹) 중 어금니(牙)처럼 돋아나는 싹이니 **싹 아**
⊕ 艹(초 두)

한자구조 **아사아**(牙邪芽) - 牙로 된 글자
코끼리 어금니를 본떠서 **어금니 아**(牙), 어금니 아(牙) 뒤에 고을 읍 방(阝)이면 **간사할 사**(邪), 위에 초 두(艹)면 **싹 아**(芽)

牙

3급II 총4획
부수 牙
molar

- 코끼리 어금니는 象牙(상아). '이'를 점잖게 일컫는 말은 齒牙(치아).
- 한글 'ㄱ, ㄲ, ㅋ'의 소리를 통틀어 일컫는 말, 즉 어금닛소리는 牙音(아음).
- '손톱과 어금니 같은 선비'로, (짐승에게 발톱과 어금니가 적으로부터 제 몸을 보호할 때 아주 긴요하듯이) 국가를 다스리는 데 꼭 필요하고 중요한 신하를 爪牙之士(조아지사)라 하네요.

한자+ 象(코끼리 상, 모습 상, 본뜰 상), 齒(이 치, 나이 치), 音(소리 음), 爪(손톱 조)

邪

3급II 총7획
부수 邑(阝)
wicked

- 성질이 간교하고 행실이 바르지 못함은 奸邪(간사). 간사하고 악독함은 邪惡(사악). '사악한 것을 깨뜨리고 바른 것을 드러냄'으로, 그릇된 생각을 버리고 올바른 도리를 행함은 破邪顯正(파사현정).
- 생각함에 간사함이 없음은 思無邪(사무사). 공자는 시경(詩經)에 나오는 시 300편을 한마디로 일컬어 思無邪라 했지요.

한자+ 奸(간사할 간), 惡(악할 악, 미워할 오), 破(깨질 파, 다할 파), 顯(드러날 현), 正(바를 정), 思(생각할 사), 無(없을 무)

芽

3급II 총8획
부수 草(艹)
sprout

- '보리 싹'으로, 엿기름을 말함은 麥芽(맥아). 움(풀이나 나무에 새로 돋아나오는 싹), 또는 사물의 시초가 되는 것은 萌芽(맹아). (초목이나 씨앗에서) 싹이 나옴은 發芽(발아). 씨 속에 있으며 자라서 싹이 될 부분은 胚芽(배아)지요.

한자+ 麥(보리 맥), 萌(싹 맹), 發(쏠 발, 일어날 발), 胚(아기 밸 배)

虍	虎	號
범 호 엄	범 호	부르짖을 호, 이름 호, 부호 호

범과 관련된 글자에 부수로 쓰이는 범 호 엄(虍).
'엄'은 글자의 위와 왼쪽을 가리는 부수 이름이고, 虍를 독음으로 찾으려면
원 글자인 범 호(虎)의 '호'로 찾아야 하니, 제목을 '호'로 했어요.

虍   범 가죽 무늬를 본떠서 <u>범 호 엄</u>

虎   범(虍)은 사람처럼 영리하니 사람 인 발(儿)을 붙여서 <u>범 호</u>
⊕ 儿(사람 인 발), 범 - 호랑이

號   입(口)을 크게(丂) 벌리고, 범(虎)처럼 부르짖는 이름이나 부호
니 **부르짖을 호, 이름 호, 부호 호**
㈎ 号 - 입(口)을 크게(丂) 벌리고 부르짖는 이름이나 부호니
'부르짖을 호, 이름 호, 부호 호'
⊕ 丂['공교할 교, 교묘할 교'지만 여기서는 큰 대(大)의 변형으로 봄]

[한자 구조] **호 호호**(虍 虎號) - 虍와 虎로 된 글자
범 가죽 무늬를 본떠서 **범 호 엄**(虍), 범 호 엄(虍) 아래에 사람 인 발(儿)이면 **범 호**(虎), 범
호(虎) 앞에 입 구, 말할 구, 구멍 구(口)와 큰 대(大)의 변형(丂)이면 **부르짖을 호, 이름 호,**
부호 호(號)

虎

총6획
부수자
tiger

虎

3급 II 총8획
부수 虍
tiger

- 호랑이 가죽은 虎皮(호피). 사나운 호랑이는 猛虎(맹호). '여우가 범의 위엄을 빌림'으로, 남의 권세를 빌려 위세(威勢) 부림을 이르는 말은 狐假虎威(호가호위)로, '狐假虎威와 과잉 충성을 일삼는 무리의 몰상식한 일탈이 꼬리를 물고 있다.'처럼 쓰이지요.

> 한자➕ 皮(가죽 피), 猛(사나울 맹), 威(위엄 위), 勢(기세 세), 狐(여우 호), 假(거짓 가, 빌릴 가), 위세(威勢) - ① 사람을 두렵게 하여 복종하게 하는 힘. ② 위엄이 있거나 맹렬한 기세

號

6급 총13획
부수 虍
call out,
name, mark

- 부르짖듯이 큰소리로 명령하거나 꾸짖음은 號令(호령). 집회나 시위 따위에서 어떤 요구나 주장 따위를 간결한 형식으로 표현한 문구는 口號(구호).
- 국명(國名), 즉 나라의 이름은 國號(국호).
- 어떠한 뜻을 나타내기 위하여 쓰이는 부호 · 문자 · 표지 따위를 통틀어 이르는 말은 記號(기호). (두 식, 또는 두 수가) 같음을 나타내는 부호는 等號(등호). '하나로 이어진 번호'로, 일률적으로 연속된 번호는 一連番號(일련번호)지요.

> 한자➕ 令(명령할 령), 國(나라 국), 名(이름 명, 이름날 명), 記(기록할 기, 기억할 기), 等(같을 등, 무리 등, 차례 등), 連(이을 련), 番(차례 번, 번지 번)

1 3 4 추추진(隹推進)

隹	推	進
새 추	밀 추	나아갈 진

새를 나타내는 글자는 새 추(隹), 새 조(鳥), 새 을(乙)이 있어요. 새 추(隹)는 주로 부수로 쓰이고, 새 조(鳥)는 주로 '새'를 말할 때 쓰이지만 부수로도 쓰이고, 새 을(乙)은 주로 천간(天干)이나 부수로 쓰이네요.

隹 꼬리 짧은 새를 본떠서 <u>새 추</u>

推 (놓아주려고) 손(扌)으로 새(隹)를 미니 <u>밀 추</u>

進 (앞으로만 나아가는) 새(隹)처럼 나아가니(辶) <u>나아갈 진</u>
⊕ 새는 앞으로만 나아감을 생각하고 만든 글자네요.
⊕ 辶(뛸 착, 갈 착)

> 한자구조 **추추진**(隹推進) - 隹로 된 글자 1
>
> 꼬리 짧은 새를 본떠서 **새 추**(隹), 새 추(隹) 앞에 손 수 변(扌)이면 **밀 추**(推), 아래에 뛸 착, 갈 착(辶)이면 **나아갈 진**(進)

隹
급외자 총8획
부수 隹
bird

推
4급 총11획
부수 手(扌)
push

- 짐작으로 미루어 셈함, 또는 그런 셈은 推算(추산). 미루어 생각하여 판정함은 推定(추정). 앞으로 밀고 나감은 推進(추진). 어떤 조건에 적합한 대상을 책임지고 소개함은 推薦(추천).
- '자기를 미루어 남에게 이름'으로, 자기 마음을 미루어 보아 남에게도 그렇게 대하거나 행동함을 이르는 말 推己及人(추기급인)은, 기소불욕 물시어인[己所不欲 勿施於人 - 자기가 하기 싫은 바는 남에게도 베풀지(하게 하지) 말라]이라는 말과도 뜻이 통하네요.

> 한자+ 算(셈할 산), 定(정할 정), 進(나아갈 진), 薦(드릴 천, 추천할 천), 己(몸 기, 자기 기, 여섯째 천간 기), 及(이를 급, 미칠 급), 所(장소 소, 바 소), 欲(바랄 욕), 勿(없을 물, 말 물), 施(베풀 시), 於(어조사 어, 탄식할 오)

進
4급 II 총12획
부수 辶(辶)
advance

- 일이 진행되는 속도는 進度(진도). 일이 진행되어 발전함은 進展(진전).
- 앞으로 향하여 나아감, 또는 일 따위를 처리하여 나감은 進行(진행). (여럿이 줄을 지어) 앞으로 나아감은 行進(행진).
- 다그쳐 빨리 나아가게 함은 促進(촉진).
- '정밀하게 나아감'으로, 조금의 흐트러짐도 없이 오직 한 길로 나아간다는 精進(정진). 용맹(勇猛)하게 힘써 나아간다는 勇猛精進(용맹정진)은, 어떤 유혹에도 흔들리지 않고, 어떤 어려움도 용맹스럽게 물리치고 힘써 나아간다는 뜻이지요.

> 한자+ 度(법도 도, 정도 도, 헤아릴 탁), 展(펼 전, 넓을 전), 行(다닐 행, 행할 행, 항렬 항), 促(재촉할 촉), 精(정밀할 정, 찧을 정), 勇(날랠 용), 猛(사나울 맹)

① ③ ⑤ 집척쌍(集隻雙)

集	隻	雙
모일 **집**, 모을 **집**, 책 **집**	홀로 **척**, 외짝 **척**	쌍 **쌍**

모일 집, 모을 집, 책 집(集) = 隹 + 木(나무 목)
새들이 나무 위에 모여 있는 모양을 생각하고 만들어진 글자지요.
홀로 척, 외짝 척(隻)과 쌍 쌍(雙)은, 오른손 우, 또 우(又) 위에 새 추(隹)의
숫자로 뜻을 나타냈네요.

集   새(隹)들이 나무(木) 위에 모이듯 모으니 <u>모일 집, 모을 집</u>
또 여러 내용을 모아 만든 책이니 <u>책 집</u>

隻   새(隹) 한 마리만 손(又) 위에 있는 홀로니 <u>홀로 척</u>
또 홀로 한 척씩 배를 세는 단위니 <u>외짝 척</u>
⊕ 척(隻) - 배의 수효를 세는 단위

雙   새 두 마리(隹隹)가 손(又) 위에 있는 쌍이니 <u>쌍 쌍</u>
옉 双 - 손(又)과 손(又)이 둘로 쌍이니 '쌍 쌍'

> [한자구조] **집척쌍(集隻雙)** - 隹로 된 글자 2
> 새 추(隹) 아래에 나무 목(木)이면 **모일 집, 모을 집, 책 집**(集), 오른손 우, 또 우(又)면 **홀로
> 척, 외짝 척**(隻), 새 추(隹) 둘 아래에 오른손 우, 또 우(又)면 **쌍 쌍**(雙)

集

6급 총12획
부수 隹
gather, book

- 여럿이 모여 이룬 모임은 集團(집단). 한 가지 일에 모든 힘을 쏟음은 集中(집중). (물건 등을 한 군데로) 모음은 集合(집합). 사람이나 작품, 물품 따위를 일정한 조건 아래 널리 알려 뽑아 모음은 募集(모집). 구름처럼 많이 모임은 雲集(운집).
- '떨어지고 합하고 모이고 흩어짐'으로, 헤어졌다가 모였다가 함은 離合集散(이합집산), '정치인들의 離合集散에 국민의 비난 여론이 사납다.'처럼 쓰이지요.

> 한자+ 團(둥글 단, 모일 단), 中(가운데 중, 맞힐 중), 合(합할 합, 맞을 합), 募(모집할 모), 雲(구름 운), 離(헤어질 리), 散(흩어질 산)

隻

2급 총10획
부수 隹
lone, a single
member

- '외손에 빈주먹'으로, 아무것도 가진 것이 없음을 이르는 말 隻手空拳(척수공권)은, 적수공권(赤手空拳 - '맨손에 빈주먹'으로, 곧 아무것도 가진 것이 없음)과 비슷한 말이네요.
- 배 한 隻, 두 隻 할 때도 이 隻이 쓰여, "아직도 신에게는 열두 隻의 전선이 있습니다. 죽을힘을 다해 막아 싸우면 아직도 할 수 있습니다."라는 이순신 장군의 말씀도 있지요.

> 한자+ 手(손 수, 재주 수, 재주 있는 사람 수), 空(빌 공, 하늘 공), 拳(주먹 권), 赤(붉을 적, 벌거벗을 적)

雙

3급Ⅱ 총18획
부수 隹
couple, pair

- 두 마리 말로 끄는 마차는 雙頭馬車(쌍두마차). 이쪽과 저쪽, 또는 이편과 저편을 아울러 이르는 말은 雙方(쌍방). ① 두 개의 구슬. ② 여럿 가운데 특별히 뛰어나 우열을 가리기 어려운 둘을 비유적으로 이르는 말은 雙璧(쌍벽). '변화가 둘도 없음'으로, 변화와 재주를 부리는 것이 아주 기발함은 變化無雙(변화무쌍).

> 한자+ 頭(머리 두, 우두머리 두), 馬(말 마), 車(수레 거, 차 차), 方(모 방, 방향 방, 방법 방), 璧(구슬 벽), 變(변할 변), 化(변화할 화, 될 화), 無(없을 무)

護	穫	獲
보호할 호	거둘 확	얻을 획

획수도 많고 복잡하지만, 공통부분인 蒦와 나머지를 분리해서 생각하니, 어원이 쉽게 나오네요. 蒦처럼 실제 합쳐져 단독으로 쓰이는 글자는 아니지만, 여러 글자의 공통 부분이면 이 부분을 고정해 놓고, 여기에 다른 글자를 붙여보는 방식으로 익히면 쉽게 익혀지지요.

護

말(言) 못하는 풀(艹) 속의 새(隹)들도 또(又)한 보호하니

보호할 호

⊕ 言(말씀 언), 艹(초 두), 又(오른손 우, 또 우)

穫

벼(禾)를 풀(艹) 속의 새(隹)들이 또(又) 먹을까 염려되어 거두니

거둘 확

⊕ 禾(벼 화)

獲

개(犭)가 풀(艹) 속에 있는 새(隹)를 또(又) 잡아 와 얻으니

얻을 획

⊕ 犭(큰 개 견, 개 사슴 록 변)

한자구조 **호확획**(護穫獲) - 蒦로 된 글자

초 두(艹)와 새 추(隹), 오른손 우, 또 우(又)의 앞에 말씀 언(言)이면 **보호할 호**(護), 벼 화(禾)면 **거둘 확**(穫), 큰 개 견, 개 사슴 록 변(犭)이면 **얻을 획**(獲)

護

4급II 총21획
부수 言
guard

- 위험이나 곤란 따위가 미치지 아니하도록 잘 보살펴 돌봄, 또는 잘 지켜 원래대로 보존되게 함은 保護(보호). 나라를 보호함은 護國(호국). (환자나 부상자를) 보살펴 보호함은 看護(간호). 지키고 보호함은 守護(수호). 안고(두둔하고 편들어) 지킴은 擁護(옹호).
- '말을 잘하여 보호하는 선비'로, 법률에 규정된 자격을 가지고 관계인의 의뢰, 또는 법원의 명령에 따라 피고나 원고를 변론하는 사람은 辯護士(변호사).

> 한자➕ 保(지킬 보, 보호할 보), 國(나라 국), 看(볼 간), 守(지킬 수), 擁(안을 옹), 辯(말 잘할 변, 따질 변), 士(선비 사, 군사 사, 칭호나 직업 이름에 붙이는 말 사)

穫

3급 총19획
부수 禾
harvest

- (곡식을) 거두어들임은 收穫(수확). 많은 수확은 多收穫(다수확).
- '나무 한 그루 심어서 백배를 수확함'으로, 유능한 인재 하나 잘 길러내어 여러 가지 효과를 봄은 一樹百穫(일수백확)이네요.

> 한자➕ 收(거둘 수), 多(많을 다), 樹(나무 수), 百(일백 백, 많을 백)

獲

3급II 총17획
부수 犬(犭)
obtain

- 얻어 내거나 얻어 가짐은 獲得(획득). (짐승ㆍ물고기 따위를) 넘치게 마구 잡음은 濫獲(남획).
- '생각하지 않으면 어찌 얻으며(아무것도 얻지 못하고), 하지 않으면 어찌 이루리요(아무것도 이루지 못한다)?'라는 말 不慮胡獲(불려호획) 不爲胡成(불위호성)도 있네요.

> 한자➕ 得(얻을 득), 濫(넘칠 람), 慮(생각할 려), 胡(오랑캐 호, 어찌 호), 爲(할 위, 위할 위), 成(이룰 성)

관권관(雚權觀)

雚	權	觀
황새 관	권세 **권**	볼 관

황새 관(雚) = ⁺⁺(초 두) + 口(입 구, 말할 구, 구멍 구) 둘 + 隹
황새는 물가에서 고기 등 여러 생물을 잡아먹고 사니, 다리도 길고 목과 부리
도 길지요. 황새 관(雚)은 황새의 먹이 잡는 모양을 생각하고 만든 글자네요.

雚   풀(⁺⁺) 속에 여기저기 입(口)과 입(口)을 넣어 먹이를 잡아먹고
            사는 새(隹)는 황새니 <u>황새 관</u>

權   나무(木)에 앉은 황새(雚)처럼 의젓해 보이는 권세니 <u>권세 권</u>

觀   황새(雚)처럼 목을 늘이고 보니(見) <u>볼 관</u>
            ⊕ 見(볼 견, 뵐 현)

한자
구조 **관권관(雚權觀) - 雚으로 된 글자**

초 두(⁺⁺) 아래에 입 구, 말할 구, 구멍 구(口) 둘(口口)과 새 추(隹)면 **황새 관**(雚), 황새 관
(雚) 앞에 나무 목(木)이면 **권세 권**(權), 뒤에 볼 견, 뵐 현(見)이면 **볼 관**(觀)

雚

權

- 권력과 세력은 權勢(권세). 권세와 이익은 權利(권리). 어떤 사람이나 기관의 권리나 권력이 미치는 범위는 權限(권한). 정치상의 권력, 또는 정치를 담당하는 권력은 政權(정권). 권세를 잡음, 또는 정권을 잡음은 執權(집권).
- (목적을 위해서 인정이나 도덕을 가리지 않고) 권세(權勢)와 모략중상 (謀略中傷) 등 온갖 수단 방법을 쓰는 술책은 權謀術數(권모술수).

> 한자+ 勢(형세 세, 권세 세), 利(이로울 리, 날카로울 리), 限(한계 한), 政(다스릴 정), 執(잡을 집), 勢(기세 세), 謀(꾀할 모, 도모할 모), 略(간략할 략, 빼앗을 략), 中(가운데 중, 맞힐 중), 傷(상할 상), 모략(謀略) - 계책이나 책략, 또는 사실을 왜곡하거나 속임수를 써 남을 해롭게 함, 또는 그런 일. 중상(中傷) - 근거 없는 말로 남을 헐뜯어 명예나 지위를 손상함. 術(재주 술, 기술 술), 數(셀 수, 두어 수, 운수 수)

觀

- (다른 나라나 다른 지방의) 문화 · 풍광 등을 봄은 觀光(관광). 보고 살핌은 觀察(관찰). 천체나 기상 상태를 관찰하여 측정하는 일, 또는 어떤 사정이나 형편 따위를 잘 살펴보고 그 장래를 헤아림은 觀測(관측). 자기와의 관계에서 벗어나 제삼자의 관점에서 사물을 보거나 생각하는 것은 客觀的(객관적), 반대말은 主觀的(주관적).
- '밝기가 불을 보는 것 같음'으로, 의심할 여지 없이 명백함은 明若觀火(명약관화)로, '불 보듯 뻔하다'라는 속담과 불문가지(不問可知 - 묻지 아니하여도 알 수 있음)와도 뜻이 통하네요.

> 한자+ 光(빛 광, 풍광 광), 察(살필 찰), 測(헤아릴 측), 客(손님 객), 的(과녁 적, 맞힐 적, 밝을 적, 접미사 적), 主(주인 주), 明(밝을 명), 若(만약 약, 같을 약, 반야 야), 問(물을 문), 可(옳을 가, 가히 가, 허락할 가), 知(알 지)

羽	習	曜
날개 **우**, 깃 **우**	익힐 **습**	빛날 **요**, 요일 **요**

익힐 습(習) = 羽(날개 우, 깃 우) + 白(흰 백, 밝을 백, 깨끗할 백, 아뢸 백)
어찌 이런 구조로 '익힐 습'을 만들었을까요?
새는 종류와 관계없이 아주 어릴 때는 깃이 모두 흰색이고, 처음부터 나는 것
이 아니라 익혀서 낢을 생각하고 만든 글자네요.

羽   새의 양쪽 날개와 깃을 본떠서 <u>날개 우, 깃 우</u>

習   아직 깃(羽)이 흰(白) 어린 새가 나는 법을 익히듯 익히니
<u>익힐 습</u>

曜   해(日) 뜨면 날개(羽) 치는 새(隹)들처럼 빛나게 활동하는 요일
이니 <u>빛날 요, 요일 요</u>

한자구조 우습요(羽習曜) - 羽로 된 글자

새의 양쪽 날개와 깃을 본떠서 **날개 우, 깃 우**(羽), 날개 우, 깃 우(羽) 아래에 흰 백, 밝을
백, 깨끗할 백, 아뢸 백(白)이면 **익힐 습**(習), 아래에 새 추(隹), 앞에 해 일, 날 일(日)이면 **빛
날 요, 요일 요**(曜)

羽

3급 II 총6획
부수 羽
wing, feather

- 새의 머리에 뿔 모양으로 솟은 털은 羽角 (우각). 깃털, 즉 조류의 몸 표면을 덮고 있는 털은 羽毛 (우모).
- '몸에 날개가 돋아 신선이 되어 하늘로 올라감'으로, 번잡한 세상일에서 떠나 즐겁게 지내는 상태, 또는 술이 거나하게 취하여 기분이 좋음을 이르는 말은 羽化登仙 (우화등선)이네요.

> 한자+ 角(뿔 각, 모날 각, 겨룰 각), 毛(털 모), 化(변화할 화, 될 화), 登(오를 등, 기재할 등), 仙(신선 선)

習

5급 총11획
부수 羽
learn, study

- '익힌 버릇'으로, 어떤 행위를 오랫동안 되풀이하는 과정에서 저절로 익혀진 행동 방식은 習慣 (습관), 어떤 사회에서 오랫동안 지켜 내려와 그 사회 성원들이 널리 인정하는 질서나 풍습은 慣習 (관습).
- 배워서 익힘은 學習 (학습). 배운 것을 다시 익혀 공부함은 復習 (복습). 선생의 가르침 없이 혼자의 힘으로 배워서 익힘은 自習 (자습).

> 한자+ 慣(버릇 관), 學(배울 학), 復(다시 부, 돌아올 복), 自(자기 자, 스스로 자, 부터 자)

曜

3급 II 총18획
부수 日
weekday

- 1주일의 각 날을 이르는 말은 曜日 (요일)로, 月曜日 (월요일), 火曜日 (화요일), 水曜日 (수요일), 木曜日 (목요일), 金曜日 (금요일), 土曜日 (토요일), 日曜日 (일요일)이 있지요.

> 한자+ 月(달 월, 육 달 월), 火(불 화), 水(물 수), 木(나무 목), 金(쇠 금, 금 금, 돈 금, 성씨 김), 土(흙 토)

1 3 9 우 만려(禺 萬勵)

禺	萬	勵
원숭이 우	많을 만, 일만 만	힘쓸 려

많을 만, 일만 만(萬)처럼 획수가 많은 글자는 약자로도 쓰는데, 많을 만, 일만 만(萬)의 약자
와 어원은 다음과 같아요. 일본 한자나 중국 간체자에서도 万으로 쓰네요.

万 하늘(一) 아래에는 싸여(勹) 있는 물건도 많으니 많을 만
　　또 많은 숫자인 일만이니 일만 만
　　+ 一 ('한 일'이지만 여기서는 하늘로 봄), 勹 (쌀 포)

禺　밭(田)에 기른 농작물을 발자국(内) 남기며 훔쳐먹는 원숭이니
원숭이 우
⊕ 田(밭 전), 内 – 성(冂)처럼 사사로이(厶) 남긴 발자국이니 '발자국 유'

萬　풀(++) 밭에는 원숭이(禺)도 많으니 **많을 만**
또 많은 숫자인 일만이니 **일만 만**
⊕ 한자가 만들어진 중국에는 원숭이도 많답니다.

勵　굴 바위(厂) 밑에서 많은(萬) 사람들이 힘(力)쓰니 **힘쓸 려**
⊕ 厂(굴 바위 엄, 언덕 엄), 力(힘 력)

> 한자
> 구조 **우 만려**(禺 萬勵) - 禺와 萬으로 된 글자
>
> 밭 전(田) 아래에 발자국 유(内)면 **원숭이 우**(禺), 원숭이 우(禺) 위에 초 두(艹)면 **많을 만, 일
> 만 만**(萬), 많을 만, 일만 만(萬) 위에 굴 바위 엄, 언덕 엄(厂), 뒤에 힘 력(力)이면 **힘쓸 려**(勵)

禺

급외자 총9획
부수 内
monkey

萬

8급 총13획
부수 草(艹)
plenty, ten
thousand

- 많은 일에 능숙함은 萬能(만능). 세상에 있는 모든 것은 萬物(만물). 바람이나 경축, 환호 따위를 나타내기 위하여 두 손을 높이 들면서 외치는 소리는 萬歲(만세).
- '만에 하나'로, 혹시 있을지도 모르는 뜻밖의 경우는 萬一(만일), 또는 萬若(만약).
- '하나의 물결이 연쇄적으로 많은 물결을 일으킴'으로, 한 사건이 그 사건에 그치지 아니하고 잇따라 많은 사건으로 번짐은 一波萬波(일파만파).

> 한자+ 能(능할 능), 物(물건 물), 歲(해 세, 세월 세), 若(만약 약, 같을 약, 반야 야), 波(물결 파)

勵

3급Ⅱ 총17획
부수 力
encourage

- 용기나 의욕이 솟아나도록 북돋워 줌은 激勵(격려). 감독하며 힘쓰도록 함은 督勵(독려). 권하여 힘쓰도록 함은 獎勵(장려).
- '(뼈에) 새겨지도록 고통스럽게 힘씀'으로, 어떤 일에 고생을 무릅쓰고 무척 애를 쓰면서 부지런히 노력함은 刻苦勉勵(각고면려)나 刻苦精勵(각고정려)네요.

> 한자+ 激(격할 격, 부딪칠 격), 督(감독할 독), 獎(권할 장), 刻(새길 각, 시각 각), 苦(쓸 고, 괴로울 고), 勉(힘쓸 면), 精(정밀할 정, 찧을 정)

魚	漁	鮮	蘇
물고기 어	고기 잡을 어	고울 선, 깨끗할 선, 싱싱할 선	깨어날 소, 소생할 소

우리가 볼 수 있는 물고기는 앞에서나 옆에서 바라본 모양은 별로 특색이 없으니, 잡아서 걸어놓은 모양으로 글자를 만들었네요.
물고기를 잡아 걸어놓은 모양이면 물고기 어(魚), 물에서 물고기를 잡으니 물고기 어(魚) 앞에 삼 수 변(氵)을 붙이면 고기 잡을 어(漁)로 구분하세요.

魚 잡아서 걸어놓은 물고기를 본떠서 **물고기 어**
⊕ ク는 머리, 田은 몸통, 灬는 지느러미와 꼬리.

漁 물(氵)에서 물고기(魚)를 잡으니 **고기 잡을 어**

鮮 물고기(魚)가 양(羊)처럼 고와 깨끗하고 싱싱하니 **고울 선, 깨끗할 선, 싱싱할 선**

蘇 (못 먹어 영양실조에 걸린 사람은) 채소(艹)와 물고기(魚)와 곡식(禾)을 먹이면 깨어나 소생하니 **깨어날 소, 소생할 소**
⊕ 艹(초 두), 禾('벼 화'로 곡식의 대표)

[한자 구조] **어어선소**(魚漁鮮蘇) - 魚로 된 글자
잡아서 걸어놓은 물고기를 본떠서 **물고기 어**(魚), 물고기 어(魚) 앞에 삼 수 변(氵)이면 **고기 잡을 어**(漁), 뒤에 양 양(羊)이면 **고울 선, 깨끗할 선, 싱싱할 선**(鮮), 뒤에 벼 화(禾), 위에 초 두(艹)면 **깨어날 소, 소생할 소**(蘇)

魚

5급 총11획
부수 魚
fish

- 물고기 종류는 魚種(어종). 산 물고기는 活魚(활어).
- '물과 물고기의 사귐'으로, (물고기가 물을 떠나서 살 수 없듯이) 임금과 신하, 또는 부부 사이처럼 매우 친밀한 관계, 또는 서로 떨어질 수 없는 친한 사이를 이르는 말은 水魚之交(수어지교).

한자+ 種(씨앗 종, 종류 종, 심을 종), 活(살 활), 交(사귈 교, 오고 갈 교)

漁

5급 총14획
부수 水(氵)
fishing

- 물고기 잡는 일을 업으로 하는 사람은 漁民(어민), 漁夫(어부), 漁父(어부). 고기잡이를 하는 배는 漁船(어선). 漁民들이 모여 사는 바닷가 마을은 漁村(어촌). 농촌과 어촌을 아울러 이르는 말은 農漁村(농어촌).
- 물고기가 많이 잡힘은 豊漁(풍어), 다른 때에 비하여 물고기가 매우 적게 잡힘은 凶漁(흉어).
- 고기를 주는 것은 고기 잡는 방법을 가르치는 것만 같지 못하다는 與魚不如敎漁(여어불여교어).

한자+ 民(백성 민), 夫(사내 부, 남편 부), 父(아버지 부), 船(배 선), 村(마을 촌), 農(농사 농) 豊(풍년 풍, 풍성할 풍), 凶(흉할 흉, 흉년 흉), 與(줄 여, 더불 여, 참여할 여), 不(아닐 불·부), 如(같을 여), 敎(가르칠 교)

鮮

5급 총17획
부수 魚
beautiful,
clean, fresh

- 생선이나 야채 따위의 신선한 정도는 鮮度(선도). 깨끗하고 밝음은 鮮明(선명). (잡은 그대로의) 싱싱한 물고기는 生鮮(생선). 새롭고 산뜻함, 또는 채소나 과일, 생선 따위가 싱싱함은 新鮮(신선).

한자+ 度(법도 도, 정도 도, 헤아릴 탁), 明(밝을 명), 生(살 생, 날 생, 사람을 부를 때 쓰는 접사 생), 新(새로울 신)

蘇

3급 II 총20획
부수 草(艹)
revive

- 거의 죽어 가다가 다시 살아남은 蘇生(소생)으로, 回蘇(회소)라고도 하며, "봄은 만물이 蘇生하는 계절이다."처럼 쓰이지요.

한자+ 回(돌 회, 돌아올 회, 횟수 회)

조금 더 알고 쓰는 한자

한자만 알면 어떤 한문 문장도 쉽게 해석됩니다.

아는 한자를 이용하여 풀어보면 되니까요.
다음은 <논어(論語)>의 본문 맨 처음에 나오는 내용입니다.

학이시습지(學而時習之)면 불역열호(不亦說乎)아. 유붕(有朋)이 자원방래(自遠方來)면 불역락호(不亦樂乎)아. 인부지이불온(人不知而不慍)이면 불역군자호(不亦君子乎)아.

"배우고서(學而) 때(時)로 익히면(習之) 또한(亦) 기쁘지(說) 아니(不)하랴(乎). 벗(朋)이 있어(有) 먼(遠) 방향(方)으로부터(自) 찾아오면(來) 또한(亦) 즐겁지(樂) 아니(不)하랴(乎). 사람(人)이 (나를) 알아주지(知) 않더(不)라도(而) 성내지(慍) 않으면(不) 또한(亦) 군자(君子)가 아니(不)랴(乎)?"로 쉽게 해석되지요.

> 한자 ➕ 學(배울 학), 而(말 이을 이), 時(때 시), 習(익힐 습), 之(갈 지, ~의 지, 이 지), 亦(또 역), 說(달랠 세, 말씀 설, 기쁠 열), 乎(어조사 호), 有(가질 유, 있을 유), 朋(벗 붕), 自(자기 자, 스스로 자, 부터 자), 遠(멀 원), 方(모 방, 방위 방, 방법 방), 來(올 래), 樂(노래 악, 즐길 락, 좋아할 요), 知(알 지), 慍(성낼 온), 君(임금 군, 남편 군, 그대 군), 子(아들 자, 첫째 지지 자, 자네 자, 접미사 자), 군자(君子) - 유교에서 말하는 이상적인 인간형. ❨반❩ 소인(小人). 열(說) - 마음속으로부터의 기쁨. 락(樂) - 외부로부터 느끼는 즐거움

健康十訓(건강십훈) - 이율곡

1. 소식다작(少食多嚼) [음식은 적게 먹고, 많이 씹는다]

2. 소육다채(少肉多菜) [고기는 적게, 채소를 많이 먹는다]

3. 소염다초(少鹽多酢) [소금은 적게, 식초를 많이 먹는다]

4. 소주다과(少酒多果) [술은 적게, 과일을 많이 먹는다]

5. 소노다소(少怒多笑) [화는 적게(삼가고), 많이 웃는다]

6. 소번다면(少煩多眠) [근심은 적게, 잠을 많이(깊이) 잔다]

7. 소언다행(少言多行) [말은 적게(필요한 말만 하고), 활동을 많이 한다]

8. 소욕다시(少欲多施) [욕심은 적게, 많이 베푼다]

9. 소차다보(少車多步) [차는 적게(타고), 많이 걷는다]

10. 소의다욕(少衣多浴) [옷은 적게(가볍게 입고), 목욕을 많이(자주) 한다]

한자+ 健(건강할 건), 康(편안할 강), 訓(가르칠 훈), 少(적을 소, 젊을 소), 食(밥 식, 먹을 식), 多
(많을 다), 嚼(씹을 작), 肉(고기 육), 菜(나물 채), 鹽(소금 염), 酢(초 초), 酒(술 주), 果(과
실 과, 결과 과), 怒(성낼 노), 笑(웃을 소), 煩(번거로울 번), 眠(잠잘 면), 言(말씀 언), 行
(다닐 행, 행할 행, 항렬 항), 欲(바랄 욕), 施(베풀 시), 車(수레 거, 차 차), 步(걸음 보), 衣
(옷 의), 浴(목욕할 욕)

수고 많으셨습니다.

<알고 쓰는 한자어 1, 2>에서 익힌 '한자 3박자 연상학습법'으로, 이제는 어떤
한자나 한자어를 보아도 자신 있게 분석해보고, 뜻을 생각해보는 습
관이 길러지셨습니다. 여기서 익힌 한자 3박자 연상학습법으로 더
많은 한자를 쉽게 익혀, 중국어와 일본어에도 도전해보세요. 한자
만 알면 중국어나 일본어도 70%는 한 셈입니다.

색인 찾아보기

* 숫자는 본문의 페이지가 아닌 제목번호임

ㄱ

가 可 094	경 境 032	관 貫 123	기 祈 086
가 歌 094	경 鏡 032	관 慣 123	기 奇 095
가 家 131	경 京 043	관 藿 137	기 騎 095
각 却 065	경 景 043	관 觀 137	기 寄 095
간 艮 109	경 冂 069	교 喬 045	
감 減 098	경 頃 126	교 橋 045	**ㄴ**
감 感 098	경 傾 126	교 矯 045	낭 朗 110
개 皆 112	계 彐 058	구 句 021	내 內 071
거 車 003	계 啓 081	구 拘 021	냉 冷 127
거 去 065	고 庫 003	구 苟 021	냥 兩 069
거 巨 084	고 高 041	구 丘 087	녁 疒 103
거 拒 085	고 稿 041	구 具 121	념 念 017
거 距 085	고 故 129	국 局 082	노 老 011
건 巾 035	공 廾 008	국 國 089	능 能 107
건 建 059	공 共 010	궁 弓 099	
건 健 059	공 恭 010	권 權 137	**ㄷ**
경 敬 022	공 公 063	궤 几 076	단 短 038
경 警 022	과 果 001	근 斤 086	답 答 018
경 驚 022	과 課 001	근 根 109	당 堂 073
경 竟 032	과 科 007	금 今 017	당 當 073
	과 戈 088	급 給 018	대 帶 035
			대 待 051

대 台 062
대 代 088
대 隊 131
도 挑 114
도 逃 114
독 讀 117
동 東 002
동 凍 002
동 童 030
동 同 070
동 洞 070
동 銅 070
동 冬 128
두 斗 007
두 豆 038
두 頭 038
두 亠 039
두 讀 117

ㄹ

라 剌 005
랑 浪 110

랭 冷 127
량 兩 069
량 良 110
려 勵 139
령 令 127
로 耂 011
로 老 011
료 料 007
료 了 027
류 類 126
률 律 058

ㅁ

만 滿 069
만 萬 139
망 亡 040
망 忘 040
망 罒 116
매 每 025
매 梅 026
매 買 117
매 賣 117

맹 盲 040
명 皿 120
명 命 127
모 母 025
모 矛 028
무 務 028
무 戊 096
무 茂 096
묵 默 067
물 勿 023
물 物 023
민 敏 025

ㅂ

반 般 077
반 盤 077
반 飯 111
방 方 104
방 訪 104
방 防 104
배 北 113
배 背 113

번 煩 125
벌 伐 088
벌 罰 116
범 凡 076
법 法 065
변 辯 033
변 辨 033
병 丙 071
병 兵 087
병 病 103
보 保 001
보 布 037
복 支 129
복 攵 129
봉 丰 053
봉 夆 054
봉 峰 054
봉 逢 054
부 付 049
부 附 049
부 符 049

북 北 113
분 分 063
불 弗 100
불 佛 100
비 費 100
비 匕 105
비 比 112
비 批 112
비 非 115
비 悲 115

ㅅ
사 社 015
사 祀 015
사 寺 050
사 射 052
사 謝 052
사 厶 061
사 似 061
사 邪 132
상 尙 072
상 賞 073

서 署 116
석 昔 009
석 惜 009
석 石 057
석 析 086
선 鮮 140
설 設 078
섭 攝 091
성 成 097
성 城 097
성 誠 097
소 素 012
소 笑 044
소 所 081
소 騷 108
소 蘇 140
손 損 122
송 松 064
송 訟 064
송 頌 064
쇠 攵 128

수 殳 077
수 須 125
순 順 125
술 戌 096
습 習 138
승 僧 119
시 示 015
시 市 036
시 詩 050
시 時 050
시 始 062
시 尸 082
시 矢 101
시 豕 131
식 食 111
신 新 031
신 辛 033
신 身 052
신 臣 084
실 室 066
실 失 101

실 實 123
쌍 雙 135
씨 氏 006

ㅇ
아 襾 074
아 牙 132
아 芽 132
악 岳 087
액 厄 029
액 液 039
야 夜 039
약 約 020
양 易 024
양 陽 024
양 兩 069
양 良 110
어 魚 140
어 漁 140
엔 円 012
여 予 027
역 易 023

역 役 078
염 念 017
영 令 127
영 影 043
예 予 027
와 臥 085
요 料 007
요 夭 044
요 要 074
요 腰 074
요 曜 138
우 右 056
우 크 058
우 羽 138
우 禺 139
운 云 083
운 雲 083
원 円 012
원 員 122
원 圓 122
위 危 029

위 衛 055
유 類 126
유 柔 028
유 有 056
유 酉 079
유 猶 080
육 肉 071
율 聿 058
율 律 058
음 陰 083
음 飮 111
의 衣 046
의 依 046
의 醫 079
이 易 023
이 以 061
이 台 062
이 耳 091
익 弋 088
익 益 120
인 夊 059

입 廾 008
입 廿 008

ㅈ

자 束 005
자 刺 005
자 子 027
자 姉 036
작 勺 020
장 場 024
장 爿 102
장 將 102
재 才 047
재 材 047
재 財 047
재 再 072
재 戈 090
재 栽 090
재 載 090
쟁 爭 060
적 積 014
적 的 020

절 巳 029
절 卪 029
점 點 067
정 情 013
정 亭 042
정 淨 060
정 丁 093
정 訂 093
정 井 130
제 祭 016
제 際 016
제 弟 099
제 第 099
조 爪 060
조 兆 114
족 足 068
존 尊 080
종 鐘 030
좌 左 056
죄 罪 115
주 朱 004

주 株 004
주 珠 004
주 酒 079
즉 則 121
증 曾 118
증 增 118
증 贈 119
지 紙 006
지 持 051
지 只 063
지 至 066
지 知 101
지 旨 105
지 指 105
진 陳 002
진 陣 003
진 進 134
질 疾 103
집 執 034
집 集 135

ㅊ

차 車 003
차 借 009
차 此 113
착 辶 059
착 捉 068
찰 察 016
채 債 014
책 策 005
책 責 014
척 刺 005
척 拓 057
척 尺 082
척 隻 135
첨 添 044
청 靑 012
청 淸 013
청 請 013
체 滯 035
초 艹 008
촉 促 068

촌 寸 048
촌 村 048
최 最 092
추 酋 080
추 佳 134
추 推 134
충 衝 055
충 虫 108
충 蟲 108
취 取 092
취 趣 092
층 層 119
치 治 062
치 致 066
치 恥 091
치 夂 128
칙 則 121
친 親 031

ㅌ

타 打 093
탁 拓 057

태 台 062
태 態 107
토 討 048
통 洞 070
투 投 078
특 特 051

ㅍ

파 破 057
파 罷 107
파 頗 124
패 貝 121
패 敗 129
편 片 102
폐 肺 036
포 勹 019
포 包 019
포 抱 019
포 布 037
표 表 046
표 票 075
표 漂 075

표 標 075

푼 分 063

풍 丰 053

풍 風 076

ㅎ

하 河 094

하 夏 128

한 限 109

할 割 053

함 含 017

함 咸 098

합 合 018

항 項 124

항 行 055

해 海 026

해 害 053

행 幸 034

행 行 055

향 享 042

향 向 072

혈 血 120

혈 頁 124

형 亨 042

형 形 130

형 刑 130

호 豪 041

호 戶 081

호 互 084

호 虍 133

호 虎 133

호 號 133

호 護 136

혹 或 089

혹 惑 089

혼 昏 006

홍 洪 010

화 華 008

화 化 106

화 花 106

화 貨 106

확 穫 136

환 丸 034

회 悔 026

회 會 118

획 獲 136

효 孝 011

흑 黑 067

희 希 037

희 稀 037

MEMO

알고 쓰는 한자어 **알·쓰·한**

알고 쓰는 한자어
알쓰한 2권

초판발행   2024년 10월 1일

지은이   박원길·박정서
펴낸이   안종만·안상준

기획/편집   김민경·김보라
기획/마케팅   김민경·차익주
표지디자인   이수빈
제 작   고철민·김원표
펴낸곳   (주) **박영사**
               서울특별시 금천구 가산디지털2로 53, 210호(가산동, 한라시그마밸리)
               등록 1959. 3. 11. 제300-1959-1호(倫)
전 화   02)733-6771
f a x   02)736-4818
e-mail   pys@pybook.co.kr
homepage   www.pybook.co.kr
ISBN   979-11-303-2041-0 14710

정 가   16,800원